Günter Höhne (Hrsg.) Die geteilte Form

Günter Höhne (Hrsg.) Die geteilte Form
Deutsch-deutsche Designaffären 1949–1989

Fackelträger

© 2009 Fackelträger Verlag GmbH, Köln
Alle Rechte vorbehalten

Die Titelabbildung zeigt einen „Klassiker" der westdeutschen Designgeschichte, die 1969 von Günter Kupetz entworfene Mineralwasserflasche, neben der etwa zeitgleich entstandenen Mehrwegflasche der DDR. Bezeichnenderweise ist der Gestalter der DDR-Mehrwegflasche unbekannt. Foto von Günter Höhne.

Satz: hassinger & hassinger & spiler. visuelle konzepte, Dortmund
Gesamtherstellung: Verlags- und Medien AG, Köln
Printed in Germany

ISBN 978-3-7716-4421-5

www.fackeltraeger-verlag.de

Inhalt

Günter Höhne
VORWORT 9

Gert Selle
VOM VERSCHWINDEN EINER KULTURDIFFERENZ 16

Günter Höhne
HINSEHEN, ABER NICHT ABGUCKEN
Wie Braun-Produkte ihre Schatten
auf das Design in der DDR warfen 36

Karl Clauss Dietel
ANFANG UND ENDE EINER HOFFNUNG IN ZWICKAU 54

Stiletto Studios (Frank Schreiner)
**WENN GAR NICHTS MEHR GEHT –
EINFACH WEITERFAHREN.MZ.**
Von Eisenhaufen, Zwiebacksägen und Designschräglagen 61

Karl-Heinz Hüter
DEM BAUHAUS BAHN BRECHEN
Von den Schwierigkeiten zu erben
in Zeiten des Kalten Krieges 72

Walter Scheiffele
DIE MÜHEN DER EBENEN
Ein Dialog zwischen Friedrich Bundtzen
und Wilhelm Wagenfeld über Glaskultur 108

Im Gespräch: Marlies Ameling
**WIR WAREN DIE STÖRFAKTOREN –
DIE DRÜBEN DIE LORDS**
Eine Glasgestalterin über deutsche Designprozesse
hinter den Messestand-Kulissen 132

Streichholzschachtel der staatlichen DDR-Handelsorganisation HO Anfang der Fünfzigerjahre.

Günter Höhne
**DEN DECKEL HAB ICH WOHL,
ALLEIN ES FEHLT DIE SCHNAUPE**
Eine Kurzgeschichte — 146

Volker Fischer
AS TIME GOES BY
Beobachtungen zur Wohnkultur der Westdeutschen — 150

Rudolf Horn
MÖBEL IM SYSTEM
Aufbrüche und Rückschläge eines ostdeutschen Gestalters — 160

Günter Höhne
DIE BESTEN FÜR DEN WESTEN
DDR-Design trifft auf Kunden drüben — 190

Im Gespräch: Lutz Brandt
AUS DER REIHE GETANZT
Spuren eines Wanderers zwischen den Welten — 202

Bernhard E. Bürdek
HINGUCKER: THEORIE & METHODIK
Anmerkungen zu einem reich bestellten und weitgehend
unbekannten ostdeutschen Wissenschaftsfeld — 212

Heinz Hirdina
OFFENE STRUKTUREN, GESCHLOSSENE FORMEN
Design in der DDR und der BRD – ein Vergleich — 228

SICHTEN, LICHTEN, GEWICHTEN
Ein Nachwort von Volker Fischer — 244

Zu den Autoren — 248

Personenregister — 254

Abb. 1

Abb. 2

Vorwort

Berlin-Mitte, Potsdamer Platz am 12. November 1989, abends. Ein Volk geht durch die Wand. Von der anderen Seite her schaut ein Mann durchs erste Mauerspecht-Loch in den Osten. Später, bei Tageslicht, wird er den Mut aufbringen die Grenzöffnung tapfer gegen den Strom der Ostler zu durchschreiten, um sich ein Bild davon zu machen, woher die da eigentlich kommen. Er wird vielleicht auch die Oranienburger und die Alte Schönhauser Straße in Berlin-Mitte entdecken und hier hautnah und handfest auf das treffen, was ihn bislang nur per Hörensagen und aus den gelegentlichen Ost-Berichten von West-Journalisten erreichte: auf eine graue, verfallende DDR-Hauptstadt im Schatten von Fernsehturm, Nikolai-Viertel, Palast der Republik und Schinkelschem Schauspielhaus. Im Centrum-Warenhaus am Alex wird er keine Kauflust verspüren und in der DDR-Reisebürozentrale schräg gegenüber keine Reiselust angesichts der dort offerierten Urlaubsziele.

Und keinen Eindruck mehr wird er davon mitnehmen können, was sich eine Woche zuvor hier ereignet hat, an jenem diesig-grauen 4. November: Friedlich, sehr friedlich und merkwürdigerweise vielfach gesenkten Hauptes auf dem Weg hierher strömten da in einem Sternmarsch fünfhunderttausend Menschen zusammen, erhoben erst hier in der Menge alle ihre Stirnen und Stimmen, bis dahin dem Frieden der (nur scheinbar?) abwesenden staatlichen Sicherheitsorgane nicht trauen wollend. „Keine Gewalt!" – die Losung, unter der sich die von den Ostberliner Künstlerorganisationen zusammengerufenen Demonstranten formiert hatten, sie funktionierte, so utopisch das auch anfangs erschien.

Abb. 3

Eine tragende Kraft dieser Massendemonstration für Freiheit und demokratischen Aufbruch in der Deutschen Demokratischen Republik – wer weiß das heute noch – verkörperte der Ostberliner Verband Bildender Künstler (VBK), in dem auch die Designer mit ihrer „Sektion Formgestaltung und Kunsthandwerk" organisiert waren. Kaum jemand in der Berliner Künstlerschaft wusste besser als jene, die sie fast ausnahmslos als Festangestellte in den Betrieben und Kombinaten ihrer Tätigkeit nachgingen, was die Stunde in der Kommando- und Planwirtschaft der DDR geschlagen hatte und wie die Stimmung unter den Werktätigen war – von „am Boden" bis zu „auf den Barrikaden". Nicht zufällig wurde auch ein Vertreter ihrer Zunft, der Chemnitzer Industrieformgestalter Karl Clauss Dietel, von den Delegierten eines im November 1988 energisch demokratische Reformen fordernden zentralen X. (und zugleich ungeahnt letzten) VBK-Kongresses zum neuen Verbandspräsidenten gewählt, mit dem Auftrag, den kritischen Positionen der freien bildenden und der produkt-

Abb. 1–3: Berlin, Potsdamer Platz am 12. November 1989.

Abb. 4

Abb. 5

Abb. 4: Ostberlin-Mitte, 1990.

Abb. 5: Ordner des Verbandes Bildender Künstler mit der Schärpe „Keine Gewalt".

gestalterisch tätigen Kunst- und Kulturschaffenden stärker öffentliches Gehör zu verschaffen.

So eng die Designerinnen und Designer der DDR in die ökonomische, soziale und kulturelle Alltagsrealität im Lande integriert waren, so weit entfernt sahen sie sich hingegen in der großen Mehrheit von den gar nicht so selten staatlich eingeräumten Gelegenheiten vieler ihrer Maler-, Grafiker- und Bildhauer-Verbandsfreunde, Weltsicht zu erwerben und selbst internationale Geltung zu erlangen. Von Westdeutschland-, Italien-, Frankreich- oder gar USA-Aufenthalten, wie sie so mancher Berliner oder Leipziger Maler- und Bildhauerfürst genoss, hatte es keinen Sinn auch nur zu träumen, es sei denn man gehörte einer bestimmten Design-Funktionärs-Elite an. Der gebräuchlichste eiserne Hemmschuh zum Stoppen von Produktgestalter-Reisebegehrlichkeiten trug die Aufschrift „Geheimnisträger – Kontaktverbot zum NSW": als intern an Technik- und Produktentwicklungsprozessen in der DDR-Staatsindustrie Beteiligte waren die Designer Mitwisser vertraulicher oder gar geheimer „Verschluss-Sachen" und standen unter Generalverdacht, bei Reisen in das NSW („Nichtsozialistisches Wirtschafts- und Währungsgebiet") die DDR und deren bahnbrechende ökonomische Weltspitzenleistungen an den Klassenfeind zu verraten.

So nimmt es nicht Wunder, dass ostdeutsche Gestalter (die ja fast ausschließlich zudem daheim in der DDR-Industrie in kollektiver Anonymität

Abb. 6   Abb. 7

arbeiteten) im Westen niemals zu Rang und Namen kommen konnten und dass sich dort die Ansicht etablieren musste, es gäbe in Ostdeutschland keine nennenswerten Designer und mithin also auch kein Design, das diesen Namen verdient.

Andererseits waren es gerade die den Ost-Designerinnen und -Designern verwehrten unmittelbaren Informations- und Kontaktmöglichkeiten, die sie umso aufmerksamer die West-Designszene verfolgen und diskutieren ließen, wo immer sich ein Zugang dazu öffnete: durch Beiträge in der Ostberliner Design-Fachzeitschrift *form+zweck*, bei Messe- und Ausstellungsbesuchen, in relativ frei zugänglichen Fachbibliotheken wie der des Ostberliner staatlichen Amtes für industrielle Formgestaltung oder jenen in den Designer ausbildenden Fach- und Hochschulen, auch bei internationalen Designseminaren und -workshops im Bauhaus Dessau in den Achtzigerjahren.

Von der Geschichte der Hochschule für Gestaltung Ulm über die Design-Ikonen von Firmen wie Braun, ERCO, Lamy, Siemens oder WMF bis hin zu BRD-Designer-Promis wie Braun-Feldweg, Colani, Esslinger, Rams, Sapper, Spiekermann, Stankowski oder Weidemann und auch, was das Designmanagement bei AEG, Bosch, Vitra und Wilkhahn betraf – sie wussten recht gut Bescheid. Übrigens auch über die Produkt- und Umweltgestaltungskultur in Skandinavien, den Niederlanden, Italien, Spanien und Großbritannien.

Abb. 8

Abb. 6 – 8: Ostberliner Demonstranten am 4. November 1989.

Abb. 9

Und da sind wir nun wieder zurück bei unserem Mann am Mauerloch. Der steht dort in gewisser Weise auch symbolisch für eine Minderheit von Leuten aus der damaligen West-Designerszene, die es für nicht abwegig hielt, ab und zu einmal einen Blick auch darauf zu richten, was eigentlich da drüben bei ihren östlichen Brüdern und Schwestern vom Fach passierte. Das Gros der Designaktivisten und -publizisten in der Bundesrepublik allerdings interessierte das nicht im Geringsten. Die hatten im harten Marktgeschäft genug mit sich und ihren Konkurrenten zu tun und dabei ja nicht einmal genügend Zeit und auch wenig Interesse, sich intensiver mit ihrer eigenen westdeutschen Produktkulturgeschichte, -gegenwart und -perspektive zu befassen. Was sollte sie da reizen, sich ausgerechnet auch noch für das Land der „Plaste und Elaste aus Schkopau", eines Autovehikels namens „Trabant", einer sozialistischen Monumentaldenkmalsmanie, verbiesterter Grenzkontrollorgane in wehrmachtsähnlicher Kluft und neben den Interzonenzug-Eisenbahnstrecken wahrnehmbar verrottender Fabrikanlagen zu interessieren? Bedenklich ist allerdings zwanzig Jahre nach dem Mauerfall, dass die nunmehr gesamtdeutsche Designgeschichtsschreibung immer noch auf einem Auge blind ist. Jedenfalls die auf Bundes- und Länderebene institutionalisierte und auch die tonangebender Medien.

Die in diesem Buch vereinten Aufsätze, Interviews, Episoden und fotografischen Dokumente wollen dem Leser und Betrachter nun die Chance geben, Blicke über eine immer noch bestehende Mauer aus Ignoranz und Arroganz zu werfen, sich selbst ein Bild davon machen zu können, ob es da womöglich doch aufhebens- und bedenkenswertes Verbindendes gab zwischen dem Design und den Designern in Ost und West während vierzig Jahren deutscher Zweistaatlichkeit.
Für den Herausgeber selbst übrigens eine aufschlussreiche Entdeckung beim Zusammentragen der Zeitzeugenaussagen von Autorinnen und Autoren aus den sogenannten alten und neuen Bundesländern: Nicht selten werden in den Texten viel deutlichere kritische Schlaglichter auf zwiespältige Erfahrungen in den jeweils eigenen Design- und Gesellschaftsbefindlichkeiten gerichtet, als hinüber auf die andere Seite. So als hätte man vielleicht zuweilen sein eigenes Heil als verantwortungsbewusster Gestalter auch aus einer für möglich erachteten Zukunftsfähigkeit des Anderen erhofft. Die geteilte Form, sehr geteilte Erfahrungen mit Produktgestaltung – das gab es permanent also auch jeweils innerhalb der beiden voneinander abgetrennten Teile Deutschlands. So wie man nicht von der kapitalistischen Formgebung sprechen kann, existierte auch kein sozialistisches Einheitsdesign.

Abb. 9: Ostberlin-Mitte, 1990.

Gerade weil dieser Sammelband aus der Position eines Bundesbürgers mit ostdeutschem Migrationshintergrund konzipiert wurde, hat er als Herausgeber Wert darauf gelegt, dass jene verschwindende Minderheit in der westdeutschen Designszene deutlich genug zu Wort kommt, welche die ost-west-deutsche Designgeschichte – und meist zudem kontinuierlich über Jahre hinweg – ungeteilt wahrgenommen hat. Die Hälfte der Autorinnen und Autoren hat ihre Wurzeln in Westdeutschland und Westberlin oder sich dereinst aus der DDR dorthin abgesetzt. Es ist dies vornehmlich eine Sammlung von Authentisch-Episodischem, von Momentaufnahmen wie auch von künstlerischen und gesellschaftlichen Prozesserfahrungen. In jedem dieser Beiträge spiegelt sich dabei mehr wider als nur das individuelle Erleben einer Persönlichkeit, mehr als nur eine konkrete An- oder Ungelegenheit, eine Affäre. Reflektiert wird dabei auch immer wieder (neuere deutsche) Geschichte in des Begriffs eigentlicher Bedeutung: Mehrschichtiges, Vielfältiges, Verstricktes im Geflecht gesellschafts- und kulturpolitischer Realitäten, die das Gegen- und Miteinander im geteilten Deutschland prägten.

Abb. 10

Wenn der Münchener Kunstpädagoge und Designhistoriker Gert Selle seinen 1990 entstandenen mahnenden Text über das Verschwinden einer eigenständigen ostdeutschen Alltagskultur so gut wie unverändert jetzt noch einmal zum Druck gegeben hat, so lesen sich diese – von unverstellter Sicht auf damals brandaktuelle Phänomene getragenen – kritischen Reflexionen heute als nachgerade seherisches Dokument. Ganz andere Aspekte dann in einem vom Herausgeber verfassten Beitrag, der schildert, wie sich, ausgehend von Ost-Gestalteraffinitäten zum Braun-Design in den Fünfziger- und Sechzigerjahren, später in der DDR auch sehr eigene Produktdesign-Philosophien und Formensprachen entwickelten. Karl Clauss Dietel schließlich, damals als junger Formgestalter für den westsächsischen Rundfunkgerätehersteller HELI in diese Selbstbewusstsein gebärende Liebesaffäre mit verstrickt, schildert, wie er und sein Kollege Lutz Rudolph etwa gleichzeitig an Entwürfen zu einem alternativen und angesichts damals gängiger westlicher Pkw-Designstrategien revolutionären Konzept für den Zwickauer Kleinwagen Trabant arbeiteten – und scheiterten. Der Design-Provokateur Stiletto wiederum, in den Achtzigerjahren unter anderem Aktivist des Neuen Deutschen Designs in Westberlin und heute als „Fertigkünstler und Design-Anarchronist" Frank Schreiner in Berlin-Mitte mit seiner Firma „STILETTO DESIGN VERTRειΒ" ansässig, erzählt über sein besonderes Verhältnis zur ostdeutschen Motorradmarke MZ.

Abb. 11

Abb. 10: Arbeiter demontieren das SED-Emblem am Haus des Zentralkomitees der Partei (heute Auswärtiges Amt der Bundesrepublik).

Abb. 11: Trabant als Pflanzkübel in der Tucholskystraße, Berlin-Mitte, 1990.

Wenn der namhafte Berliner Architektur- und Designhistoriker Karl-Heinz Hüter, Verfasser eines der ersten, aber zunächst zehn Jahre lang von den

Abb. 12

staatlichen Kulturwächtern „auf Eis" gelegten umfassenderen ostdeutschen Bücher zur Bauhaus-Geschichte, Mühen und Rückschläge auf dem Weg zur Anerkennung der Leistungen des Bauhauses in der DDR hier erstmals in solch detaillierten und persönlichen Einblicken ans Tageslicht befördert, so steht dieses Erlebnis-Dokument für die Zerrissenheit, die Schizophrenie einer langen Phase sozialistischer Designpolitik, die einerseits unablässig auf „das progressive Erbe" deutscher Gestaltungskultur verwies und andererseits ausgerechnet die Leistungen des Bauhauses und des Deutschen Werkbundes ignorierte, ja diffamierte.

Vor diesem Hintergrund liest sich die anschließend von Walter Scheiffele geöffnete „Beziehungskiste" zwischen den die Glaskultur in Ost- und Westdeutschland ganz wesentlich beeinflussenden Gestaltern Friedrich Bundtzen in Weißwasser und der Bauhaus-Legende Wilhelm Wagenfeld in Geislingen in besonderem Lichte. Dem folgt ein Gespräch mit der Wernigeröder Gestalterin Marlies Ameling über so authentisch bisher noch nicht geschilderte DDR- und Ost-West-Realitäten im Glasdesign der Achtziger- und Nachwendejahre.

Sämtliche Beiträge in „Die geteilte Form" verweigern sich prinzipiell simplen Vergleichen zwischen „Design" hier und „Formgestaltung" da. Es geht nicht um Gegenüberstellungen Nase an Nase oder eben Vase neben Vase, sondern um Einblicke in Designprozesse in und zwischen Ost und West, reflektiert von Beteiligten und Betroffenen, von Machern, Anwendern und sachlich-gelassenen Betrachtern. Kommt zum Beispiel die Rede auf Möbel und Wohnraum, dann steht einer fulminanten Zeitraffer-Reise Volker Fischers vom Museum für angewandte Kunst in Frankfurt am Main durch vierzig Jahre Wohnkultur in der BRD die Schaffensbilanz eines einzigen, aber eben des DDR-Designpioniers auf diesem Gebiet gegenüber: Rudolf Horn. Die Spannweite der Zeugenschaften erstreckt sich weiter von der mit Überraschungseffekten gespickten Werkgeschichte Lutz Brandts, eines zunächst in der DDR und dann auch im Westen sehr erfolgreichen Architekten, Gestalters und Malers, bis hin zu den eher methodisch-leidenschaftslosen Befunden der beiden Designtheoretiker Bernhard E. Bürdek (Offenbach) und Heinz Hirdina (Berlin, Prenzlauer Berg) zum Thema dieses Buches.

Den Herausgeber selbst verbinden mit allen sich hier zu Wort meldenden Autoren persönliche Arbeits- und zum Teil auch Lebenserfahrungen, von längerer oder auch erst kurz währender Dauer. Zusammengetroffen in diesem Kreis wie hier im Buch sind sie aber noch nie. Dank ihnen allen für diesen gemeinsamen Mauerdurchbruch in der deutschen Designgeschichtsschreibung.

Günter Höhne, Berlin im Juni 2009

Abb. 12: Reinigung des mit Farbbeuteln beworfenen Ernst-Thälmann-Denkmals in Berlin, Prenzlauer Berg, 1990.

Gert Selle

VOM VERSCHWINDEN EINER KULTURDIFFERENZ

Prolog 2009

Dieser Beitrag ist 1990 unter dem unmittelbaren Eindruck der gerade vollzogenen Wiedervereinigung entstanden. Er spiegelt die Sicht eines westdeutschen Beobachters in der DDR entwickelter Erfahrungsräume und privater Lebensformen und trug damals die Überschrift „Die verlorene Unschuld der Armut. Über das Verschwinden einer Kulturdifferenz", publiziert in dem von Regine Halter 1991 im Auftrag des Deutschen Werkbundes herausgegebenen Band *Vom Bauhaus bis Bitterfeld. 41 Jahre DDR-Design*.
Für diesen Beschreibungsversuch einer stillen Tragödie – der Löschung eines langjährig gewachsenen Erfahrungsbestandes in Bezug auf Dinge im Gebrauch und die Bewältigung des Alltags im Osten – bin ich im Westen wegen grundloser Sympathie mit der gerade untergegangenen DDR angegriffen worden. Meine Sympathie galt freilich nicht der DDR, sondern den Menschen, die sich mit ihr und in ihr hatten arrangieren müssen. Ich bin unmittelbar nach der „Wende" davon ausgegangen, dass die teils freiwillig vollzogene, teils erzwungene Einebnung kultureller Differenzen im Daseinsbewusstsein Ostdeutscher traumatische Spuren hinterlassen werde, wenn auch durch Angleichung an die Lebensverhältnisse im Westen überdeckt. Heute glaube ich, dass es ein Verlust-Trauma bei ehemaligen DDR-Bürgern durchaus noch gibt, tiefer in der Lebenserinnerung verankert als irgendeine (N)Ostalgie. Aber mit dem Generationenwechsel verschwindet das persönliche Erinnerungsvermögen. Die heute Jungen haben andere Lebensbewältigungsprobleme und machen andere kulturelle Erfahrungen. Für sie ist die verschwundene DDR eine Erzählung, deren einstige Wirklichkeit ein Schattenbild. Zu viel hat sich seither in Ost-

deutschland verändert. Die Lebenswirklichkeiten haben sich weitgehend denen des Westens angeglichen, jedenfalls dem äußeren Anschein nach. Heute werden die wiedervereinigten Deutschen mit einer gemeinsamen Verunsicherung konfrontiert. Die Erfahrung Ostdeutscher, einst in einer eigenen Kultur des Alltags gelebt zu haben, die einerseits ökonomisch einigermaßen stabil abgesichert, andererseits von politischer Enge und Kontrolle überschattet war, sieht sich plötzlich mit einer Krisensituation konfrontiert, die niemand erwartet hat. Sie sorgt dafür, dass auch die nach 1989 grassierende westdeutsche Siegerlaune von der Erkenntnis aufgehoben wird, dass der euphemistisch mit dem Begriff der freien Marktwirtschaft umschriebene Kapitalismus doch kein so ideales Modell ist, wie es dem Osten einst triumphierend vorgehalten wurde.
Nun sitzen alle Deutschen in der Wirtschaftskrise wie verschreckte *boat people* bei rauer See zusammen. Alle haben jetzt gemeinsame Sorgen um ihre Zukunft, was die einstige Kulturdifferenz zu einem marginalen historischen Befund schrumpfen lässt. Insofern ist der hier nachgedruckte Text von 1990 als ein zeitgebundenes Dokument des Versuchs, Ostdeutsche in ihrer damaligen Lage zu verstehen, zu lesen. Wie vom Verblassen der Erinnerung darf man vom Altern eines Textes sprechen.
Er spiegelt mein Denken und meine Erfahrungen als Laien-Ethnologe, der sich vor 1989 in der originalen DDR und unmittelbar danach in der Fremde des Ostens umgesehen hat.
Heute sind natürlich alle klüger. Aber man erinnere sich bitte, was man damals wahrnahm und dachte, kurz vor oder mitten im Umbruch, der unvergessen einmalig war.

Gert Selle, München im Juni 2009

Abb. 1

Abb. 2

Abb. 1: Großplatten-Neubauten Berlin, Prenzlauer Berg, Ende der Siebzigerjahre.

Abb. 2: Freiberg in Sachsen 1986, im Fähnchenschmuck zum 800. Stadtjubiläum.

In der DDR, die wir uns fast schon wieder mit „Gänsefüßchen" ins Erinnerungs-BILD setzen müssten, weil sie wirklich nicht mehr existiert und dennoch ein „Phänomen" geblieben ist, wurde den Leuten nicht nur ihr Staat unter dem Hintern weggezogen und durch einen fremden ersetzt, es scheint ihnen auch der Raum ihrer gelebten materiellen und immateriellen Kultur abhanden gekommen. Die Dinge, die einmal als vertraute Requisiten die Bühne der rituellen Inszenierung Alltag füllten und die in ihrem kargen Charme an die vergangene oder vergehende Kultur erinnern könnten, altern mit hoher Beschleunigung. Sie verfallen, zersetzen sich als Gebrauchs-, Symbol- und Erinnerungswerte gleichsam in der aggressiven Luft der über sie hereingebrochenen Genuss- und Schönheitsversprechen eines neuen Lebens für neue Menschen im neuen Staat. Es ist, wie wenn Fremdluft (die ja nicht gleichbedeutend mit frischer Luft sein muss) in eine freigelegte Grabkammer einbricht und alle bis dahin erhaltenen Schätze schlagartig zu zerfallen beginnen.

Das Bild von der Grabkammer würde ich für das marode Staatsgebilde akzeptieren, in dem jede Art von Gewaltanwendung gegen Menschen der einzige, degenerierte Ausdruck von Effektivität war, auf nichts anderes bezogen als auf die Verlogenheit des Selbsterhalts. Dieser Staat war längst eine Leiche, sonst wäre er ohne Gegengewaltanwendung nicht derart rasch in einer Staubwolke zerbröselt. Für beträchtliche Teile der DDR-Kultur würde ich das Bild aber nicht gelten lassen. Seltsamerweise hat sich kraft der Menschen, die sich in diesem Staat einrichten, mit ihm arrangieren mussten, vielleicht gerade infolge der erzwungenen Abschottung und unter dem Konkurrenzdruck des Nachbarsystems im Westen, eine halb offizielle, das heißt teils mit den institutionalisierten Zielvorgaben versöhnte, teils diese unterlaufende Kulturwirklichkeit ausbilden

Abb. 3

Abb. 4

können, die man als unverwechselbar DDR-typisch wahrnehmen konnte. Mich haben Entdeckungsreisen in dieses ferne, exotische Land immer gereizt – in die Gesellschaft der privaten Nischen, der kleinbürgerlichen Subversionstechniken, der Sprachregelungen, des bescheidenen Luxus, der stillgehaltenen Begierden und, nicht zuletzt, der skeptischen Hoffnungen auf einen allmählich sich durchsetzenden menschlicheren Sozialismus. Wie die Leute sich in den engen Spielräumen, die ihnen blieben, eingerichtet hatten, wie sie miteinander oder mit dem Besucher umgingen, welchen Rahmen von mühsam hergestellter Zweckmäßigkeit und bemühter Schönheit sie ihrem privaten Leben nach innen und außen gaben, welche Muster des angleichenden oder differenzierenden Verhaltens sie mit der eingeschränkten Welt der Dinge, über die sie verfügten, entwickelt hatten, schärfte nicht nur den kultursoziologischen Blick des Besuchers, sondern nötigte ihm auch Hochachtung ab. Mit dem rapiden Verfall dieses manchmal armselig, oft aber durchaus selbstbewusst und gar nicht asketisch wirkenden Kulturraumes der DDR-Alltäglichkeit muss zwangsläufig ein kultureller Bewusstseinsschwund einhergehen, der einerseits mit Unsicherheit und Ratlosigkeit quittiert, andererseits mit hastigen Anpassungsbemühungen kompensiert wird. Dabei erscheinen mir die Anpassungsbemühungen zweifelhafter als Ratlosigkeit und Unsicherheit. Das alles müsste nicht sein und ist wohl die Folge anderer überstürzter Maßnahmen und Prozesse. Die politischen Entscheidungen dürften nicht nur ökonomisch kurzsichtig gewesen sein, mit Sicherheit hat man auch keinen Gedanken daran verschwendet, ob und wie zwei Kulturen sich vereinigen und durchdringen könnten, ohne dass es zu Überwältigungen und Verlusten wie in einem symbolischen Eroberungskrieg kommt.

Abb. 3: Freiberg in Sachsen 1986, vor dem Festumzug zum 800. Stadtjubiläum.

Abb. 4: Berlin-Lichtenberg 1993, Abriss einer Fabrik.

Verlorene kulturelle Identität

Rekapitulieren wir den Bestand vor der Wende: Die DDR hatte so etwas wie eine trotz aller dröhnenden Ideologieproduktion nachvollziehbare, im Grunde überzeugende, gesellschaftsorientierte Designtheorie. Kulturpolitische, moralisch-ästhetische und intellektuelle Substanz ist erst einmal – auch als Widerpart kapitalistischer Design-„Philosophien" – verspielt, ein historisches Theorie-Muster ohne Wert, heute der Belanglosigkeit, ja Lächerlichkeit preisgegeben.

Abb. 5

Die DDR hatte auch einen gewissen Reichtum (den höchsten im Ostblock) an selbst produzierten Konsum- und Genussgütern mit einem breiten Spektrum des Erscheinungsbildes und (man denke an die vielen Billigangebote aus DDR-Quelle im Westen) einem beachtlichen technologischen Funktionsstandard. Unter welchen ökonomischen Voraussetzungen und mit welchen ökologischen Folgen auch immer diese Produktion der eigenen materiellen Kultur aufrechterhalten wurde, es war deutlich eine nicht nur im eigenen Lande akzeptierte bedürfnisgerechte Substanz der materiellen und symbolischen Werte vorhanden, die heute ebenso verloren und verspielt erscheint, ein historisches Gebrauchsmuster ohne Wert, der Verachtung vor allem der eigenen Produzenten und Konsumenten preisgegeben. Was so aussieht wie eine Übergangszeit in die Marktwirtschaft, ist in Wirklichkeit die Agonie einer einst funktionsfähigen, identitätsstiftenden kulturellen Reproduktion, und mein Verdacht ist, dass auf beiden Seiten das Bewusstsein verdrängt wird, dass es sich um ein solches Ende handelt, das vermeidbar gewesen wäre unter zivilisierten Menschen und einer Politik, die nicht bar jeden Gefühls für das Lebensmittel intakter Kulturen bliebe.

Ein solcher Einschnitt in die alltagskulturelle Orientierung, ein derartiger Verlust an Gegenstandsnähe und Vertrautheit mit einer Werte-Tradition, dieser allgemeine Schmäh des einst für gewollt Erklärten und als gut Erachteten – all das kann ohne Trauerarbeit um das Verlorene, ohne Reste eines Kulturstolzes, ohne das Bewusstsein, neben den neuen Errungenschaften auch etwas unwiederbringlich verloren zu haben, nicht gut gehen. Das Mindeste, was bleiben wird, ist eine Identitätskrise jener Beute-Deutschen, die sich, gerade vereinnahmt, ihrerseits einbilden, nun endlich könnten auch sie ihr Schnäppchen machen. Dass sie auch etwas für ein Linsengericht verraten, kommt ihnen kaum in den Sinn. Mit dem verrotteten Staatsgebilde DDR, dem wirklich niemand nachtrauern muss, ist leider auch – und das musste nicht zwangsläufig geschehen – ein geschichtlich gewachsenes, funktionsfähiges kulturelles Identifikationspotenzial aufgelöst worden.

Abb. 5: Luckenwalde in Brandenburg 1992, Maschinenfabrik nach der Demontage.

Aus der Sicht des ehemaligen „Westbesuchers" möchte ich behaupten, dass es einen DDR-typischen Begriff der Schicklichkeit, eine Übereinkunft in der materiellen Kultur gab, die sich zwischen alt- und neo-kleinbürgerlichen Allerweltsdekorationen und der Angestrengtheit eines *good design* zuverlässig reproduzierte. Diese Kultur entstand teils in sehnsuchtsvoller Angleichung an historische Muster und westliche Standards, teils im Beharren auf dem eigenen sozialistischen Weg, alles in allem kulturellen Eigensinn verratend, der tatsächlich und sichtbar ausgelebt wurde in einer Ästhetik der Dinge und ihres Gebrauchs, die dem westlichen Auge immer wieder in kleinen Abweichungen, Gesten, Verweisen ihre zugleich rührende und doch überzeugende, über vierzig Jahre aufgebaute relative Eigenständigkeit bewies. Ohne Zweifel hat die DDR über ein kulturelles Identitätspotenzial und in diesem Sinne über ein Eigenkapital verfügt.

Doch kulturelle Identitätspotenziale tauchen in keiner Konkursmasse auf. Sie rechnen sich nicht, sind nicht verrechenbar mit irgendwelchen realen Schulden. Auf der Verlustseite des Auflösungsprozesses müssen wir sie dennoch verbuchen, weil es Kosten sind, die auf den Menschen lasten, auch wenn viele gerade das nicht wahrhaben wollen. Wer hat nicht schon seinen Trabbi verflucht und sich in den 320er BMW geträumt, der eben vorbeizischte? Dabei ist das schwarze Ding auch bloß armseliger Yuppie-Traum einer anderen kleinbürgerlichen Klasse von Möchtegern-

Abb. 6

Abb. 6: Berlin, Prenzlauer Berg 1992, Puppentheater in der Abwicklung.

Abb. 7

Abb. 7. Vor Aschersleben in Sachsen-Anhalt im Herbst 1990.

Aufsteigern, die aus der Uniformität ihrer Abhängigkeit von Lifestyle-Symbolen nicht herauskommt. Der eine stinkt und behindert den Verkehrsfluss, den der andere mit Drohgebärden unter seine Herrschaft zu bringen versucht, die noch mehr stinkt, weil sie saudumm und selbstmörderisch ist – von der ökologischen Dumpfheit beider Beispiele ganz abgesehen.

Für Umschuldungen bei kulturellem Identitätsverlust gibt es keine Treuhandstelle. Mit blankem Entsetzen nimmt man die kulturelle Destabilisierung jener wahr, die blind in die Konsumfalle tappen. Sie bekommen bunte Joghurtbecher als Trost für den Blackout, dass sie glauben, es sei darin irgendein Geheimnis westdeutscher Produktqualität verborgen, das ihre Zunge erst noch zu schmecken lernen müsste oder, schlimmer noch, das die Geschmacksnerven gehorsam halluzinieren. Vorbei das kulturelle Bewusstsein der Rohstoffknappheit, die Zeit des achtsamen Bewahrens und Wiedergewinnens. Der Überfluss, vorerst fast zum Glück noch ökonomisch gebremst, ist über die ehrwürdige Mangelkultur der DDR hereingebrochen und wird hier wohl noch schlimmere Nachlässigkeiten erzeugen als in seinem Erzeugerland.

Linke Hoffnungen – damals

Ich gebe zu, dass mein Blick auf das Trümmerfeld der aufgegebenen DDR-Kultur durch eine gewisse Nostalgie getrübt ist, von der die 68er-Generation leicht befallen wird und die vermutlich manchem ehemaligen DDR-Bürger auf die Nerven geht. Ich meine nicht jene sentimentale Sammler-Nostalgie, die sich der letzten Waschmittel-Packung und anderer liebenswerter Kuriositäten aus dem ehemaligen DDR-Warenkorb versichert und solche Dinge heute in Vitrinen verwahrt. Ich benutze immerhin die aus der DDR einst mitgebrachten, nach uraltem Muster produzierten Emaille-Eimer, die letzten Spülbürsten für fünfzehn Pfennige das Stück sind leider schon abgebraucht. Ich meine eine andere, nicht minder fragwürdige Nostalgie. Auch ich gehörte zu jener „kritischen" Generation, die sich alsbald mit den Unappetitlichkeiten des Kapitalismus im teilhabenden Genuss arrangiert hat. Auch ich wollte eigentlich nie in der DDR leben. Aber der einst kritisch geschärfte Blick auf die Phänomene im Westen ließ die andere Sicht im Osten, eine immerhin angedeutete alternative Idee von Produktion, Gestaltung und Teilhabe, immer wieder sehnsuchtsvoll oder aus schlechtem Gewissen hervortreten. Da war doch noch was? Bei aller Distanz zur Ideologie des DDR-Systems blieb bei jedem Besuch, bei jeder Betrachtung oder Lektüre der Eindruck bestehen, da könne – vielleicht – noch etwas Vernünftiges entstehen.

Abb. 8

Abb. 8: Berlin, Prenzlauer Berg 1992, Sperrmüll.

Nun, ich habe die Rechnung ohne Frau Wirtin Geschichte gemacht. Die Stellung zwischen den Fronten war auch alles andere als seriös. Meine zynische Devise zur Selbstberuhigung hieß: Ex oriente lux, ex occidente luxus. Mit dieser dubiosen „gesamtdeutschen" Kulturperspektive stand ich als Intellektueller wohl nicht ganz allein. Das Spiel ist nun endgültig auch für alle anderen Altlinken im Westen aus. Es brennt kein Lichtlein mehr im Osten. Nun muss vom nostalgischen Blick auf eine realistische Betrachtung der Trümmer der Geschichte gewechselt werden.

Ernüchterung allenthalben

Ernüchterung ist allenthalben angesagt. Nicht nur, dass wir alle zwangsläufig zu ängstlichen Buchhalternaturen werden, um wie kleine Lafontaines die irrsinnigen Kosten des Vereinigungsspektakels zu kalkulieren. Es ist auch über andere Verluste zu sprechen, und dies umso mehr, je weniger sie zu Bewusstsein kommen oder je rascher sie in Vergessenheit geraten. Vielleicht steht es im Moment gerade westlichen Beobachtern zu, auf ein solches Verlustbewusstsein sachlich hinzuarbeiten; denn die unmittelbar Betroffenen selbst können es sich in Anbetracht ihrer materiellen Sorgen wohl noch nicht leisten, über den Kulturwechsel nachzudenken.
Freilich muss ich Einschränkungen machen. Weder als sogenannter Design-Experte (der ich nicht bin) noch als Kunst- und Kulturpädagoge (der ich bin) fühle ich mich heute schon imstande, die Konturen des Verlorenen und das Ausmaß des Verlustes auch nur versuchsweise objektivie-

rend zu bestimmen. Das Einzige, woran ich mich halten kann, ist eine Art Kultur-Impressionismus, sind Bilder der atmosphärischen Erinnerung, die ich hervorholen kann, um das Gewesene deutlicher hervortreten zu lassen. Kulturelle Unterschiede, gerade feine, kann man spüren, fühlen, riechen, ahnen. Sie berühren ein Sensorium jenseits der Begriffe, über die vergleichende Kulturforscher vielleicht verfügen. So versuche ich jetzt eine Art Gratwanderung meiner Erinnerung zwischen Erleben und Folgern, subjektivem Eindruck und zulässiger Verallgemeinerung.

Erinnerung an kulturelle Begegnungen

Wie war das bei meiner ersten, verhältnismäßig späten Konfrontation mit der ganz nahen, gleichsam personifizierten DDR-Kultur? Ich erinnere merkwürdige Szenen nach kurzer Phase des Fremdseins. Dabei fällt mir auf, dass es Details gab, die zeigen, dass man sich mitten in den Industriekulturen noch einander annähern kann wie Angehörige primitiver Stämme. Da war ich, der verwöhnte Westler, gewohnt alles zu bekommen, vom teuren Baumwollhemd bis zur alle zwei Jahre erneuerten Kombi-Limousine. Da war mein Gegenüber, auch in einem schönen Hemd und mit einem neueren Wartburg-Kombi. Doch irgendwann, bald nach dem Bekanntwerden, fuhr er wie liebkosend mit der Hand ein Karosseriedetail meines popeligen Passats nach, das ich noch nie wahrgenommen hatte. Und am Abschiedstag, ich hatte ein frisches Hemd angezogen, tippte er anerkennend ganz kurz auf einen der edlen Knöpfe auf meiner Brust,

Abb. 9

Abb. 9: Temporärer Autohändler in Berlin-Mitte, Oranienburger Straße, 1990.

während wir noch über Design und die Systeme redeten und ich die Lektion von der gesellschaftlichen Bindung gestalterischen Handelns weiterlernte. Was in den kleinen Gesten und meiner geschärften Aufmerksamkeit steckte, sehe ich erst heute. Die Situation, über Briefe und Besuche später ausgedehnt, war nicht ohne Pikanterie: Ich lernte zu verstehen und anzuerkennen, was mein Gegenüber wohl stellvertretend für andere Designexperten in der damaligen DDR dachte und projektierte. Er hingegen lernte, seine Sinne genießend am „Westgegenstand" zu gebrauchen.

Verführung über Kreuz?

Hat er mich zu ernsthaften Überzeugungen, habe ich ihn zum sinnlichen Genuss verführt? Oder ist in diesen ganz subjektiven kleinen Erinnerungen sozusagen das bilaterale Positive, die Überzeugungskraft beider Kulturen symbolisch enthalten, das Engagement der Verantwortung und das entwickelte Bedürfnis des Lebensgenusses? So, denke ich, hätte es im Großen sein können, sowohl in der geglückten Mischung zweier Kulturerfahrungen als auch im befruchtenden Austausch von „Experten-Meinungen", die, statt miteinander zu konkurrieren und sich einander als „besser" beweisen zu müssen, zu einem Dritten hätten zusammengehen können. Doch wie wir nun wissen, gab es zum Schluss nur die Wahl zwischen der Unterwerfungsgebärde und der Siegerpose. Mir kommt es vor, als wäre meine private Erinnerung an diese Begegnung fünf Jahre vor dem Fall der Mauer hochsymbolisch aufgeladen. Wir verstanden uns gut, bis zum gegenseitig fast vollzogenen Rollentausch der Ansichten, Erfahrungen und Wünsche. Zugleich blieb mir immer schmerzlich bewusst, dass dieser Tausch nur fiktiv möglich war. Nicht nur, dass ich bis unters Hemd der eingefleischte Westler blieb, der ich kraft kultureller Herkunft und materiellen Seinsbedingungen war; sondern auch, weil ich den Erfahrungsraum der privaten DDR-Kultur als einen mir deutlich fremden wieder verlassen musste, wie es dem Freund auch umgekehrt erging, falls er Reiseerlaubnis bekam. Für beide bedeutete das: Es gab nur ein Schnuppern, keine Realchance der Vermischung, nur Vergleiche und Rückkehr in den Systemzusammenhang, aus dem jeder kam. Das war schmerzlich, schärfte aber Sinne und Fantasie auf ungewöhnliche Weise. Ich weiß noch, wie wir damals eine Sehnsucht fast schwärmerisch ausmalten, die heute ganz und gar Utopie ist: den friedlichen Durchdringungswettbewerb in der auf das Produktionsmittel Fantasie gegründeten Offenheit beider Systeme, der wir eine Chance einräumten.

Die Utopie: kultureller Blutaustausch

Nie dachten wir daran, dass das eine System das andere schlucken würde, so sehr hatte sich das Faktum der Nebeneinander-Existenz in unseren Köpfen verfestigt. Aber uns schwebte eine Art produktive Koexistenz gerade auf dem Felde von Theorie und Praxis der Umweltgestaltung vor. Die entwickelten Bedürfnisse sollten mit einem reflektierenden Bewusstsein der Lage in der auf beiden Seiten in die Sackgasse geratenen Industriekultur konfrontiert, der Gesellschaftsbezug zugleich erneuert und erfüllt werden im Lernen voneinander. Klar, dass das eine damals hochpolitische Privat-Spinnerei war, jedem System gleichsam die positiven Errungenschaften des anderen zu injizieren, einen Blutaustausch zwischen den Kulturen vorzunehmen und gemeinsam an die unlösbar erscheinenden Probleme einer natur- und menschengerechten Produktion heranzugehen.
Der Entwurf solcher Träume funktionierte wohl bloß in der persönlichen Berührung: Ich, der Westler, wurde vom Bild der bescheideneren Ausführung der anderen Lebenswelt berührt und spürte zunehmend beeindruckt etwas vom sozialistischen Sinn dieses anderen Lebens, das frei geblieben war von den postmodernen Zynismen meiner Herkunftswelt. Mein Gegenüber hat nicht nur nach dem Hemdenknopf oder dem Blech der West-Karosserie gefasst, sondern freundlich durchblicken lassen, dass er die eigene philosophische Fundamentierung der Wahrnehmung professionellen Tuns als Designer und Arbeitsplatzgestalter in der DDR doch für richtiger hielt als meine diffuse Verweigerung. Zugegebenermaßen hatte ich ja keinen ideologischen Halt außer in meiner ironischen Distanz zum Kapitalismus wie zum real existierenden Sozialismus. Sichtbar huldigte ich dem einen im Outfit, trug seinen kulturellen Stallgeruch an mir. Dem anderen, seine Mängel vor Augen, traute ich nicht viel zu. Dennoch war da eine Art Überzeugungsneid. Ich wusste auch, dass der aufrechte Gang, den der Freund in der DDR-Wirklichkeit versuchte, anstrengender und risikoreicher war als mein unverbindlicher Spaziergang zwischen den Welten.

Eingeholt von der Realität

Natürlich konnte ich nicht ahnen, wie bald der andere durch die zum Tanzen gebrachten Verhältnisse seine sozialistischen Fundamente auf null gebracht sehen sollte und wie rasch mir die Flausen der Idee einer Durchdringung der Systeme ausgetrieben würden. Die – vermutlich schlechteste – Realität hat uns eingeholt. Ich kann meine Enttäuschung

Abb. 10: Die Bank im Walde, Heiligenstadt in Thüringen, 1991.

Abb. 11: Bei Alsleben in Sachsen-Anhalt, 1992.

nicht verbergen, und ihm gerät das schönheitsentdeckende Auge in den allgemeinen Sog des repressiven Konsumierens. Als er mich letzthin besuchte, meinte er in einem Anflug von Verzweiflung, er habe drüben wohl Jahrzehnte seines Lebens verloren, vergeblich gearbeitet und gelebt. Ich reagierte ganz erschrocken und versuchte zu beschwichtigen. Denn der Zusammenbruch der Hoffnung, auch die Tiefe des Verlustes konnten nicht deutlicher als im Augenblick dieser persönlichen Verzweiflung zum Ausdruck gebracht werden. Man erkennt, wie Lebensperspektiven ins Verschwimmen geraten – ein noch weitaus gefährlicherer Vorgang als der Verlust von Identifikationsmöglichkeiten mit der gewohnten materiellen Kultur. Ich bin sicher, dass es ein Vereinigungstrauma geben wird, ein neues Leiden für viele Menschen. Dagegen stellt die Tatsache, dass mir, dem Westler, eine denkbare, vielleicht sentimentalische Alternative einfach weggepustet wurde, den geringfügigeren Schaden dar. Man macht sich bloß lächerlich, wenn man das kleine Denkmodell des Lernens an der DDR rekonstruiert, sollte sich des naiven Irrtums wegen aber nicht schämen. Natürlich weiß ich heute, wie kaputt die Produktionsstrukturen und deren ökologische Basis schon vor dem Fall der DDR waren und dass darauf sich keine Alternativen hätten gründen lassen. Und doch ist mir etwas unangetastet in der Erinnerung geblieben, womit ich wieder an einem realen Punkt des Verlustes bin: Ich hatte den Eindruck, dass eine Reihe von Designern in der DDR im Sinne eines Idealismus, den es im Westen nicht mehr gab, sich um Begriff und Wirklichkeit einer humanen sozialistisch geprägten Industriekultur Gedanken, genauer „einen Kopf" machte – umständlich, verhakt im ideologischen Gestrüpp, schwerfällig bis in die Sprache hinein, aber mit unabweisbaren gesellschaftlichen Zielen vor Augen.

DDR-Design: der bemühte Ernst der Theorie

Danach wird nun bald keiner mehr fragen. Wer hat sich im Westen schon um die „Konzeption einer subjektorientierten Ästhetik des komplexen gesellschaftlichen Lebensprozesses und seiner gegenständlichen Vermittlung" (Bächler u.a. 1982, S. 17) wenigstens ernsthaft theoretisch gekümmert? Der *Design-Fibel* des Rates für Formgebung können wir nur solche Plattitüden entnehmen wie „Design hilft zu Anerkennung und Erfolg" oder „Design ist das aktuellste und umfassendste Medium unserer heutigen Realität".
Gewiss waren designtheoretische Texte aus der DDR oft unerträglich schwafelnde Legitimationsversuche verordneter Meinung. Bei geduldiger Lektüre stößt man aber hier und da auf den unverkennbaren Grundton überzeugter Bemühung. Auch wird manche Anstrengung sichtbar, den Widerspruch zu überbrücken, der darin bestand, dass für einen internationalen Markt produziert werden musste (das berühmte „Weltniveau"), die sozialistischen Ideale daheim aber nicht verloren gehen sollten. Diese DDR-typische Gespaltenheit der Entwurfszielsetzungen für den Export und für den sozialistischen Eigengebrauch hat die Auseinandersetzungen um „gestalterische Wahrheit" (Oehlke 1980) in einem Maße beschwert, wie wir uns das nicht vorstellen können, ebenso wie es ideologischer Eiertänze bedurfte, um dem Appetit auf „Vielfalt" der Produkterscheinungsformen, der von den Westvorbildern angeheizt wurde, bei der eigenen Bevölkerung zu befriedigen. In der DDR war alles komplizierter, weil es nicht nur durch die Mühlen der Planwirtschaft gehen, sondern auch den Filter der ideologischen Kontrollen passieren musste. An dieser Stelle freilich konnte der Ernst bemühter Theorie einsetzen. Es klingt heute fast absurd, aber tendenziell hat es so etwas wie eine Verlagerung des theoretischen und praktischen Gestaltungsgewissens nach Osten gegeben. Wer über Design als gesellschaftlich orientierte Aktivität etwas lesen wollte, konnte dies in der DDR-Literatur tun.
Das Niveau der Theorie-Diskussion lag in der DDR seit Jahren eindeutig höher als im Westen. Dafür trafen die ästhetischen Importe aus dem Westen immer mit spürbarer Verspätung ein. Das war im Vergleich der wech-

Abb. 12

Abb. 13

Abb. 12 u. 13: Leipzig-Plagwitz, 1992.

selnden Oberflächenphänomene und Formcharakterwechsel seit der Gründung beider Staaten so. Man konnte die ästhetischen Verspätungen des DDR-Designs geradezu sympathisch finden. Weniger sympathisch war die Konvergenz des Stils der institutionalisierten Design-Geschichtsschreibung, die sich hüben wie drüben blind gegenüber dem Massenphänomen Design verhielt und nicht die geringste Anstrengung unternahm, dem kulturell gelebten Massenalltag näherzutreten. Da gab und gibt es eine gemeinsame Tradition des Irrtums und der Irreführung (vgl. die beiden repräsentativ aufgemachten, in gewisser Weise konkurrierenden Bände zum „guten" Design in West und Ost: Wichmann 1985 und Hirdina 1989).

West- und Ost-Design-Geschichtsschreibung beziehen sich nicht nur auf den reinen Gegenstand, sondern engen ihn noch auf den „gut gestalteten" ein – ganz wie die Werkbundpropaganda das am Anfang dieses Jahrhunderts gefordert hat. Man sollte stattdessen einmal hingehen und gucken, wie die Menschen eingerichtet sind, mit welchen symbolischen Scheußlichkeiten jene Leute Umgang hatten, die da gerufen haben: Wir sind das Volk.

Vielleicht käme so die Kulturgeschichtsschreibung vom Kopf auf die Beine. Denn was heißt eigentlich gegenständlich gewordene kulturelle Identität? Welches Potenzial an Aufsässigkeit verbirgt sich hinter der Normalität des banalen Alltags, die sich eher der anonymen Allerweltsschönheiten bedient als irgendwelcher preisgekrönter Gestaltungsergebnisse?

Abb. 14

Abb. 15

Abb. 14: Trabant als Werbeträger vor einem Straßenimbiss in Groß-Paschleben, Sachsen-Anhalt, 1991.

Abb. 15: Autofriedhof in Döschwitz bei Zeitz, 1991.

Kulturelle Entsorgung

Eine Vereinigung beider deutschen Kulturen wäre nur denkbar gewesen im Sinne ihrer Durchmischung oder eines offenen, multikulturellen Konzepts gegenseitiger Anerkennung bestehender Differenzen. Wir stehen vor dem ungewohnten Phänomen, dass eine Ethnie, ein Volk gelernter Konsumenten, seine einst ausgeprägten kulturellen Eigenarten wie den letzten Abfall behandelt, indem es sich mit dem kulturellen Aggressor identifiziert und noch begieriger als vorauszusehen in dessen Kleider schlüpft. Am Rande der Gebrauchtwagenlager, die schon erheblich ausgedünnt sind, stehen die traurigen Wracks der Trabbis in ihrer Unverrottbarkeit. Eine Ironie des Schicksals – das Ding wird seine Herren noch bis in den Schlaf verfolgen, sein Bild in der Landschaft wird quasi unauslöschlich, bis man es regelrecht vergräbt.

Wenn das Bild nicht trügt, so wird vermutlich mit der nicht-materiellen Seite dieser Verschrottungskultur ähnlich verfahren. Eine Ent-Identifikation mit alten kulturellen Mustern findet statt, deren Reichweite in Tiefenstrukturen des sozialen Typus und der einzelnen Konsumentenbiografien noch unbekannt ist. Vielleicht ist die Unbeschwertheit von Tradition, die jemand im Großreinemachen des Haushalts der kulturellen Erfahrungen und Erinnerungen erzielt, bloß jener Situation zu vergleichen, in der man beschließt, sein Leben zu ändern, und dazu den ganzen beschwerlichen Kram entsorgt, der um dieses Leben herumsteht. Ich habe mich als noch nicht Vierzigjähriger sehr leicht und frei gefühlt, als ich allein zu leben begann und meine Umzüge mit zwei R4-Füllungen zu erledigen waren. Wegwerfen kann ein ungeheuer befreiender Akt sein, faktisch und symbolisch. Aber so ganz glaube ich nicht an diese Auslegung des

kulturellen Entsorgungssyndroms. In der kollektiven Verachtung der alten Bestände schwingt nicht nur zu viel Illusion mit, nun würde wirklich alles anders. Es bleibt auch eine Verdrängungsleistung dessen, was einmal kulturelle Vergangenheit war: die Enge, der Mangel, die Aussichtslosigkeit und – drüben – das Reich der Freiheit.
Diese Erinnerung wird zum Verschwinden gebracht, freiwillig oder durch kolonisatorische Akte. Es gibt die sterbende und die sie überlebende, beherrschende Kultur. Im Zusammentreffen der beiden Kulturen finden sich überdeutliche Züge des Spät-Kolonialismus. Die eine gebärdet sich als reich, entwickelt, mächtig, die andere unterwirft sich freiwillig, um möglichst rasch den Geruch der Armut und Unterentwicklung loszuwerden. So dürften bald Überanpassungs-Symptome sichtbar werden; wir werden dann bei unseren „Brüdern und Schwestern" in Sachen Lifestyle in die Lehre gehen oder die Karikatur unseres Kulturverhaltens wie im Spiegel vorgehalten bekommen. Die Entwicklung ist vermutlich nicht mehr aufzuhalten. Deshalb erscheint es geboten, wenigstens das Tempo zu drosseln und, wenn möglich, das Verfallsdatum der alten DDR-Kultur in ihren Relikten ein wenig zu manipulieren. Es wird den Leuten, die davon betroffen sind, sonst noch leidtun, so wie es manche Zuschauer erschreckt. Denn es sind ja Selbstverstümmelungen, denen man zusehen muss.

Doppelte Verdrängung

Dass jemand sich an den Gegenständen rächt, weil er die Verhältnisse und Personen nicht mehr treffen kann, die für die Knebelung verantwortlich waren, lässt auf Ungerechtigkeit, auf Verlagerungen der Schuldzuweisung, auf Wut gegen sich selbst schließen. Dazu besteht kein objektiver Anlass. Die Gebrauchswerte, die in der ehemaligen DDR produziert wurden und in die Hände der Leute kamen, waren – mit wenigen Ausnahmen – nicht oder nicht wesentlich schlechter als irgendwelche vergleichbaren Produkte des Westens. Im Gegenteil, man hat mit ihnen gelebt, übrigens nicht schlecht in den letzten Jahren. Die Aufkündigung des Vertrauens durch die Benutzer und die belustigte Reaktion des Westens auf diese für arm erachtete gegenständliche Kultur und auf die hastigen Gesten ihres Wegwurfs beinhalten eine doppelte Verdrängungsleistung: Die einen wollen nicht mehr wahrhaben, wie sie lebten und womit. Die anderen blenden aus, dass sie in ihrer hämischen Schaulust helfen, das kaputt zu machen, was einst die andere Kultur war. Sie gucken interessiert auf das eigentlich beschämende Unglück – wie die Gaffer auf der Autobahn, die sich vom Unfall anderer unterhalten fühlen, bis sie selber der Crash ereilt.

Abb. 16

Abb. 17

Abb. 16: Freie Fahrt für freie Bürger. Berlin, Prenzlauer Berg, 1990.

Abb. 17: Berlin-Mitte, Große Hamburger Straße, 1991.

Das Ganze hat tragikomische Züge. Die Annektierten wollen ganz schnell zu den Tonangebern gehören. Die lassen sich das gern gefallen, haben sie sich doch immer schon als die Besseren und Stärkeren gefühlt. In dieser kostenlosen Selbstbestätigung durch die Schwächeren verdrängen sie die eigene Unsicherheit, die Angst vor der Zukunft. Was übrig bleibt, könnte die vereinigte Unsicherheit der Gefühle und Erfahrungen sein, ein brisanter Untergrund wenig ersprießlicher Irritationen, von denen alle befallen werden können, denen das Erinnerungsvermögen und ein Geschichtsbewusstsein ihrer Alltäglichkeit abhanden kommen.

Die Kultur des Mangels vergeht

Die BRD-Kultur des Warenglanzes hat immer nur sich selbst überholen und gefährden können. Die DDR-Kultur der Kargheit ist dagegen von außen und innen immer wieder gestört worden. Trotzdem hatte sie Bestand; sie wirkte integer, auch wenn wir sie belächelt haben.
Ich unterschätze den langjährigen Einfluss der Westmedien, das Fernsehen und die Produktpräsenz, nicht. Ich unterschätze auch nicht die Wirkung einer wasserdichten ideologischen Haut, der politischen Stützung und der weltanschaulichen Imprägnierung der DDR-Kultur vom Wohnungsbau bis zur Kinderkrippe, von der Schrankwand bis zur „kulturvollen" Kaffeetasse. Das diente ja immer irgendwie dem Fortschritt im Aufbau des Sozialismus. Ästhetische Infiltration und politische Bevormundung haben – von verschiedenen Seiten – an der Autonomie dieser nun vergehenden Alltagskultur im real existierenden Sozialismus genagt. Unbezweifelbar aber hat es bis zum Fall der Mauer ein eigenständiges kul-

turelles Grundklima in der DDR gegeben, das die Armut erträglich machte bei denen, die diese Kultur lebten, und das den Ernst des Interpretierens und Entwerfens bei denen fundierte, die für gestalterische Fragen zuständig waren. Alle Entscheidungen, sei es die für Konsumenten, etwas anzuschaffen, herbeizuschaffen, sei es die für Entwerfer und Produzenten, einen Entwurf zu realisieren und dafür alle Voraussetzungen mühsam zu erfüllen, basierten auf dem Druck des Mangels und waren näher an den existenziellen Sorgen und Nöten als bei uns. Wenn ich von Unschuld der Armut spreche, meine ich die relative Direktheit der Bedürfnisse, die Unmittelbarkeit des kollektiven Anspruchs auch an die Verpflichtung der Designer. In der DDR konnten Entwerfer noch von gesellschaftlichen Verpflichtungen reden, ohne schamrot zu werden oder einander zu langweilen. Diese Unschuld ist dahin; denn nun beginnt ein anderer Verteilungskampf um einen anderen Bestand der materiellen Kultur. Nicht nur den alten Gegenstandsformen und ihrem einstmals symbolischen Wert wird der Boden weggezogen, die Gestalter sehen sich mit ganz anderen Entwurfsvorgaben konfrontiert. Auch sie werden schlicht

Abb. 18

Abb. 18: Eckkneipe in Berlin-Weißensee, 1990.

Abb. 19

Abb. 19: Ostseebad Binz auf Rügen, 1994.

Abb. 20 u. 21: Fahnen-Protestaktion des Verbandes Bildender Künstler Berlin auf dem Alexanderplatz gegen den Atelier-Mietwucher in der Stadt, 1991.

orientierungslos. Das reale Berufsbild der Gestalter im Westen kann man ja kaum ernsthaft als Orientierungshilfe empfehlen.

Eine kulturelle Basis von „Wir sind das Volk"?

Ich würde Armut, auch überwundene, nicht zu einer moralischen Kategorie erklären wollen. Sehr wohl aber das Spektrum ihrer kollektiven und individuellen Bewältigungsweisen im Alltag. Im Kampf gegen den Mangel, im Durchsetzen von Lebensbedingungen gegen eine noch ungestalte, rohe Natur hat alle Kultur ihren Ausgang genommen. Sie ist anthropologisch fundamentales Ereignis, Menschenwerk, in Arbeit erzeugt, und im andauernden Handeln, in der Erinnerung eines Handelns, in der Tradition eines Wertbewusstseins dauerhaft verankert. Darauf sollten sich ihre gegenwärtigen Wegwerfer besinnen und ihre sorglosen Verächter sich beziehen. Das unverkennbar DDR-Typische an dieser Wegwerfkultur vor dem Sündenfall in den so heiß ersehnten Westkonsum war doch unter anderem die entwickelte Fantasie eines die Verhältnisse unterlaufenden Versorgungshandelns, das kollektive Züge einer Schattenwirtschaft und einer Trotzkultur angenommen hatte. Wer weiß, wie viel revolutionäres Potenzial in dieser Form der untergründigen Selbständigkeit verborgen war, wie stark sich die Menschen durch die selbst erbrachte

Abb. 20 Abb. 21

Kulturleistung, so leben zu können, auch gegenüber den Regime-Strukturen fühlen konnten, die ihnen anderes verweigerten?
Wir sind das Volk – dieses im Westen so bewunderte Selbstbewusstsein so vieler, diese plötzliche politische Mündigkeit muss doch auch eine kulturelle Basis gehabt haben, vielleicht gerade in dem durch lange Mangelbewältigung erworbenen Vertrauen in die eigenen Kräfte?
Das sind Fragen, keine Antworten. Ich bin immer noch ratlos, überrascht, überrannt. Mir dämmert nur, dass das Recht und die Unschuld des großen Neubeginns von Akteuren und Zuschauern verspielt werden können. Deshalb möchte ich die Erinnerung an die Kultur des privaten Überlebens in der DDR auch in der Geschichte jener Gegenstände bewahren, die Zeugen der Ereignisse waren, die nun nicht mehr privat zu nennen sind. Und ich möchte daran erinnern, dass das alltägliche Ambiente derer, die ihr politisches Schicksal für den Anfang und eine Weile in die eigene Hand nahmen, kein irgendwie revolutionäres oder postmodernes war, sondern geprägt von der Gewöhnung an das muffige und schäbige Allerweltsschöne. Die gegenständliche Kultur, aus der die ostdeutschen Revolutionäre kamen, war eine Mischkultur der Behelfe und Banalitäten – eine eigene Art des sozialistischen Biedermeier. Diese Kultur geht dahin, ein für alle Mal. Jetzt wird eine gesamtdeutsche Einheitssuppe zu löffeln sein. Im Disneyland der erfüllten Design-Wünsche werden wir uns alle einrichten müssen. Die neuen Antiquitäten aus der DDR gehören schon dazu.

Bächler, H., H. Letsch, K. Scharf: *Ästhetik – Mensch – gestaltete Umwelt*, Berlin 1982.
Hirdina, H.: *Gestalten für die Serie. Design in der DDR 1949 – 1985*, Dresden 1988.
Oehlke, H.: *Produkterneuerung und gestalterische Wahrheit*, in: *4. Kolloquium zu Fragen der Theorie und Methodik der industriellen Formgestaltung 7. November 1980*, hg. v. d. Hochschule für industrielle Formgestaltung Halle, Burg Giebichenstein, Halle 1981.
Rat für Formgebung (Hrsg.): *Design-Fibel. Informationen über den Umgang mit Design und Designern*, Frankfurt a.M., 1989.
Wichmann, H.: *Industrial Design, Unikate, Serienerzeugnisse. Die Neue Sammlung, ein neuer Museumstyp des 20. Jahrhunderts*, München 1985.

Günter Höhne

HINSEHEN, ABER NICHT ABGUCKEN
Wie Braun-Produkte ihre Schatten auf das Design in der DDR warfen

Es ist ein Riesenbedarf an Produktgestaltern und Innenarchitekten dort in der jungen westdeutschen Nachkriegs-Bundesrepublik, und gottlob hat der Berufsstand der Kunsthandwerker und Formgeber jetzt in den Aufbaujahren alle Hände voll zu tun, darf wieder anständige, friedliche deutsche Wertarbeit abliefern. Mildes Kopfschütteln freilich in gutbürgerlichen Formgeberkreisen der Fünfzigerjahre über ein paar Eleven, die sich wie dieser Dieter Rams als „Funktionalisten" in Szene setzen. Das Wort spricht man mit spitzen Lippen aus. Genauso wie „Ulm". Dass Rams dort an der Hochschule für Gestaltung zwar nicht arbeitet, macht sein Betreten des bis dato konservativ gepflegten deutschen Parketts der „angewandten Künste" auch nicht unverfänglicher. Im Gegenteil: Also gibt es anscheinend noch mehrere solcher Produktrevoluzzer, neben und außerhalb der Flachbauten am Ulmer Kuhberg. Und jetzt mit diesem Jüngling sogar schon mitten in einem soliden Elektrogeräte-Unternehmen, fest angestellt und offenbar ebenso fest entschlossen, hier die anständige Tonmöbelwelt total umzukrempeln. Wenn das mal gut geht. Dieser Schneewittchensarg! Wer will sich das allen Ernstes in die gute Stube stellen, soll so etwas kaufen. Und natürlich war da auch wieder ein Ulmer dran beteiligt, dieser Hans Gugelot ...

Ortswechsel: nach Ostdeutschland, in die 1949 gegründete Deutsche Demokratische Republik, in ihre Hauptstadt Ostberlin. Dort werden im nordöstlichen Stadtteil Weißensee an der Hochschule für bildende und angewandte Kunst seit 1947 Industrieformgestalter ausgebildet, nach ähnlichen methodischen und ästhetischen Grundsätzen wie einige Jahre später dann auch in Ulm. Die Studierenden hier sind in einer besonders glücklichen Situation, gemessen an ihren ostdeutschen Kommilitonen etwa in Weimar, Dresden und Halle oder in Wismar und Heiligendamm

Abb. 1

Abb. 1. Erstes Quartalsheft der Hochschule für Gestaltung, Ulm, 1958 (aus dem Nachlass von Jürgen Peters, Neuenhagen bei Berlin).

an der Ostsee: Bis zum Sommer 1961, dem Bau der Mauer, können sie in wenigen Minuten und wann immer sie wollen per S-Bahn „rüber" fahren – nach Westberlin, zum Schaufenster des kapitalistischen Wirtschaftswunders. Sie können, sollen es freilich offiziell nicht, tun es aber eben doch. Und seltsam: Man trifft dort in Kunst- und Designausstellungen auf Studienfreunde, Professorinnen und Professoren, tritt sogar Hochschulleitungs-Funktionären aus Weißensee auf die Füße – sieht sie aber nicht und bleibt auch selbst eigenartigerweise unerkannt, wie unter einer Tarnkappe. Wer sich nämlich eigenmächtig im Westen herumtreibt und dabei entdeckt wird, riskiert die Relegation. Nun ja: falls er gesehen wird ... Ganz anders hingegen bei „organisierten Agitations-Einsätzen" von FDJlern in den Fünfzigerjahren in Westberlin: Wenn dort Wahl- und Propagandamaterial für die Sozialistische Einheitspartei Westberlins verteilt oder geklebt wird, den SED-Parteiableger im Westteil der Stadt. Wer dabei – wie der Design-Student Horst Giese – von der Westberliner Polizei erwischt und eingebuchtet wird, der erwirbt sich sogar besondere Achtung an der Schule als junger Held der Friedensbewegung.

Man schaut sich also in Ausstellungen und im Fachhandel die neuen Hirche-, Bill-, Gugelot- und Rams-Entwürfe an, bringt sich Kataloge und Designliteratur mit, über und von Ulm, Braun und anderen Wegbereitern einer neuen Industrie-, Medien- und Umweltkultur, und die Lehrenden an der Ostberliner Kunsthochschule tun dazu das Ihre an Veranschaulichung, Analyse, Diskussion und Projekt-Themenstellungen. Bei den Studierenden fällt die westdeutsche Moderne auf fruchtbaren Boden. Jürgen Peters (Jahrgang 1931, gest. 2009), einer der kreativsten und produktivsten unter ihnen damals, erinnert sich 2008:

„Wir hatten in unserer Hochschulbibliothek ein Kontingent an West-Fachliteratur und -Zeitschriften, durch die wir auf dem Laufenden gehalten wurden, und auch persönliche Kontakte zu Westkollegen wurden gepflegt. So kam es bei einem meiner privaten „Westberlin-Ausflüge" am Rande einer Veranstaltung zu einem längeren Gedankenaustausch zwischen Dieter Rams und mir, bei dem wir beiden fast Gleichaltrigen völlig übereinstimmten, was die wesentlichen Prinzipien sachlich und ästhetisch konsequenter, funktionaler und zeitgemäßer Produktgestaltung betraf. Eine engere, freundschaftliche Verbindung entwickelte sich sogar zwischen mir und dem damals in Ulm studierenden und späteren langjährigen Chefredakteur der führenden westdeutschen Design-Fachzeitschrift *form*, Karlheinz Krug. Von ihm erhielt ich, wann immer wir uns begegneten, die Jahresberichte und Zeitschriften der Hochschule, und ich wiederum konnte ihm dabei behilflich sein, im Jahrbuch 1962 der Fachzeitschrift *form+zweck* des Ostberliner Instituts für angewandte Kunst einen längeren Beitrag über die HfG Ulm unterzubringen. – Zwischen Rams und Krug und uns Ostberlinern gab es keinerlei Überzeugungsdefizit, was den Anspruch an moderne Produktgestaltung betraf: Hüben wie drüben wollten wir ordnen mit Design, wollten vereinfachen, die Funktion beherrschbar und nach außen hin sichtbar machen. Insofern waren diese frühen Entwürfe von Hirche, Bill, Gugelot, Rams und anderen beziehungsweise Produkte von Herstellern wie Braun, Bosch oder Siemens für uns keine Aha-Erlebnisse, sondern riefen unser *Oho!* hervor: Die können das also wirklich auf den Markt bringen, was auch wir denken, entwerfen, modellieren. Warum nur geht das bei uns nicht ..."

Tatsächlich entstehen ab 1956/57 an der Ostberliner Hochschule und etwa zeitgleich am 1950 von Mart Stam initiierten und dem Kulturministerium der DDR unterstellten Berliner Institut für industrielle Gestaltung (dann Institut für angewandte Kunst) mehrere Produktentwürfe, deren Gestus scheinbar den Seitenblick auf die seelenverwandten Vorbilder aus Westdeutschland verrät: in jeder Hinsicht geradlinige, rundum auf technische Ästhetik reduzierte sowie gebrauchsoptimierte Erzeugnisse für Wohnung, Haushalt und Beruf. Die aber richten sich in den meisten Fällen nicht nach westdeutschen Vorbildern, sondern sind wie jene die Spätfolgen und Beispiele einer gestalterischen Gesinnung, wie sie vor der Nazizeit vom Deutschen Werkbund vertreten und besonders intensiv am Bauhaus gelehrt und praktiziert wurde, vor allem in dessen Dessauer Jahren zwischen 1926 und 1932. Nicht allzu verwunderlich, denn einige Vertreter dieser Design-Epoche lehren in Berlin-Weißensee Produktgestaltung: Mart Stam, Marianne Brandt, Selman Selmanagic und weitere auch anderswo.

Rückschlag „Formalismus-Debatte"

Nur: Erst jetzt, gegen Ende der Fünfzigerjahre, kann man sich allmählich wieder trauen, diese Ideen auch Gestalt werden zu lassen. Denn 1951 ist es in Ostberlin auf Geheiß Moskaus mit der auf einer SED-Kulturkonferenz vom Zaune gebrochenen „Formalismus-Debatte" zu einem rabiaten politischen Generalangriff gegen die sachliche Moderne in der DDR gekommen. Eine Debatte findet hier in Wahrheit auch gar nicht statt, sondern ein verheerender, keinen Widerspruch duldender Kahlschlag gegen alles, was dem stalinistischen Kulturdiktat einer plakativen, kommunistisch-idealistischen Volkstümelei im Wege zu stehen scheint und erst recht, was nach „amerikanischer imperialistischer Unkultur" riecht. Moderne Opernwerke werden von der Bühne gefegt, mehr oder weniger „abstrakte" Wandbilder und andere Kunstwerke im öffentlichen Raum getilgt und den Künstlern stattdessen ein „sozialistischer Realismus" nach sowjetischem Vorbild verordnet, Schriftsteller werden gemaßregelt, das Bauhaus und seine kreativen Vertreter als lebensfremd, „kosmopolitisch" und „Amerika-freundlich" gebrandmarkt. Namentlich die Architektur- und Gestaltungslehre wie auch die bildenden Künste an der Kunsthochschule in Berlin-Weißensee geraten auf der Parteikonferenz von 1951 unter schweren Beschuss: Man sei „in formalistische Tendenzen verfallen" und „die Prinzipien der Sowjetpädagogik" fänden „keine Anwendung an der Hochschule", hier sei „eine gefährliche Entwicklung der Schule" zu konstatieren und „die bewusste Absicht zu erkennen, bürgerliche Ideologien in die Arbeiterklasse hineinzutragen". Als verantwortlicher Kopf hinter all dem stecke „der Genosse Mart Stam". In einer faktisch als Doktrin zu befolgenden „Entschließung des Zentralkomitees der Sozialistischen Einheitspartei Deutschlands" am Ende der Parteikonferenz heißt es unter anderem: „In der Architektur [...] hindert uns am meisten der so genannte Bauhausstil und die konstruktivistische, funktionalistische Grundeinstellung vieler Architekten. [...] In der gleichen Lage befindet sich die Innenarchitektur der Wohnungen, Verwaltungsgebäude, Klubhäuser, Kinos und Theater. Ebenso verhält es sich mit den Entwürfen für die serienweise Herstellung von Möbeln und anderen Gebrauchsgegenständen für das tägliche Leben." Die Dokumente der Par-

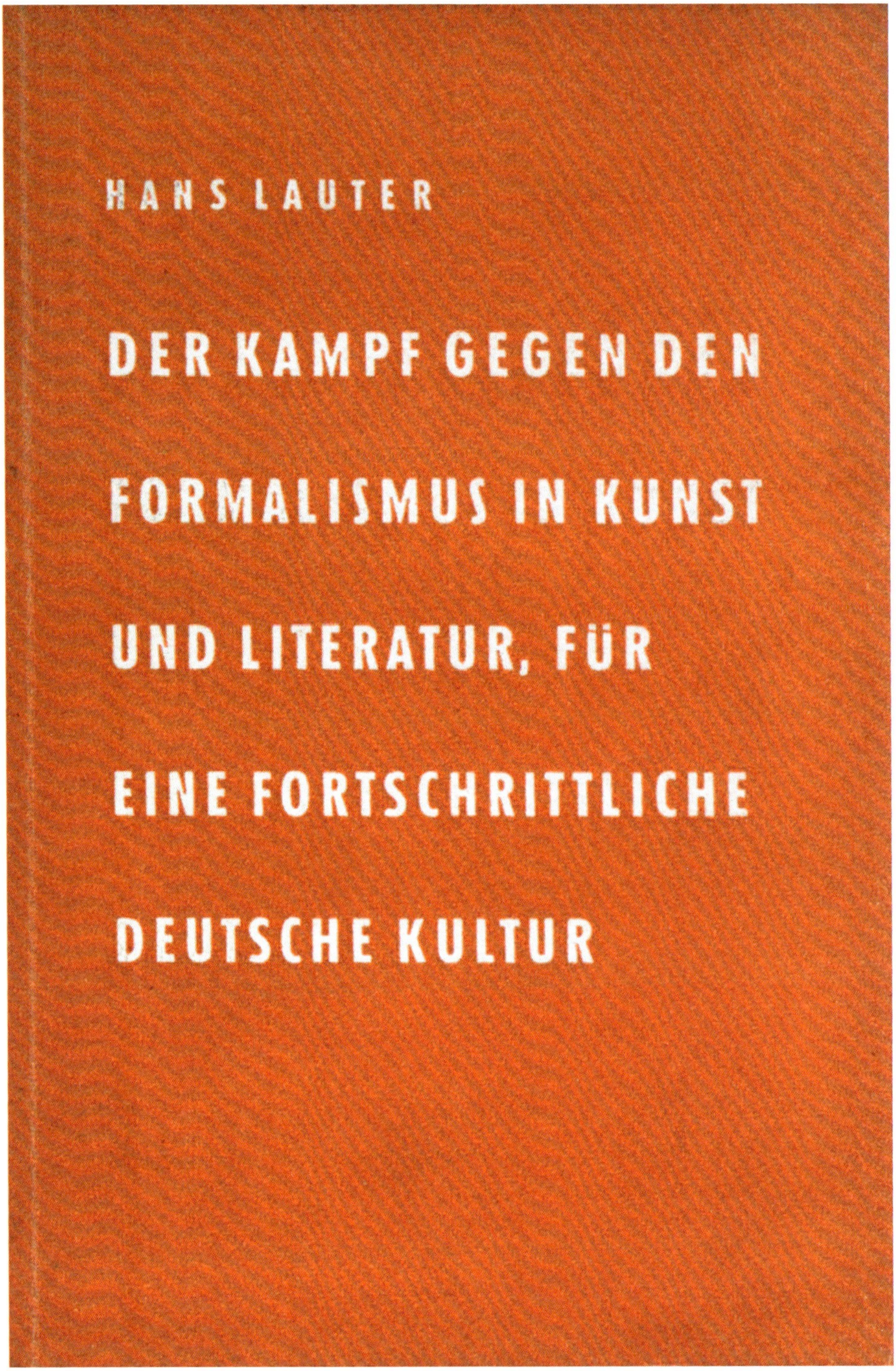

HANS LAUTER

DER KAMPF GEGEN DEN FORMALISMUS IN KUNST UND LITERATUR, FÜR EINE FORTSCHRITTLICHE DEUTSCHE KULTUR

Abb. 2

teikonferenz, der 5. Tagung des Zentralkomitees der SED, werden in der Schrift *Der Kampf gegen den Formalismus in Kunst und Literatur, für eine fortschrittliche deutsche Kultur* (Abb. 2) veröffentlicht, der Niederländer Mart Stam aus seiner Funktion als Rektor in Berlin-Weißensee entfernt. Er verlässt 1952 zutiefst gedemütigt jenen Teil Deutschlands, in dem er gehofft hatte, sozialistische Gesellschaftsideale verwirklichen zu können.
Der Einzug und Siegeszug einer modernen, zukunftsorientierten, markteffizienten funktionalen Ästhetik in die deutsche Produktkultur erfolgt nun zuerst ausgerechnet im kapitalistischen Westen mit seinem angeblich historisch überholten Gesellschaftssystem und nicht in dem „der Zukunft zugewandten" Osten, um aus der Nationalhymne der DDR zu zitieren – ein Treppenwitz der deutschen Kulturgeschichte, bei dem die Betroffenen allerdings nichts zu lachen haben.
Wenden wir uns wieder den Weißenseer Produkterneuerern um 1957 zu. Sie bewegen sich auf immer noch dünner, heißer Schlacke über dem politischen Lavastrom. Und in der Tat soll es nach weiteren vier Jahren noch einmal zum Vulkanausbruch kommen. Vorerst jedoch zeichnet sich Entspannung in der Ostberliner Kultur-Arena ab, auch auf dem Felde der industriellen Formgebung oder Formgestaltung, wie das Design damals noch genannt wird. An der Kunsthochschule in Weißensee hat es die befohlenen Veränderungen in der Leitung und im Lehrbetrieb gegeben, aber auch Kontinuitäten konnten gewahrt werden dank scheinbarer, aber klammheimlich Schritt für Schritt wieder zurückgenommener Gefolgsamkeit und gelassen praktizierter kühler Rationalität im Studiensektor Formgestaltung. Erstaunlich, was Jürgen Peters noch sehr bestimmt erinnert: „Wir wussten ja als Studenten überhaupt nichts von den Maßgaben und Folgen der Parteikonferenz von 1951! Das kam gar nicht bei mir an. Wir haben es wohl einfach ignoriert und weiter gesucht nach der angemessenen, zeitgemäßen sachlichen Form im Gerätebau."

Aufbruch der Ost-Moderne in die Serie

Die ihnen dafür den Rücken frei halten, sind verbliebene und auch neu eingestellte Dozenten und Professoren wie Selman Selmanagic, Ernst Rudolf Vogenauer (als Gebrauchsgrafiker in Westberlin lebend, aber von 1947 bis 1962 in Weißensee lehrend) und vor allem der erfahrene Architekt, Plastiker, Grafiker und Industrieformgestalter Rudi Högner, der 1953 von der Dresdner Hochschule für Bildende Künste nach Berlin kommt und hier zur Schlüsselfigur einer konsequent praxisorientierten und viel-

Abb. 3

Abb. 4

Abb. 5

Abb. 6

Abb. 7

Abb. 8

seitigen Designerausbildung wird. Natürlich schauen die Lehrkräfte sich auch um, was in westlichen Industrieländern an moderner Formgebung geschieht, messen aber ihren Anspruch an Gestaltungsqualität nach wie vor letztendlich am funktionalen und sozial orientierten Geist des Bauhauses. So entstehen in den Ateliers und Werkstätten von Berlin-Weißensee und im Institut für angewandte Kunst ab Mitte der Fünfzigerjahre jene wegweisenden Produktentwürfe für Betriebe und Industriezweige der DDR-Wirtschaft, die Willens und auch materiell wie technologisch in der Lage sind, sie in die Serienproduktion umzusetzen.
Jürgen Peters realisiert 1957 für den Radiogerätehersteller Sachsenwerk in Dresden-Niedersedlitz und für Stern-Radio Rochlitz die deutlich von den herkömmlichen „Tonmöbel"-Vorgängern sich gestalterisch entfernenden neuen UKW-Super OLYMPIA (Sachsenwerk, Abb. 3) und OBERON (Rochlitz, Abb. 4), entwickelt gemeinsam mit seinem Studienkollegen Horst Giese die prägnanten, aufs Funktionale reduzierten Erscheinungsbilder der bei Stern-Radio Berlin ab Frühjahr 1958 hergestellten Fernsehgeräte ALEX (Abb. 5) und WEISSENSEE (Abb. 6) und kreiert 1958/59 – nun als frischgebackener Absolvent und „Diplom-Formgestalter" – am Berliner Institut für Angewandte Kunst seine Spiegelreflexkamera PENTINA (Abb. 7). Sie wird in den Dresdner Kamera- und Kinowerken gefertigt und ist weltweit die erste ihrer Art in Rahmenbauweise mit Deckschalenprinzip. Ein Jahr zuvor, wiederum zusammen mit Horst Giese, hat er noch an der Hochschule die ungemein handliche und formschöne Kleinbild-Sucherkamera PENTI I (Abb. 8) geschaffen, einen der am meisten verbreite-

Abb. 9

Abb. 10

Abb. 11　　　　　　　　　　　　　　　　　　　　　Abb. 12

ten und langlebigsten ostdeutschen Designklassiker der Fünfziger- bis Siebzigerjahre, der auch in die Bundesrepublik Deutschland und ins Ausland exportiert wird. Horst Gieses frühes alleiniges und absolutes Meisterstück ist allerdings der wieder unter der Betreuung von Rudi Högner 1957 für den Betrieb Stern-Radio Berlin entwickelte Raumklang-Radiosuper BEROLINA K (Abb. 9/10), ein so bislang beispiellos gestaltetes Gerät, das nicht nur „3-D" klingt, sondern auch als dreidimensionales Objekt im Wohnraum wirken kann, nicht wie sonst üblich mit dem Rücken zur Wand aufspielen muss. Auch seine Hinterseite ist bis in die Grafik hinein ein Hingucker. Der Zusatzbuchstabe „K" zum Gerät-Namen soll übrigens darauf verweisen, dass dies ein Entwurf aus der Kunsthochschule Berlin-Weißensee ist. Dem voraus ging 1956 die ähnlich konzipierte UNDINE II L (Abb. 11/12) für den Hersteller Elektro-Apparatewerke Berlin-Treptow (EAW) von Erich John, Jahrgang 1932. Er war ebenfalls Industrieform-Studierender bei Rudi Högner, später wie auch Peters und Giese ein erfolgreicher Industriedesigner und bis in die Neunzigerjahre hinein zudem als Högner-Nachfolger einflussreicher Hochschullehrer in Berlin-Weißensee. Verraten diese ostdeutschen Entwürfe eine mehr oder weniger materielle Eigenständigkeit neben den ideellen Vorbildern Braun, Hirche, Bill, Gugelot und Rams, so wird sich in den folgenden Sechzigerjahren das Bild wandeln. Die HfG Ulm ist da nicht nur in ihrer Ausbildungsmethodik, sondern auch mit industriell realisierten Ergebnissen auf Erfolgskurs und die Braun-Produktpalette Garant für globalen Erfolg, mittlerweile auch regelmäßiger „Lieferant" für Museums-Ikonen der Moderne in aller Welt. Das ermuntert zunächst einerseits die junge Designerschaft in der DDR zum Weiterexperimentieren, andererseits die Industrie sowie bestimmte Ministerien und den staatlichen Außenhandel, sich hier einfach

Abb. 13

Abb. 14

anzuhängen, „Ähnliches", am liebsten sehr Ähnliches ohne viel eigenes Zutun von den Gestalterinnen und Gestaltern abzuverlangen. Es betreten nun neue DDR-Produkte die Bühne, die das Braun-Design allzu deutlich „aufgreifen", ja kopieren. So kommt in den Sechzigern aus dem damals namhaften Elektrogerätewerk im thüringischen Oberlind unter der Bezeichnung QL (Querlüfter) eine Serie von Ventilatoren (Abb. 13) in den Handel, deren Wirk- und Gestaltungsprinzip sich eindeutig auf den Braun-Tischlüfter HL 1 (Abb. 14) von 1961 beziehen, wenn auch unter anderem eine abweichende Ständerform aufweisen. Eine nahezu Eins-zu-eins-Kopie zum etwa zeitgleich bei Braun entstandenen Toaster HT 1 verkörpert der wenig später vom ostdeutschen Elektrogeräte-Werk Thale im Harz hergestellte Motor-Toaster ACOSTA (Abb. 15/16). Mit der (Nach-)Gestaltung beider Produkte sind Industriedesigner beauftragt worden, die ansonsten auf viele eigene, sehr ideenreiche und qualifizierte Entwürfe im Investitionsgüter- und Haushalttechnikbereich verweisen können. Hier wird ihre Kreativität von den Auftraggebern unter dem Aspekt gefordert, dass diese Me-too-Produkte *Made in GDR* um Haaresbreite am Nachweis des Braun-Plagiats vorbeirutschen können. Auch die Ostberliner BEBO-SHER-Elektrorasierapparate Typ 014 von 1962 (Entwurf: Jürgen Peters, Abb. 17) und Typ 016 (Enwurf: Erich John, Abb. 18) von 1963, beide mit DDR-Industrieformpreisen ausgezeichnet, können zumindest die gestalterische Patenschaft des Braun COMBI (Abb. 19) und des Braun STANDARD (Abb. 20) nicht verleugnen.

Abb. 15

Neu

Toaster HT 1
DM 54.- mit Anschlußschnur

Toastet gleichzeitig beide Seiten. Brot wird dadurch knusprig ohne auszutrocknen

Toastzeit etwa 90 Sekunden für zwei Scheiben Toastbrot nebeneinander

Eine Scheibe Bauernbrot kann ungeteilt getoastet werden

Bräunt sehr gleichmäßig durch präzise Anordnung der Heizkörper

Wippschalter mit Ein-Aus-Markierung

Bequeme Kontroll- und Hebetaste

Besonderer Wärmeschutz an Griffstellen und Standfläche

Zweckmäßige Form, raumsparend schmal
Leicht zu reinigen

750 Watt : 220 Volt Wechselstrom

1 Jahr Garantie

BRAUN

Abb. 16

Abb. 17

Abb. 18

BRAUN

Ein neuer Elektro-Kleinrasierer mit Langhaarschneider

Braun Standard 2
DM 44.-

Braun Standard 2 ist ein neues Rasiergerät von hervorragender Leistung. Es ist handlich, leise, leicht und robust, aber die Hauptsache: es rasiert schnell, sanft und sauber.

Für die Entwicklung war der Gebrauchswert, nicht der Ausstattungskomfort bestimmend. Erfahrene Konstrukteure haben in diesem preisgünstigen Kleinrasierer alle Teile präzise aufeinander abgestimmt, um Stoppel- und auch Langhaarrasur perfekt zu machen.

Robuster Motor

Der Schwingankermotor ist einfach und stabil konstruiert. Er läuft gleichmäßig und sehr leise, braucht keine Wartung und stört weder Rundfunk- noch Fernsehempfang.

Weitere Vorteile:

Hygienisch glatte Oberflächen;
Unzerbrechlicher Scherkopfrahmen aus verchromtem Metall;
Spannungswähler für 110 und 220 Volt;
Schnelle Reinigung; Keine Wartung

und 1 Jahr Garantie

Abb. 20

Abb. 19

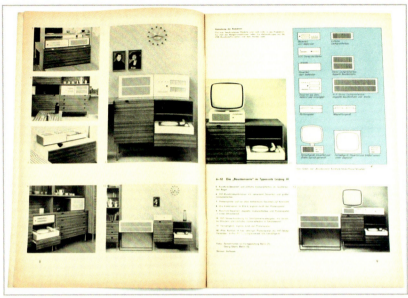

Abb. 21

„Hinter dem Leben zurück"

Eigenes freies, funktional-gestalterisches Experimentieren und Fabulieren in den DDR-Gestaltungsateliers hingegen wird mehr und mehr beargwöhnt und behindert. Rasche, sehr rasche Fortschritte bei der Belieferung der staatlichen Außenhändler und des Binnenmarktes mit nachgeahmtem und bereits erfolgreichem West-Design werden gefordert. Form-Experimente und -Innovationen kosten nur Zeit und Investitionen, halten auf. 1962 soll das noch einmal nachhaltig unterstrichen werden – es kommt abermals zu einer kulturpolitischen Gewaltaktion von SED-Führungskräften gegen die Design-Moderne, zu einer Neuauflage der als erledigt gewähnten Formalismus-Diskussion. Anlass ist die Fünfte (Ost-)Deutsche Kunstausstellung in Dresden, die einem diskussionsfreudigen Massenpublikum über mehrere Monate hinweg auch neue Produktentwürfe der jungen DDR-Designergarde für die Industrie präsentiert. Nur hat die aber wohl jene gerade erst verkündete Parole des Parteiführers Walter Ulbricht irgendwie falsch verstanden, den Westen im Lebensniveau „zu überholen, ohne ihn einzuholen", also mit eigenen Ideen und auf neuen Wegen wirtschaftlich und kulturell am Kapitalismus vorbeizuziehen.

So war das nicht gedacht: Da erscheinen klare, dekorlose Gefäßkreationen, weißes zylindrisches Porzellan und tiefschwarze Keramik in den Vitrinen, schmucklose Kastenmöbel und ebensolches Gebrauchsgerät auf den Podesten – wo bleibt das optimistische, fröhlich-bunte, lebenslustige, klassisch-figürliche Arbeiter- und Bauern-Design? Stattdessen „farblose Eintönigkeit und Verarmung der künstlerischen Formen", ein „kalter Funktionalismus" auch in Gestalt von „schwarz-weißen Sesseln", „asketischen Stühlen" und „dunklen Gläsern" – und als Gipfel der Dekadenz das Radiogerät STEREO 72 von Jürgen Peters, „das in einem elektromedizinischen Therapieraum sich kaum von anderen Geräten unterscheiden und deshalb auch dort hineinpassen würde. Aber eine Wohnung ist doch kein Labor. Ist die Jury wirklich der Meinung, dass eine derartige ‚Versachlichung' der Wohnsphäre übereinstimmt mit dem optimistischen Lebensgefühl des sozialistischen Menschen?" – Dies fragt und verdammt unter der fetten Schlagzeile „Hinter dem Leben zurück" der Kommentator des zentralen Parteiorgans Neues Deutschland im Oktober 1962. In dem Aufmacher-Artikel der Kulturseite wird eine harsche Attacke gegen den Funktionalismus im jungen DDR-Design geritten. Jürgen Peters (und nicht nur ihn) trifft das ins Mark und ist ihm bis zu seinem Lebensende gegenwärtig: „Was mir als Student fünf Jahre zuvor noch glatt am Hintern vorbei ging, traf mich nun als Gestalter mit aller Wucht. Jetzt war ich es, der namentlich zur Unperson wurde. Ich hatte hier das Modell eines völlig neuartigen Geräte-Baukastensystems für Heimelektronik vorgestellt, sachlich-klare Komponenten vom Verstärker übers Steuergerät, Plattenspieler und Lautsprecher bis hin zu einem Fernseher mit drehbarer Bildröhre auf dem Empfangsteil. Mann, war ich stolz, als ich dafür eine Goldmedaille des Kulturministeriums erhielt und dass das in Radeberg bei Dresden in Serie gehen sollte! Aber Pustekuchen. Die Modelle blieben nun Modelle."

Abb. 22

Dabei wird die Peters'sche Gerätefamilie vor und auch noch während der Dresdner Ausstellung wiederholt von der ostdeutschen Fach- und Publikumspresse gefeiert und auch in der international aufmerksam wahrgenommenen Ostberliner Design-Fachzeitschrift form+zweck eingehend vorgestellt. Zwei Jahre nach der Aburteilung in der Parteipresse greift das Wohn-Magazin Kultur im Heim noch einmal das Thema „Bausteinserie" in einer großen Titelgeschichte auf (Abb. 21/22) – alles vergeblich. Aber wenigstens das Fernsehgerät kommt noch 1964 auf den Markt, genau so, wie es Jürgen Peters entworfen hat: Allerdings als Werksentwurf des westdeutschen Herstellers Wega unter dem Namen WEGAVISION 2000, für den in einem Prospekt zur Westberliner Funkausstellung 1963 geworben wird: „… der Fernsehempfänger der Zukunft, jetzt von Wega bereits in Serie gefertigt! […] Ein ungewöhnliches Gerät? Ein Wega." (Abb. 23)

Abb. 23

Anders aber als beim ersten Generalangriff auf die DDR-Moderne in den Fünfzigerjahren glätten sich diesmal die Wogen (immerhin ist in dem Hetzartikel des Zentralorgans der SED knallhart von „schädlichen Tendenzen" und „trüben Quellen ideologischer Natur" die Rede!) relativ bald. Ursachen dafür liegen zum einen in der endlich einsetzenden, wenn auch immer noch zögerlichen und nur teilweisen Ent-Stalinisierung der allgemeinen Parteilinie in der DDR, aber vor allem auch darin, dass sich ab 1963 das DDR-Wirtschaftssystem im Rahmen neuer Zielsetzungen in der internationalen sozialistischen Wirtschaftsgemeinschaft „Comecon" reformiert und unter der Bezeichnung „Neues Ökonomisches System der Planung und Leitung" pragmatischer wird. Eine höhere Selbstständigkeit der Betriebe in der Material- und Kreditbeschaffung entwickelt sich sowie mehr Spielraum bei der Festlegung von Preisen und des Absatzes – und das hat auch positive Folgen im Hinblick auf eine flexiblere, eigenständigere Designstrategie in den Unternehmen. Zudem kommt es zu wesentlichen organisatorischen und prinzipiellen Veränderungen in der staatlichen Designpolitik der DDR: Das Institut für angewandte Kunst in Berlin wird 1963 aus der Verantwortung des Kulturministeriums entlassen, dem zentralen staatlichen Gütekontrollorgan Amt für Standardisierung, Messwesen und Warenprüfung unterstellt und in ein Zentralinstitut für Formgestaltung, später Zentralinstitut für Gestaltung umgewandelt, aus dem 1972 schließlich das bis 1990 als Organ des Ministerrats der DDR agierende staatliche Amt für industrielle Formgestaltung (AIF) hervorgeht. Geleitet wird es von dem Industrieformgestalter und promovierten Gesellschaftswissenschaftler Martin Kelm, seit 1962 all den Vorgänger-Instituten als Direktor und nun dem AIF sogar als Staatssekretär vorstehend. Mit Kelm befindet sich ein ausgewiesener Fachmann an der Spitze der staatlichen Designförderung, -anleitung und -kontrolle. Freilich zugleich ein disziplinierter Parteisoldat, der zuweilen hin und her gerissen erscheint zwischen politischem Auftrag und einem Kulturbewusstsein und Gestaltergewissen, das ihm sein Lehrer Rudi Högner mit auf den Berufslebensweg gab. Kelm, Jahrgang 1930, war in Berlin-Weißensee Kommilitone von Giese, John und Peters. Sie sind nun seine Angestellten, Unterstellten. Und immer stärker schlagen dann leider in den Siebziger- bis Achtzigerjahren die Entscheidungen ihres einstigen begabten Studienkollegen und jetzigen Staatsfunktionärs in Richtung Parteidisziplin.

Einer, der ihm das bis heute übel nimmt, war neben Kelm ebenfalls Mitstudent in Weißensee: der 1934 geborene Chemnitzer Formgestalter Karl Clauss Dietel („Designer" wollte er nie und will er auch heute nicht genannt werden). Er und sein Studien- und späterer jahrzehntelanger

Abb. 24

Abb. 25

Atelierkollege Lutz Rudolph greifen als erste junge Gestalter der DDR demonstrativ und erfolgreich wie keine anderen das Vorbild Braun auf – um sich alsbald schöpferisch von ihm zu lösen. Die Braun'sche Designphilosophie als Beispiel, als Anregung für eigene Wege in ähnlichem Geiste.

HELIRADIO – die „Brauns" der DDR

Produktive Heimstatt dafür ist den beiden ein kleines mittelständisches Unternehmen in der Industriestadt Limbach-Oberfrohna bei Chemnitz in Westsachsen, die unter der Marke HELI technisch erstklassige Radios fabrizierende Rundfunkapparatefirma Gerätebau Hempel. An sie treten 1960 die Noch-Studenten Dietel und Rudolph und ein weiterer Kommilitone, Peter Klement, heran, die Produkte von Braun, aber auch von anderen westeuropäischen Herstellern und Designpionieren im Kopf. Sie schlagen vor, die HELI-Produktpalette gründlich zu modernisieren. Firmenchef Bodo Hempel lässt sich darauf ein, sind ihm doch diese Braun-Geräte nicht fremd, sondern schon einige Zeit lang beliebäugelte Konkurrenzprodukte. Ob die hier auch so etwas entwerfen könnten – machbar mit den im Osten nur eingeschränkt zur Verfügung stehenden Materialien und Technologien …?
Noch 1960 stehen die ersten Entwürfe auf dem Tisch, die kantigen Holzgehäuse-Mono-Geräte RK 1 und RK 2, die Skalen der Empfänger als pure radiotechnische Informationsträger, ohne Stationsnamen, nur mit Wellenlängen-Angaben bedruckt, das separate Lautsprecher-Teil des RK 2 wie bei einigen Braun-Geräten mit einer flächendeckenden Schlitz-

Abb. 26

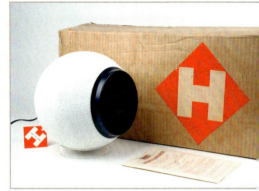

Abb. 27

maske verblendet (Abb. 24). 1963/64 folgt mit dem RK 3 (Abb. 25) das Grundgerät für eine geplante Bausteinserie, nunmehr aus verformtem Blech in Weiß oder Schwarz mit Seitenteilen aus furniertem Schichtholz. Dazu der passende Lautsprecher, dann der Plattenspieler und schließlich die endgültige Variante als Stereo-Kombination mit ihrem gewichtigen und leistungsfähigen Verstärker VS 1, gestalterisch und technisch perfekt abgestimmten Lautsprechern und auf einer maßgeschneiderten Gerätebank aus schwarzem Vierkantstahlrohr und Holz positioniert (Abb. 26). Hier lässt das Vorbild Braun noch deutlich grüßen. Zugleich mit diesen Produktinnovationen tritt der Begriff HELIRADIO mit einem modernen neuen Firmensignet (Abb. 27) an die Öffentlichkeit: Dietel und Rudolph haben für die Firma Gerätebau Hempel auch das gesamte Unternehmens-Erscheinungsbild grundlegend und komplex modernisiert, von den Geschäftspapieren und Service-Anleitungen über den grafischen Auftritt der Lieferfahrzeuge bis zur Werkskantinen-Einrichtung. Es ist das erste umfassend realisierte CD/CI-Konzept für ein Unternehmen in der DDR. Mit dem 1967 auf den Markt kommenden Stereo-Radio RK 5 SENSIT (Abb. 28), dem dazu passenden Schallplattenspieler RK SENSIT SONATE (Abb. 29) und den Folge-Radiogeräten RK 7 SENSIT, RK 8 SENSIT und RK 88 SENSIT sowie zum Teil recht wagemutigen Lautsprecher-Formschöpfungen (Abb. 30) lösen sich schließlich die beiden Gestalter konsequent von der Braun-Leitlinie, schlagen bei HELIRADIO eigene unverwechselbare Wege ein, mehr als zwanzig Jahre lang. Wie auch bei anderen von ihnen gestalteten technischen Produkten verwirklichen sie mit der RK-Gerätereihe ihr Gestaltungs-Credo vom „Offenen Prinzip": Entwürfe so anzulegen, dass eine grundsätzliche, tragende funktionale und ästhetische Form-Idee auf möglichst lange Sicht Gültigkeit bewahrt und dabei zu-

Abb. 28

Abb. 29

Abb. 30

Abb. 31

gleich in der Lage ist, serielle Neuerungen oder Erweiterungen im Sinne des technischen Fortschritts und Bedienkomforts aufzugreifen und zu integrieren, aber auch differenzierte Nutzerbedürfnisse und gewisse „Zeitgeist"-Ergänzungen oder -Veränderungen zuzulassen, ohne dass das bisherige gestalterische Grundkonzept des Gerätes, der Maschine usw. verworfen werden muss.

Auf der letzten von der Noch-DDR veranstalteten Internationalen Leipziger Messe im Frühjahr 1990 präsentieren sie mit dem RK 90 SENSIT CUBUS (Abb. 31) eine vollkommen neue Generation von HELI-Radios, die nun nach zwei Jahrzehnten die RK 8-Serie ablösen soll: eine beispiellose würfelförmige Hightech-Blackbox ohne herkömmliche Skalen, Tasten und Potenziometer. Erst und ausschließlich eine Infrarot-Fernbedienung bringt sie zum (Er-)Leben. – Das revolutionäre Design geht nicht mehr in Serie, der Betrieb muss sehr bald nach der deutschen Wiedervereinigung die Rundfunkgeräteproduktion angesichts übermächtiger fernöstlicher Konkurrenz auf dem europäischen Markt einstellen. So wie das kurz vorher auch schon bei Braun der Fall war.

(Dieser für dieses Buch neu bearbeitete Essay erschien zuerst im Jahr 2008 in japanischer und englischer Sprache in dem Katalog zur Ausstellung „Dieter Rams" im Suntory Museum, Osaka.)

Karl Clauss Dietel

ANFANG UND ENDE EINER HOFFNUNG IN ZWICKAU

„Und wie der Mensch seine Umgebung formt, sie prägt durch sein Wollen, sein Tun und Lassen – so formt und zwingt sie ihn." Wilhelm Wagenfeld

Wieder einmal hatten wir in Zwickau kein Hotelzimmer bekommen. Warm und lange hell lagen die Sommertage über der kokereiblauen Dunstglocke des Talkessels zwischen Planitz und Weißenborn, damals 1964. Schwitzend und durstig arbeiteten wir bis spät abends in der 1:1-Sitzkiste am plastischen Innenmodell des Trabant P 603. Nur die Torwächter wussten wir noch mit uns im staubgrauen, düsteren Fabrikbau aus dem 19. Jahrhundert an der Seilerstraße; Entwicklung und Versuch von Sachsenring hatten sich bescheiden dort wieder eingerichtet.
Im Gasthof nahe Werdau, der uns aufnahm, vertrieb uns dröhnenddudelnde deutsche Schlagermusik von Tisch und Bier. Ins Freie hinaus drängte es uns, die Felder hinter dem Dorf und frische Luft lockten und der hohe sommerweite Himmel, aus dem uns abends erst klar die vertrauten Klänge zwischen Beat, Jazz und Chansons über ein kleines Transistorgerät erreichten. Ein großes, weites Feld mit jungem Raps schwang sich hellgrün über die Hügel. Übermütig, guter getaner Arbeit gewiss, dunklen Hallen und schmalzigen Tönen entflohen, kosteten wir von den Trieben – sie schmeckten süß und gut. Lachend steckten wir uns davon den Mund voll und schlenderten zufrieden zum Schlafen ins Abenddunkel zurück.
Große Vorbilder für Fahrzeuggestaltung waren uns damals die Franzosen – mit dem legendären, eleganten Citroën DS 19 und auch dem kleinen, zwischen Volksfront und Résistance erwachsenen 2 CV. Dieser war frech und genial, ein Familienauto mit geringstem Aufwand, aber höchster Intelligenz und mit einem ungewöhnlichen Formkonzept, das wir gegen alle Modespießer, Chromleistenfetischisten und Stufenheckopas jugendlich-grundsätzlich verteidigten. Ähnlich begeisterte uns der vom 2 CV angeregte Renault R4 und der geniale Morris Mini von Issigonis. Von Fiat regten uns der kompakte, visionäre Multipla an und die klugen kleinen 600er.

Abb. 1

Abb. 1: P 603 Grundentwurf Werk Sachsenring, Lothar Sachse. Entwicklungsbeginn 1964.

Westdeutsche Vorbilder fanden wir damals kaum. Außer dem NSU RO 80, der – zwar chrombepflastert – Jahre nach meinem Diplommodell verblüffende plastische Analogien zu diesem aufwies und der Autonova-Fam-Studie unserer Kollegen Conrad, Manzu und Werner von der Hochschule für Gestaltung Ulm schien uns das meiste zwischen VW, Opel, Ford, Mercedes und BMW fade und chromleistenvernagelt nach rückwärts weisend. Der große Wandel bei VW mit Giugiaros Entwurf für den Golf, der dann 1975 erschien, war Mitte der Sechziger angesichts des betagten Käfers und Modelldurcheinanders in Wolfsburg überhaupt nicht absehbar.

So bewegten wir uns in der kühlen, manchmal eisigen Luft visionärer Höhen, wenn wir mit Entwicklern über Kompaktfahrzeuge heiß und andauernd debattierten. Wir wollten weg von Tagesmoden, die wir angesichts von langen Planzeiträumen, ständigem Investitionsmangel und ob des geringeren Gebrauchswertes für nicht sinnvoll erachteten. Interessiert beobachteten wir, was die später „68er" Genannten europaweit bewegten. Progressivere Gestaltung war unser Ziel, für das wir Entwickler und Leiter zu begeistern suchten; es war Arbeit an Konzepten, die auch nach Jahrzehnten nicht völlig veraltet sein sollten. Beispiele an Fahr-

Abb. 2: P 603 mit modifizierter Gestaltung (Lothar Sachse mit Karl Clauss Dietel und Lutz Rudolph): Plastik im Bug-, Hauben-, Heckbereich und in der Seitenbombierung verändert; Knicklinie nach unten auf Höhe Stoßfänger verlegt; Rundscheinwerfer, neue Blinkleuchten, Heckentlüftung an der C-Säule, leichte Korrektur der Heckneigung zu etwas steilerem Winkel, plastische Ausbildung von Bug- und Heckbodenwannen. Innengestaltung als Komplexgestaltung von Dietel/Rudolph, teilweise zusammen mit Eberhard Kull.

Abb. 3: Trabant P 603, Gestaltungsmodifikation Steilheck (Karl Clauss Dietel, 1966). Das aerodynamisch optimale Steilheck nach Prof. Dr. Wunibald Kamm zusammen mit großer Heckscheibe und insassenbetonter C-Säule bestimmt den Alternativentwurf.

zeugen aus der Geschichte gab es dafür einige. Das Wichtigste war uns maximales familienfreundliches Nutzvolumen bei möglichst kleiner Verkehrsfläche – eine Maxime, die vielleicht in unserer dicht besiedelten Gegend Jahrzehnte vorher auch schon die DKW-Entwickler umtrieb und zu ihren legendären, weltweit beachteten kleinen Fahrzeugen kommen ließ. Frontantrieb, in Sachsen bei DKW mit erwachsen, war dafür hervorragend geeignet und hier schon lange keinen Religionsstreit mehr wert – wie teilweise bis heute noch bei einigen Produzenten praktiziert. Steile Heckneigung wegen optimalem Nutzvolumen und deutlich besserer Aerodynamik, 5-Türer als Standard und vor allem ein französisch-großzügig bemessener Einstieg vorn und hinten, um nicht die Schwiegermutter mit dem Schuhanzieher ins Fahrzeug zwingen zu müssen; plastisch eindeutig ausgebildete Bug-, Heck- und Schwellerzone (wie schon teilweise beim DKW F 9 vor dem Krieg), optisch beste Rundleuchten vorn und hinten, umlaufende Stoßkanten, variables Bugteil und innen konzentrierte Bedien- und Kontrollelemente des Operativbereiches möglichst in einem Block, Einspeichensicherheitslenkrad sowie große Ablagen vorn und seitlich prägten unser Gestaltungskonzept und waren als Ganzes und bis ins kleinste Detail tägliche Gestaltungsarbeit.

Kompaktes Vollheckfahrzeug hieß unser Konzept, um das alles kreiste. Heute scheint dies angesichts weltweiter Bestätigung selbstverständlich und nicht weiter aufregend. Aber damals? Mitte der Sechzigerjahre? In Deutschland gab es davon nichts, weltweit nur wenig. Wir mussten deshalb Kompromisse eingehen, um unser Ziel verfolgen zu können. So entwarfen wir auch Stufenheck-Fahrzeuge, wenn wir gewiss sein konnten, das Vollheckfahrzeug blieb eigentliches Entwicklungsziel. Waren wir anfangs noch die „Kunstspinner", änderte das sich langsam aber sicher.

Die progressiven Entwickler hatten wir dabei meist auf unserer Seite, aber es gab viele, unendlich viele Gegner – berauscht von den jeweils letzten Moden und nicht zuletzt voller Angst, weil sich solches wie unsere Konzepte schließlich nicht in der „Weltstandsanalyse" als vorherrschende Tendenz nachweisen ließ. Deshalb gab es zu Form und Gestalt eines Fahrzeuges oder auch einzelner Bauteile oft harten, auch langwierigen Disput. Wohl schwebte in den Sechzigern noch eine Aura von Auto-Union-Qualität über den Büros, sie nahm aber ab und wurde nur langsam durch Neues ersetzt. Faschismus, Krieg und stalinistische Dogmen hatten tiefe Spuren hinterlassen. Ästhetischer Anspruch war, nicht zuletzt im bergbaugeprägten Zwickau, tief gesunken – je tiefer, desto höher in Crossen die Halden der Wismut wuchsen.

In den Betrieben, an der produktiven Basis, war durch intensive gestalterische Arbeit am ehesten etwas zu bewegen. Barrieren gegen zeitgemäße Gestalt wurden meist größer, wenn Entwicklungen draußen vorzustellen waren. Die VVB Automobilbau in Karl-Marx-Stadt hatte Anfang der Sechziger schon beim Wartburg das gemeinsam erarbeitete Vollheckkonzept vereitelt, nun beförderte und verhinderte sie manches; von den technisch-wissenschaftlich etablierten Hochschulen in Dresden war zu zeitgemäßer Form und Gestalt keine Hilfe zu erwarten – dort herrschten konservative Auffassungen vor, wie sie Renn unter anderen Bedingungen für das Dresden des Jahrhundertanfangs deutlich beschrieben hatte. Entwickler und Gestalter mussten härteste ökonomische Forderungen zu den Produktkonzepten erfüllen. Am Pfennig war zu sparen, jeder Entwurf daraufhin mehrfach abzuklopfen, ob nicht noch effektiver gefertigt werden könne – ginge das Fahrzeug einst in Serie … Es war eine harte, aber hohe Schule für Gestaltungsarbeit. Noch war nicht absehbar, was sich schon ein Jahrzehnt später deutlich abzeichnete – die Entwürfe für die Abstellräume.

Vor meiner Arbeit für Sachsenring hatte ich in Eisenach für AWE am Wartburg gestaltet. Werner Lang hatte mich nach Zwickau geholt. Noch wusste ich zu Beginn in Zwickau kaum etwas von den tiefen Gräben zwischen beiden Werken. Sie wurden mir erst allmählich, im Laufe mehrerer Jahre, bewusst. Eisenach hatte nach Kriegszerstörungen als deutsch-sowjetischer Awtowelo-Betrieb keine Demontage erleiden müssen. Fast an jedem Arbeitsplatz war dies dort spürbar. Anders in Zwickau. Hier mussten die Werke Horch und Audi, später Sachsenring Automobilwerke Zwickau, nach sowjetischer Reparationsdemontage von tief unten neu beginnen. Am ehesten war noch im Stamm ihrer Fachkräfte in Jahrzehnten gewachsene Entwicklungskultur zu spüren. Ohne ihn wären unsere weitgreifenden Gestaltungskonzepte, das weiß ich heute sehr viel klarer

Abb. 4

Abb. 5

Abb. 4: Gestaltung Operativbereich mit „Kommandoblock", großer Ablage und Einspeichensicherheitslenkrad sowie weicher Stirnwandabdeckung.

Abb. 5: „Kommandoblock" ohne Lenkrad, Produktgrafik Dieter Lehmann.

als vor Jahrzehnten, nicht zu den Projekten gereift, die sich von jetzt aus betrachtet damals weit vorn in der weltweiten Fahrzeugentwicklung bewegten. So ist mir unvergesslich, wie im Musterbau ältere Facharbeiter mit geschlossenen Augen, über Formbauteile aus Holz mit der Hand hinweg streichend, Qualität oder Mängel eines Bauteils mit nachtwandlerischer Sicherheit erkannten – beispielsweise der alte Meister Schilling von der Modelltischlerei.

Am ganzen Fahrzeug und vielen einzelnen Bauteilen wurde ändernd, immer wieder verbessernd, gearbeitet. Standard- und „Luxus"-Varianten, Operativbereich mit Instrumenten, Lenkschloss, Ablage, Luftdüsen, Ascher, die Sitze, Seiten- und Türverkleidung, Haltegriffe, Sonnenblenden, Armlehnen, Kurbeln, Spiegel, Polstermaterial; außen ein anderer Bug, Blinkleuchten, Tankverschluss, Türgriffe, Felgen und vieles, vieles andere, nicht zuletzt Farb- und Grafikprogramm und Änderungen durch Triebwerksvarianten (Wankel-Motor, Viertakttriebwerk) forderten uns voll und ganz – Entwürfe, Konstruktion, Musterbau, Erprobung und Einschätzung, Akzeptanz oder Änderung – immer wieder.

1967 hatten wir uns mit Münchener Freunden im frühlingshellen Prag getroffen. Mit seismografischem Gespür, erwachsen während des Studiums im geteilten Berlin, reagierte ich auf den sich dort ankündigenden Wandel. Zurück, verfolgte ich seitdem alles hellwach, was sich im Tschechischen bewegte – hoffend auf Veränderungen und weil von Skoda das Viertakttriebwerk für den Trabant-Nachfolger P 603 kommen sollte.

Im Sommer 1968 spitzten sich die Ereignisse in der ČSSR zu: Breschnew drohte hemdsärmlig – ein Fernsehbild, das ich nie vergessen werde – im Verhandlungszug auf dem Grenzbahnhof Nisa nad Tisou gegen die Hoffnungsgestalt Dubček. Anfang August dann begannen die Marschkolonnen der Roten Armee sich gen Süden zu bewegen. Nächtelang hörten wir im östlichen Teil von Karl-Marx-Stadt das dumpfe Grollen und Kettenkreischen der Panzer, das Aufheulen der schweren Fahrzeuge, die unweit der Stadt, Fernverkehrsstraßen und den Tag meidend, sich durch die Dörfer ins Gebirge hochwälzten. Zwischen Hoffen und Angst arbeiteten wir in diesen bewegten Wochen am P 603. Auf der Rundstrecke fuhr dreischichtig schon das fünfte Funktionsmuster zur Erprobung. Wir begutachteten den erreichten Stand, gestalteten nötige Veränderungen. 1971/72 sollte das Fahrzeug den Trabant P 601 ablösen. Dieser absehbare Entwicklungssprung, nicht zuletzt gestalterisch, motivierte Konstrukteure, Musterbauer, Versuchstechniker wie Gestalter gleichermaßen. Wir wussten, wie weit vorn vor der Konkurrenz wir uns bewegten. Die politischen Entwicklungen in der benachbarten Tschechoslowakei erregten deshalb alle tief.

Am 21. August 1968 ging dann die befürchtete Nachricht vom Einmarsch der Warschauer-Pakt-Staaten in die ČSSR über die Sender. Wir arbeiteten in Berlin. Am folgenden Sonntag stand ich morgens noch immer niedergeschlagen am Fenster unserer Zweizimmerwohnung, die wir nach sieben Jahren endlich zugewiesen bekommen hatten. Plötzlich bog ein großer Personenwagen in unsere stille Straße ein und hielt vor dem Haus. Die Türen öffneten sich und – ich traute meinen Augen kaum – es stiegen vier Männer in voller Strahlenschutzmontur aus, (trotz fehlendem Armeedienst erkannte ich das sofort), gingen hin und her, blickten durch die unförmigen Schutzgläser über den Luftröhrenrüsseln zu unserer Wohnung hoch, stiegen später wieder ein und fuhren davon. Ich war wie erstarrt und von panischer Angst wie vom Blitz getroffen. Sei es ein Versehen gewesen oder war ich, was ich bis heute annehmen muss, bewusstes Ziel an jenem denkwürdigen Tag, wie auch immer: Die Instrumente waren drastisch und zeitlich exakt gezeigt worden. Alles danach war dann nie mehr wie vorher. Die Erinnerung daran beeinflusste mein Handeln bis 1989.

Sofort wirkte sich die politische Großwetterlage auf den Fahrzeugbau aus. Das Projekt P 603 wurde abgebrochen. Es war die hoffnungsvollste Entwicklung nach 1945, mit ihr wäre aufzuschließen gewesen an die internationale Avantgarde des Automobilbaus. Von diesem Schlag erholte sich der Pkw-Bau der DDR nie wieder. Die größte Chance war vertan. Mit meiner, unserer Gestaltungsarbeit in den fruchtbaren Sechzigern – sie waren dafür die beste Zeit in der DDR – war ich bald, während der Arbeit am P 603 wurde das zunehmend spürbar, ungewollt in die Königsebene geraten. Etwas früher schon und teilweise auch gleichzeitig, während meiner Arbeit am R 300, dem ersten Großrechner der DDR, an der ersten

 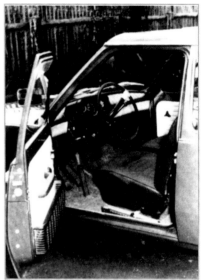

Abb. 6 Abb. 7

Abb. 6: Türgestaltung mit großem, über die gesamte Türbreite reichendem Plastikkorb; Türöffner und Armlehne vom Wartburg-353-Entwurf (Dietel/Rudolph).

Abb. 7: Blick auf den Operativbereich eines Funktionsmusters.

(Der Text erschien in dem vom Chemnitzer Verlag im Jahr 2001 herausgegebenen Band Von 0 auf 100. Dieses Buch ist der einhundertjährigen Tradition des Kraftfahrzeugbaus in Westsachsen gewidmet.)

Datenfernübertragungsanlage DFÜ 400, für Ludwigsfelder Lastkraftwagen, zu Zeiss-Magnetbandspeichern und gemeinsam an der Heliradio-Studie Programat mit Pilottonverfahren geriet ich in immer größere Zwänge. Freischaffende Gestaltungsarbeit sei, so beschlossen die Dogmatiker, künftig von solch wichtigen Entwicklungsthemen auszuschließen – die Bienen sollten auf den Bäumen angesiedelt werden. Vom kulturgeleiteten Institut für angewandte Kunst, mit dem noch gute Zusamenarbeit möglich war, über das dann schon technizistische Zentralinstitut für Gestaltung bis zum verhängnisvollen Amt für Formgestaltung zwang ein immer engeres, bösartiger geschnürtes Korsett unsere Arbeit mit den Betrieben in das gewollte Ende.

Im September 1968 fuhr ich erstmals seit Beginn meiner 1963 begonnenen freischaffenden Arbeit mit der Familie in den Urlaub nach Mecklenburg. Das Wasser der Seen dort war noch sommerwarm, nachmittags an einem schönen Tag spielten die Kinder am Strand, und ich schwamm weit hinaus. Zurückgekommen, konnte die herbstliche Sonne nicht mehr recht erwärmen. Kalter Ostwind wehte gegen den tiefblauen Himmel, der sich von Kondensstreifen übender Jäger durchwoben zum Abend hin wölbte. Vorbei waren die hoffnungsgrünen Sechziger, ihr Frühling und mit ihnen unsere Aussicht auch auf ein neues Fahrzeug. Es hätte Tradition und Zukunft der sächsischen Fahrzeugbauer beweisen können.

Der lange Marsch gegen die Institutionen begann.

Stiletto Studios (Frank Schreiner)

WENN GAR NICHTS MEHR GEHT – EINFACH WEITERFAHREN. MZ.

Von Eisenhaufen, Zwiebacksägen und Designschräglagen

Mein erster, ungeplanter Kontakt mit der Designmaterie geht auf das Jahr 1975 zurück. Durch einen Umzug vergrößerte sich unser Schulweg von drei auf sieben Kilometer, und die mit einer zusätzlichen Steigung. Der Wechsel vom muskel- zum motorbetriebenen Individualverkehr stand nun oben auf der Wunschliste. Mein zwei Jahre älterer Bruder entschloss sich aus Kostengründen, statt des 1000 D-Mark teuren Autoführerscheins für 300 D-Mark einen für Motorräder zu machen. Im Frühjahr wurde für 1050 D-Mark eine dreiundzwanzig Jahre alte und 12 PS schlappe 250er BMW gekauft, die es mit ihrer nachgerüsteten Vorderradschwinge auf stolze 160 Kilo Leergewicht brachte. Mit diesem stattlichen Eisenhaufen konnte man zu zweit aber noch mit echten 100 Stundenkilometern über die Autobahn brettern. Das war bereits das Allergrößte. Für mich. Hintendrauf.

Nun juckte es mich umso mehr, mit sechzehn Jahren ein Kleinkraftrad zu erwerben. Mittlerweile hatten unsere Eltern aber gepeilt, dass Motorradfahren alles andere als eine Vernunftsache war. Mit allen mir zur Verfügung stehenden Mitteln psychologischer Kriegsführung konnte ich ihnen lediglich die Erlaubnis zum Erwerb einer den deutschen 50-ccm Zweitakt-Hornissen leistungsmäßig um mehr als 1 PS unterlegenen Honda SS 50 Super de Luxe abringen.

Designer über Nacht

Obwohl der genial einfach konstruierte Pressstahlrahmen in Verbindung mit dem liegenden Viertaktmotor aus der kleinen Honda eine ganz flott gestylte Biene machte, sah das für mich weder nach Rockermaschine

Abb. 1

Abb. 1: Stiletto (Nr. 3) und Veranstalter Uwe Link (Nr. 23) im Mai 2009 beim MZ-Skorpion-Cup-Rennen, 2. Lauf, in Oschersleben.

noch *Café Racer* für den ambitionierten Motorsport-Nachwuchs aus, sondern nach Opas fahrbarem Untersatz für den Angelsport-Nachmittag. Es konnte mich wenig versöhnlich stimmen, dass die Honda mit etwas über 1300 D-Mark fast um die Hälfte billiger als die deutschen Zwiebacksägen war. Aber es ließ mir den nötigen finanziellen Spielraum, um mir neben den grundlegenden technischen Kenntnissen unverzüglich einen hochverdichteten 65-ccm-Yoshimura-Umbaukit, eine Scheibel-Sportnockenwelle und das nötige Werkzeug zuzulegen. Damit konnte ich das Honda-Motörchen so aufrüsten, dass ich nicht nur beim Ampelrennen ab sofort die Nase vorn hatte. Auch die alles entscheidenden 5 bis 10 km/h in der Endgeschwindigkeit wurden mit diesem illegalen Upgrade erreicht. Zu guter Letzt habe ich dann noch mit selbst lackierten Blech- und Kunststoffteilen großer Motorräder vom Schrott das grazile Styling des kleinen Japaners gnadenlos vernichtet.

Jeder Mensch ein Künstler – jeder Motorradfahrer ein Designer

Egal, in welche Richtung die Bemühungen der Gestalter tendieren – Retro, Rundgelutschtes, falsche Bescheidenheit oder Kaffeemaschinenaerodynamik – es gibt wenige gestalterische Herausforderungen, die mehr von der emotionalen Diktatur individueller Verbraucherfantasien ferngesteuert werden als die des Motorraddesigns. Ob die emotionale Ästhetik den Blick der Motorradfahrer für wahre Schönheit eher trübt oder schärft, ist für Designer, die kreativ sein möchten, eine lästige Unwägbarkeit. Bis Ende der Sechzigerjahre spielte das aber eine eher untergeordnete Rolle. Die Ingenieure, die ihre technischen Konstruktionen mit Tusche dokumentierten, zeichneten selbstverständlich auch für die äußere Form der Motoren verantwortlich. Tanks, Sitzbänke etc. gleich noch dazu. Das endgültige Design lieferte der engagierte Motorrad-Hobbyist selbst. Kaum vom Hof des Händlers gefahren, wurde schon Säge und Schweißbrenner angesetzt, um aus dem erworbenen Motorrad-„Baukasten" etwas völlig Individuelles zu entwickeln.

Gute Form – für Designer unsichtbar?

Eine wahre Revolution integrativen Motorraddesigns läutete die japanische Motorradindustrie 1968 mit der Vorstellung der Honda CB 750 ein: OHC-Vierzylinder-Reihenmotor, über 180 km/h schnell, ein bulliges, trotzdem sportliches Erscheinungsbild wie aus einem Guss, mit einer Bonbonpapier-rot-golden funkelnden Metalliclackierung – Pop! – beinahe barock, war sie die nahezu perfekte Erfüllung aller Motor-Psycho-Fantasien. Honda hatte frühzeitig erkannt, dass die Zukunft des Motorrads in der Konsumgesellschaft nur in einer konsequenten emotionalen Umdeutung vom billigen, ungeliebten Nutzfahrzeug mit niedrigstem Prestigewert zum reinen Freizeit-Luxusgut liegen kann. Ganz nebenbei war die Honda auch noch absolut zuverlässig, langlebig und extrem wartungsarm.

Abb. 2

Abb. 2: Stiletto am 14. Juni 2009 als Sieger des 4. Classic Grand Prix auf dem Schleizer Dreieck, „Grab the Flag"-Lauf der Klassen Sportsmen 750 und Classic 750 bis Modelljahr 1979. Motorrad: Triumph Bonneville 750 ccm, Baujahr 1973 (Tuning und Redesign: Jörg Winkelmann).

Guter Ton – für alle hörbar!

Dagegen konnten die funktional hochwertigen BMWs mit ihrem altdeutschen Eisendesign kein Feuer mehr entfachen. Der einzige Superlativ, den man der vernunftgestylten BMW in dieser Zeit zuschreiben konnte, war, der möglicherweise weltgrößte Hersteller von Bullenmaschinen gewesen zu sein. Nur die im Siechtum befindliche englische Motorradindustrie schaffte es noch kurz vor ihrem Ende, mit der 750er Norton Commando *The Sexiest Motorcycle in the World* auszuliefern. In ihrer Zeit, in der ein Begriff wie Sounddesign noch einhelliges Kopfschütteln erzeugt hätte, produzierten ihre schlanken Roadster-Megafone einen für Freunde klassischer Akustik unvergleichlich schönen und bis heute unübertroffenen Ton – den NorTON.

Abb. 3

Abb. 3: MZ ES 250/2, parkend in Zwickau im Sommer 2008. Hersteller: VEB Motorradwerk Zschopau, 1967; Werksdesign.

Straßenraketen aus dem Kaufhaus – *we have a lift-off!*

Egal ob Honda, BMW oder Norton – eine 750er war für den schmalen Geldbeutel der Schüler, Studenten und Lehrlinge nicht gerade Regalhöhe. Kurz nachdem mein Bruder stolz in der Schule mit seiner betagten R 25/2 vorfuhr, zog sein Schulfreund Peter nach. Dessen Maschine hatte von allem etwas, aber für unsere Augen nichts so richtig. Eine seltsame Erscheinung zwischen Oldtimer, vergrößertem Moped und modernem Motorrad. Auf Empfehlung seines technisch versierten Opas hatten sie diese MZ TS 250 zum Neupreis von 2500 D-Mark bei Neckermann erstanden. Dass das Motorrad aus dem Kaufhaus kam, war an sich nichts Anrüchiges. Schließlich konnte man über die Kaufhausrolltreppen auf der anderen Straßenseite an die absoluten Übermotorräder der Siebzigerjahre gelangen. Wenn beim Ampelstart der komplette Kreuzungsbereich in einer riesigen blauweißen Wolke verschwand, aus der sich vorne ein Speichenrad in den Himmel erhob, um den Boden frühestens nach 300 Metern wieder zu berühren, gehörte dieses zu einer Kaufhaus-Rakete von Karstadt – der mit einem 500er Dreizylinder-Zweitaktmotor befeuerten Kawasaki Mach III. Zu diesem Feuerwerkskörper für *Motorheads* gesellte sich bei Karstadt ab 1974 gleich der nächste Superlativ – die Kawasaki Z 900 mit ihrem 82 PS mächtigen DOHC-Vierzylinder-Viertaktmotor war die Heavy-Metal-Mutti aller Superbikes.

Achtung Agostini: Straßenräuber von links!

Diese MZ – wo wurde die noch mal hergestellt? In der DDR?! Wenn die Kommunisten schon keine gescheiten Autos bauen konnten, warum sollten dann ausgerechnet gute Motorräder von drüben kommen? Mein Bruder und ich waren damals nicht die einzigen Motorrad-Greenhorns im Westen, die übersehen hatten, dass MZ nicht nur beachtliche Straßen- und Geländesport-Weltmeisterschaftserfolge aufweisen konnte, sondern auch auf dem in Vorkriegszeiten motorsportlich ebenso erfolgreichen DKW-Motorradwerk aufbaute.

Seit dem Mauerbau war es Walter Kaadens erfolgreicher Zschopauer Rennabteilung immer schwerer gefallen, ein Fahrerteam für den internationalen Wettbewerb zusammenzuhalten. Bereits im September 1961 nutze der erfolgreiche MZ-Rennfahrer Ernst Degner den WM-Lauf im schwedischen Kristianstad zur Flucht. Nicht jedoch ohne den Versuch unternommen zu haben, die WM 1961 für MZ noch nach Hause zu fahren. Das Know-how, das er als 125-ccm-Vize-Weltmeister von MZ nach Japan mitnahm, verhalf ihm und Suzuki 1962 zum ersten Weltmeistertitel in der neu ausgetragenen marketingrelevanten 50-ccm-Klasse und in Folge zu mehreren Weltmeistertiteln für Suzuki in den beiden kleinen Hubraumklassen.

Abb. 4

Im Endurosport blieb MZ bis in die Neunzigerjahre erfolgreich, jedoch schlug sich dies nie in einer wirklich durchgreifenden Marketingstrategie, geschweige denn in einer exportfähigen Serienproduktion nieder. Die WM- und EM-Geländesportmaschinen wurden allesamt in Kleinstserien in der Zschopauer Lehrlingswerkstatt gefertigt.

Hässlichkeit verkauft sich – Gut oder schlecht?

Doch was ging das uns Schüler, Lehrlinge und Studenten im Westen an? Nichts. Auch wenn das Fahrwerk, insbesondere die hervorragende Telegabel der Serien-MZ durchaus positiv von den Geländesporterfahrungen profitiert hatte – selbst die Tatsache, dass auch Weltmeister wie Dieter Braun oder Mike „the Bike" Hailwood im Motorrad-Rennstall des berittenen Olympiasiegers Josef Neckermann auf MZ erfolgreich waren – all dies konnte die Kaufentscheidungen kaum zugunsten der MZ beeinflussen. Schon rein äußerlich glich dieses sonderbar gestaltete Motorrad weder einer Seriensportmaschine noch einer Enduro. Wer auf die 2500 D-Mark für eine Neckermann-MZ noch mal 1300 draufpackte, bekam mit der Yamaha RD 250 elegant und eindrucksvoll verpackte 32 PS und

Abb. 4: MZ TS 150/1 Luxus, parkend im Herbst 2007 in Berlin, Prenzlauer Berg. Hersteller: VEB Motorradwerk Zschopau, 1976; Werksdesign.

Abb. 5

Abb. 5: MZ ETZ 250 auf einer Motorradschau in Wünsdorf, Brandenburg, 2007. Hersteller: VEB Motorradwerk Zschopau, 1979; Design: Dietmar Palloks, Bernd Strietzel.

fast 160 km/h Endgeschwindigkeit. Wer MZ fuhr, galt als armer Schlucker oder linker Student. Staunen musste der westdeutsche Lehrling auf seiner Yamaha erst, wenn er auf kurviger, bergiger Strecke mit den lebensgefährlich gestalteten Fußrastenbügeln seiner Yamaha unangenehm hart aufsetzte, während die neunzehn durchzugsstarken MZ-Pferdchen in der Linkskurve davongaloppierten. Rechtsrum ging's nicht ganz so gut. Da setzte auch bei der MZ schon mal der endlos lange Auspuff auf. Aber nicht nur Linke, Schüler und Studenten fuhren MZ-TS. Insider, wie die Liebhaber schneller, sensibler Sportmotorräder aus Italien, vertrauten als robuste Alltagsmaschine für Wind und Wetter ebenfalls der MZ.

Ab in die Tonne

Dass auch ich die unspektakulär wirkenden Fahrleistungen der MZ immer wieder unterschätzt habe, zeigte mir 1994 eine Begebenheit in der Türkei. Ich hatte mir vom Nachfolgehersteller der Zweitakt-MZ, der Firma Kuralkan in Istanbul, eine MZ ETZ 251 ausgeliehen, um damit eine Rundreise durch die West-Türkei zu absolvieren. Bei meinem ersten Sonntagsausflug von Istanbul zum Badenachmittag an die Schwarzmeerküste begleitete mich ein türkischer Freund auf seiner großen GS-BMW. Nach einigen Kilometern auf holprigen und kurvenreichen Straßen entlang dem Bosporus fragte ich ihn leicht genervt, warum ich denn mit der allerhöchstens 130 km/h schnellen MZ ständig auf ihn warten müsste. Federbein ausgeschlagen. Ach soooo ... Hadi, hadi – weiter geht's! Auf dem Rückweg musste ich nach Einbruch der Dunkelheit aufgrund mangelnder Sicht das Gas immer weiter zurücknehmen, woraufhin die BMW wieder die Führung übernahm. In einem dunklen Vorort von Istanbul kurz vor der Bosporusbrücke donnerte die BMW geradewegs in eine leere Öltonne, die zur Markierung einer Baustelle aufgestellt war und scheppernd wegflog. Da zum Glück nichts weiter passiert war, konnte ich mir angesichts des laut fluchend im Baustellen-Kiesbett sitzenden Kollegen ein Grinsen nicht verkneifen. Aber vorerst noch mal kurz zurück in die Achtziger ...

Tot im Sattel oder: *Loud pipes save lives*

Was mit dem Motorraddesign in den Siebzigern so spektakulär begann, führte durch den Wegfall der Motivation zur individuellen Gestaltung innerhalb kürzester Zeit zu Stumpfsinn und Langeweile. Der zwanghafte Trend der Achtzigerjahre zur stromliniengeführten Totalverschalung ließ die heißen Reiskocher der Siebziger zu deformierten Joghurtbechern abkühlen. Nicht nur das schrie nach Mülltrennung. Was nicht komplett in Plastik eingeschweißt war, flutschte als Fertigdesign-Softchopper leise flüsternd vorüber. Dennis Hopper wäre bei den Dreharbeiten zu *Easy Rider* mit so einem Ding vermutlich schwer verunglückt, weil er im Tiefschlaf aus dem Sattel geplumpst wäre. Und wer weiß, vielleicht hätte Hunter S. Thompson sich nicht vor lauter Langeweile das Hirn mit einer 45er rausgepustet, wenn man ihm beizeiten eine neue Egli Vincent von Hailwood jun. oder die wieder auferstandene Norton Commando 961 zum Testen vor die Tür gestellt hätte. *Too late!*
Nasenbohrer auf ihren 100-PS-Plastikbonbons im neo-colanistischen Style ermüdeten den Sehnerv zunehmend. Außerdem lauerte hinter jeder zweiten Kurve die amtliche Rennleitung – hässliche Jungbullen auf ihren schlaffen Gummikühen, die nichts Schöneres zu tun hatten, als richtige Motorräder zum Hörtest in die Boxengasse zu winken und statt wichtigen WM-Punkten unnötige in Flensburg zu vergeben. Also stellte auch ich irgendwann entnervt meine geräuschoptimierte 450er-Königswellen-Ducati, die ich mir 1976 in Erwartung der Fahrerlaubnis vorsorglich bereits mit siebzehn Jahren für 1300 D-Mark zugelegt hatte, in die Ecke.

Hase oder Igel sein –
das war hier nicht mehr die Designfrage

Bei MZ änderte sich hingegen wenig bis gar nichts mehr. Dennoch brachen die weltweiten Verkaufszahlen der hässlichsten Entlein der Zweiradbranche entgegen der längst überholten „Hässlichkeit verkauft sich schlecht"-Devise des Stromliniendesign-Urvaters Raymond Loewy weiterhin alle Rekorde. Und weil keiner so richtig wusste, auf welche Motorradtour man die Kundschaft mitnehmen sollte, kam das übereifrige kapitalistische Spitzendesign irgendwann wieder auf dem ästhetischen Niveau an, auf dem man das DDR-Motorraddesign vor langer Zeit zurückgelassen hatte. Ob man das nun frei nach Kohl oder Ulbricht als „Aussitzen" oder „Überholen ohne Einzuholen" postwendend zur Methode erheben oder einfach als Ironie des Schicksals bezeichnen mochte, spielte schon bald auch keine Rolle mehr, denn am 1. Juli 1990, dem Tag der Währungsunion, war sowieso schlagartig Schluss für solche Erfolge volkseigener Betriebe – nicht nur für die Motorradwerke Zschopau.

Volkseigentum oder Erfolgseigentum –
versteht hier noch jemand die Frage?

Abb. 6

Abb. 6: MZ ETZ 125 in der Ausstellung „gebrauchs.gut. Ostdeutsches Design mit Tradition" im Grassi-Museum für Angewandte Kunst Leipzig, 2003/04. Hersteller: VEB Motorradwerk Zschopau, 1981; Design: Karl Clauss Dietel, Lutz Rudolph.

Was jetzt kam, ließ im wahrsten Sinne des Wortes viel Raum für Spekulationen. Mal wollte BMW einsteigen, Suzuki sollte übernehmen, Kuralkan, der türkische MZ-Vertriebspartner für den gesamten Nahen Osten, reichte eine ernstzunehmende Offerte ein. Im allgemeinen Deregulierungswahn der Wiedervereinnahme wurde schlussendlich einer der vielen windigen Unternehmensberater, die sich damals bei der Treuhand die Türklinke in die Hand gaben, als Retter in der Not eingesetzt. Dieser trat sogleich als Repräsentant einer größtenteils anonymen Investorengruppe auf, die bereit zu sein schien, das Schein-Risiko zu schultern, mit minimalem Eigenkapital und einer beachtlichen Bundes- und Landes-Kreditbürgschaft die gerade bezugsfertige Produktionsimmobilie, einige Tausend verkaufsfertige Motorräder sowie die Markenrechte für kleines Geld zu übernehmen, um unter der Neufirmierung „MuZ" mit 80 von ehemals nahezu 4000 MZ-Arbeitnehmern einen Neubeginn zu „wagen". Kurz vor Abschluss des Verkaufs wurden über die Motorrad-Fachpresse das beachtliche Vorstrafenregister sowie diverse gerichtsanhängige Anklagen gegen den Treuhand-Berater publik. Nachdem der enttarnte Hochstapler einem seiner Mitarbeiter das für den Treuhanddeal notwendigerweise mit großem Betrüger-Ehrenwort versehene Leumundszeugnis ausgestellt

Abb. 7: Türkische Motorrad-Fachwerkstatt. An der Yol 400 bei Fethyie kann man auch bei Blitz und Wolkenbruch innerhalb einer knappen Stunde abwartend und Cay trinkend einen zerstörten MZ-Primärtrieb direkt am Straßenrand meisterhaft und preisgünstig reparieren lassen.

Abb. 8: Stilettos türkische Kanuni-MZ ETZ 251, 1994 irgendwo an der Landstraße 400 zwischen Alanya und Fethyie.

hatte, konnte der Sozius schnell entschlossen und ohne weitere Qualifikationsnachweise als neuer Geschäftsführer in die Bresche springen.

**Folgeeigentum oder Eigentumsfolgen –
leider war das hier kein Märchen**

In der Folgezeit wühlte sich M(u)Z wie eine bei „Rund um Zschopau" im Schlammloch von Börnichen stecken gebliebene Enduro, eingekeilt zwischen eingebildetem Produktanspruch, unpassendem Markenimage, problematischem Preisgefüge und löchriger Vertriebsstruktur konzeptlos von einer Pleite in die nächste. Die Produktionsanlagen für die alten DDR-Zweitakter wurden von der Treuhand geführten MZ GmbH nahezu geräuschlos demontiert und in Istanbul wieder aufgebaut, wo sie ab 1993 vom ehemaligen Nahost-Importeur Kuralkan unter der Marke MZ-Kanuni wieder angeworfen wurden (benannt nach dem osmanischen Sultan Süleyman I., genannt Kanuni, der Gesetzgeber, der in der Kunst der Edelmetallverarbeitung bewandert war, im 16. Jahrhundert mit der ersten Wienbelagerung die inzwischen von Starbucks mit italo-amerikanischem Latte Macchiato wieder weggespülte Kaffeehauskultur nach Europa brachte, anschließend von den Persern die Stadt Van – im kurdischen Teil der Türkei gelegenen Heimat der Familie Kuralkan – und danach Bagdad eroberte, von wo aus er das persische Reich kontrollierte). Und wenn sie nicht gestorben sind, dann fahren sie noch heute – jedenfalls zu zigtausendenundeinem MZ-Krad in und um Bagdad herum.

Abb. 9

Abb. 10

Abb. 9: Eigeninitiativ-Entwurf von 1985, auf MZ ETZ 251 basierend, von Kai Klinger (Werksdesigner bei MZ 1983-92) und Mathias Hohmuth. Damals insbesondere für die Verwendung der auch nach der Währungsunion noch umsatzstarken Schwellenländer wie Irak, Ägypten oder Kuba konzipiert. Besonderheiten u. a.: leicht abnehmbarer, günstig herstellbarer Kanistertank; motorschützender, leichter Unterflur-Auspuff; auf Personengröße, -anzahl und Einsatzzweck veränderbare Element-Sitzbank. Zur Präsentation auf der Bezirkskunstausstellung 1986 in Karl-Marx-Stadt distanzierte sich MZ von dem Entwurf.

Abb. 10: MZ Saxon 301 Tour, Aufnahme in Havanna, Kuba, 2008. Hersteller: M(u)Z Motorrad- und Zweiradwerk GmbH Zschopau-Hohndorf, 1992; Werksentwurf, Tank: abgeänderter Entwurf von Kai Klinger.

Hat jemand meine Zielflagge gesehen?

Die Öffnung zum Osten erschloss auch für begeisterte Motorradsport-Punks wie mich ganz neue Möglichkeiten. Auf Rennstrecken in Polen, Tschechien, Ungarn oder Kroatien konnte man ab sofort auch ohne Lizenz oder Lärmbeschränkungen auf Grand-Prix-Strecken an privaten Rennveranstaltungen wie *Grab the Flag* teilnehmen. Ich kaufte mir 1999 wieder ein Motorrad – eine große Moto Guzzi LeMans, Baujahr 1978, die ich, mit dilettantischen Mitteln rennstreckentauglich gemacht, 2001 in Polen erstmalig bei einem solchen *Classic Race* einsetzte. Nachdem ich zwei dieser ultraschweren Guzzis in den Kiesbetten ostdeutscher Rennkurse gründlich versenkt hatte, hielt ich Ausschau nach einer preisgünstigeren Alternative für Trainingszwecke. 2006 lief mir im Internet eine zu diesem Zweck geeignet erscheinende M(u)Z-Scorpion-Cup-Maschine für 1800 Euro über den Weg. Von 1994 bis 2004 wurde diese Sportmaschine mit einem 660-ccm-Yamaha-Einzylinder-Motor produziert. Obwohl auch dieses Motorrad schon lange nicht mehr gebaut wird, existiert der ursprünglich vom Werk initiierte Cup durch das private Engagement eines Enthusiasten bis heute weiter. Im Rahmen nationaler und internationaler Rennveranstaltungen starten die MZ-Cup-Fahrer auf deutschen Rennstrecken in Ost und West. Besondere Highlights sind Starts am Sachsenring oder in Schleiz, wo uns die Thüringer Fans zujubeln, als wäre es die Motorrad-WM. Aber dafür bieten wir mit unseren offenen großvolumigen Einzylindern auch einen fetten Sound, der die älteren Connaisseure unter uns an Norton Manx oder Matchless G50 erinnert, denen man auch heute wieder wie in den Sechzigerjahren auf der alten

Abb. 11   Abb. 12

Rennstrecke am Schleizer Dreieck beim jährlichen *Classic Grand Prix* zuschauen und hinterherhören kann.

Kleine Rennbrötchen mit *Nuts*-Wert

Im März 2009 haben die beiden ehemaligen Grand-Prix-Rennfahrer Martin Wimmer und Ralf Waldmann das insolvente M(u)Z Werk übernommen. Bisherigen Presseveröffentlichungen zufolge ist ein Engagement für die nachwuchsrelevanten kleinen Hubraumklassen sowohl für den Straßenverkehr als auch für den Straßen- und Geländesport geplant. Verglichen mit den Summen, die zur Rettung von Arbeitsplätzen bei Opel und Karstadt in Zeiten der Wirtschaftskrise in Form von staatlichen Subventionen und Bürgschaften ins Gespräch gebracht wurden, nehmen sich alle bisher im Fall MZ verschleuderten Mittel wie die berüchtigten, im Fall der Immobilienpleite des Jürgen Schneider 1994 vom ehemaligen Deutsche-Bank-Chef Hilmar Kopper so genannten „Peanuts" aus. Dennoch werden die neuen MZ-Eigner aller Wahrscheinlichkeit nach nicht mit öffentlichen Fördermitteln rechnen dürfen. Mögen sie das im Tank haben, was ihren obskuren Vorgängern gefehlt hat – ein realistisches Konzept und bodenständiger Unternehmergeist. Gas ist rechts!

Abb. 11: Ralf Waldmann, Gesellschafter der Motorenwerke Zschopau GmbH (links), ehemaliger Profi-Motorradrennfahrer, Vizeweltmeister 1996 und 1997 auf Honda in der 250-ccm-Klasse, und Uwe Link, Veranstalter und Fahrer des MZ-Skorpion-Cup, mit dem Prototyp der neuen MZ RE 250, die ab 2010 bei der IDM (Internationale Deutsche Motorradmeisterschaft) eingesetzt werden soll. Aufnahme von Frank Schreiner im IDM Fahrerlager Schleiz, 31. Juli 2009.

Abb. 12: Stiletto, Team Gumph (Guzzi und Triumph), auf seiner Triumph Bonneville 750 ccm, Baujahr 1973 (Tuning und Redesign: Jörg Winkelmann/www.oif-racing.de) in der Motorsportarena Oschersleben beim Classic-Team-Endurance-Rennen 2009, 6. Platz in der Klassenwertung Classic Open).

Karl-Heinz Hüter

DEM BAUHAUS BAHN BRECHEN
Von den Schwierigkeiten zu erben in Zeiten des Kalten Krieges

Die Bauhausrezeption in der DDR hat ein markantes Datum: den 4. Dezember 1976. Damals wurde das im Krieg schwer beschädigte und in den Sechzigerjahren notdürftig nutzbar gemachte Bauhausgebäude in Dessau nach einer sorgfältigen, nun originalgetreuen Rekonstruktion mit einem Festakt wieder eröffnet.

Ihren besonderen Charme gewannen die Feierlichkeiten durch Bauhäusler aus aller Welt, die sich hier seit ihrer Studienzeit zum ersten Mal wieder trafen. Ihr politisches Gewicht aber erhielten sie durch einen Staatsakt in Anwesenheit von drei Ministern, nämlich für Bauwesen (Wolfgang Junker), für Kultur (Hans-Joachim Hoffmann) und für Hochschulwesen (Hans-Joachim Böhme). Dass als Rahmen diese hochoffizielle Form gewählt wurde, hatte mit der Schwere der Tabus zu tun, mit denen die politische Führung des Landes fast drei Jahrzehnte den historischen Komplex „Bauhaus" belegt hatte.

Außenstehenden sind die Auseinandersetzungen und die Härte, mit der staatliche Instanzen eine sachliche historische Wertung der Leistungen der Schule und Arbeitsgemeinschaft zu verhindern suchten, kaum zu vermitteln. Selbst unmittelbar Beteiligten fiel es oft schwer, Motive und Hintergründe dafür zu erkennen, weil die Gegenpositionen von beauftragten Sprechern anstatt mit Argumenten als bloße Verlautbarungen vorgebracht wurden. Versuche, über die Reizworte „Bauhaus", „Funktionalismus", „Konstruktivismus", „Expressionismus" usw. einen differenzierenden Dialog anzubieten und den dogmatisch verhärteten Realismusbegriff zu relativieren, wurden mehrfach mit Druckverbot, mit Einstampfen von bereits Gedrucktem, mit Disziplinarstrafen und Schlimmerem beantwortet. Ich denke an die schweren Angriffe gegen den ersten Hauptredakteur (1959–66) des *Lexikons der Kunst*, Günter Feist, der sich einer vor-

Abb. 1: Das Bauhausgebäude Dessau, Haupteingang, Zustand heute.

Abb. 1

dergründig ideologisch motivierten Interpretation solcher Begriffe zu erwehren suchte, doch schließlich 1966 aufgab und aus seiner Arbeitsstelle an der Berliner Humboldt-Universität ausschied. Unter solchen Bedingungen war eine wissenschaftliche Diskussions- und Streitkultur äußerst erschwert. Überzeugung stand nicht gegen Überzeugung, sondern gegen eine anonyme übermächtige Ideologie-Instanz, die, einmal herausgefordert, ähnlich der sogenannten Blackbox meist negativ reagierte.

Dennoch lässt sich die Bauhausrezeption nicht von der staatlichen Anerkennung her beurteilen. Die in der internationalen Literatur verbreitete Meinung, in der DDR sei das Bauhaus erst Mitte der Siebzigerjahre wieder entdeckt worden, erfasst nur die halbe Wahrheit. Das Bauhaus ist immer, selbst als es verurteilt wurde, ein wichtiger Orientierungsfaktor gewesen. Dabei ging es nicht in erster Linie um irgendein kunsthändlerisches, ästhetisches oder wissenschaftliches Interesse, sondern um die im Bauhausprogramm eingeschlossenen sozialen und kulturellen Anliegen, das heißt, es wurden neben formaler Modernität auch ökonomische Rationalität und Funktionalität mitgedacht.

Schon 1956 in meinem für das Weimarer Vorlesungsverzeichnis verfassten Abriss *Zur Geschichte der Hochschule für Architektur und Bauwesen Weimar* habe ich (vom damaligen Rektor Englberger mitgetragen) den Grund angesprochen, der für meine Bemühungen (und die anderer) bestimmend blieb: Es komme gar nicht darauf an, was von den ursprünglichen formalen Ausprägungen der Bauhausarbeit noch Bestand habe, „sondern dass die Arbeit als Durchgangsstufe der Entwicklung, als Reagenz nötig und fruchtbar war".[1] Das Bauhaus habe die Auseinandersetzung mit den von Technik, Industrie, Wirtschaft und Gesellschaft hervorgebrachten neuen Basisfaktoren gewagt und, auf diesen aufbauend, im widerspruchsvollen Nebeneinander der Ergebnisse radikale Lösungen für die Gestaltungsaufgaben des 20. Jahrhunderts angeboten.

Eine Vernachlässigung oder Negierung dieser Aspekte konnte nicht ohne Folgen für den Zustand der Architektur und auch der Produktgestaltung bleiben, die dadurch an kultureller Dimension und technologischer Potenz verloren und sich auf das bloß Fabrikatorische reduzierten. Im Frühjahr 1963 wurde der Unmut der Architekten über diesen Zustand für einen kurzen Moment in der Zeitschrift *Deutsche Architektur* öffentlich gemacht, als deren Redakteur Bruno Flierl die Frage nach dem Stand der Architekturentwicklung in der DDR stellte. Obwohl seit den späten Fünfzigerjahren die Formensprache der Moderne allgemein adaptiert und offiziell akzeptiert war, beklagten junge Architekten dennoch, sie sei sowohl im „Vergleich mit den sozialistischen Ländern als auch im Hinblick auf das westliche Ausland in Vielem zurückgeblieben." Berücksichtige

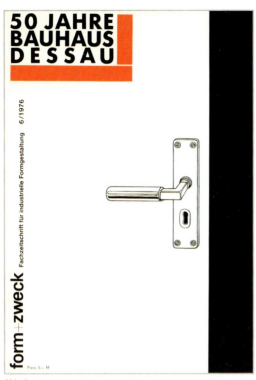

Abb. 2

Abb. 2: Erstes Bauhaus-Heft der Zeitschrift *form+zweck* 6,1976.

man, „dass Deutschland in den zwanziger und frühen dreißiger Jahren das Land der modernen Architektur war, so (sei) das umso mehr zu bedauern". Es herrsche „eine kleingeistige, verbürokratisierte und verantwortungsscheue Arbeitsatmosphäre". (Geyer) „Unseren Architekturbeitrag nach 1945 könnte man im internationalen Maßstab auch weglassen. Die Architektur hätte in der Welt nicht anders ausgesehen." (Strassenmeier) [2]

Neben solchen grundsätzlichen Überlegungen bestanden gerade im Osten Deutschlands praktische Zwänge für eine Beschäftigung mit dem Bauhaus. Hier hatte sich dessen Geschichte abgespielt, hier befanden sich seine wesentlichen baulichen Zeugnisse und hier gehörte die Schule in Weimar und Dessau zur lokalen Tradition.

Ob allerdings aus der Beschäftigung auch Öffentlichkeit werden konnte, hing von der jeweiligen politischen Lage ab. Zwischen finsteren Phasen gab es kurze Perioden relativer Liberalisierung: 1956/57, 1963 bis 65 und nach 1972. Außerdem spielte die Art der Publikationsorgane eine Rolle, das heißt der Grad ihrer Kontrolliertheit und ihrer Breitenwirkung. In wissenschaftlichen Zeitschriften und lokalen Druckerzeugnissen konnte durchrutschen, was führenden und stärker kontrollierten Blättern zum Verhängnis wurde. Die Zeitschrift für industrielle Formgestaltung *form+zweck* hat den möglichen Freiraum fast immer ausgeschöpft. Sie bleibt ein gültiges Zeugnis für die Leistungsfähigkeit in der DDR auf den

1 Hüter, K.-H.: *Zur Geschichte der Hochschule für Architektur und Bauwesen Weimar*, in: *Personen und Vorlesungsverzeichnis, Studienjahr 1956/1957,* hg. v. d. Hochschule für Architektur und Bauwesen Weimar, Weimar 1956, S. 10.
2 *Deutsche Architektur* 1963, Heft 3, Seite 8.

Abb. 3

vom Bauhaus vorgegebenen Arbeitsgebieten. Die Zeitschrift *Deutsche Architektur,* später *Architektur der DDR,* focht anfangs (1952–61) unter dem Chefredakteur Kurt Magritz mit inquisitorischem Dogmatismus gegen Bauhaus und Moderne für den Stil der nationalen Traditionen, öffnete sich 1962–64 unter Bruno Flierl, um schließlich unter Gerhard Krenz weitgehend auf abgesichertem Terrain zu operieren.
Von Einfluss war auch, wie ein Problem in der Bundesrepublik, also beim „Klassenfeind", beurteilt wurde. Eine These hatte größere Chancen, akzeptiert zu werden, wenn sie als Antithese zu westlichen Auffassungen auftrat.
Doch eine solche Negativität der Argumentation und Aktion, ein solches bloß konfrontatives Verhalten zerstörte auf Dauer zwangsläufig die eigenen Grundlagen, was – wie Heinz Begenau 1969 schrieb – zu geistiger Inzucht, Verschwendung und Fehlleitung von Kreativität führte. Ganze Ideengebäude waren auf Scheinargumente gegründet. Manchmal wurden solche sogar nützlich, um Notwendiges durchzusetzen. Hermann Henselmann war ein Meister dieser Art Schwejkscher Taktik.
Schließlich lavierte sich die Regierung selbst mit einer solchen schiefen Argumentation aus der inzwischen international unhaltbar gewordenen Bauhaus-Situation. Berater hatten sie dem Bauminister Wolfgang Junker in seine Rede auf dem Festakt zur Wiedereröffnung des Bauhausgebäudes geschrieben und damit für längere Zeit die genehme Lesart festgelegt: Die antifaschistische Haltung vieler Bauhäusler und das Bemühen des Bauhauses um industrielle Baumethoden des Großplattenbaus habe im Staat der Arbeiter und Bauern seine Verwirklichung gefunden.
Gleichviel – im Ergebnis wurde die Bauhausforschung nun nicht mehr behindert. Sie konnte sich – in Weimar und Dessau zweifach institutionalisiert – bei großzügigster finanzieller Förderung entfalten. In der Quellen- und Detailforschung wurde wertvolle Arbeit geleistet. Die durch Publikationen gut dokumentierten Bauhauskolloquien wurden Treffs ehemaliger Bauhausangehöriger und Wissenschaftler aus aller Welt. Bald gab es auch in Dessau ein museales Zentrum, wo gegenständliche Hinterlassenschaften und ideelle Zeugnisse des Bauhauses gesammelt wurden, gerade noch rechtzeitig, um Intimkenntnisse von Zeitzeugen abzuschöpfen.
Tatsächlich hatten die Ereignisse vom Dezember 1976 große Erwartungen geweckt. Max Bill schrieb am 17. Januar 1977 an Max Gebhard, er sei sehr beeindruckt gewesen von der Dessauer Zusammenkunft und habe sich sehr gefreut über alles, was sich da tut. Dann aber spricht er den Kernpunkt an: Auf einer Arbeitstagung müssten die Bauhäusler einmal festlegen, „wie weit ihre Erfahrungen in Beziehung zur Bauhauszeit

Abb. 4

Abb. 3: Bauhaus-Archiv Berlin, Berlin-Tiergarten; Gebäude-Detail. Architekt: Büro Walter Gropius, erbaut 1966–69.

Abb. 4: Max Bill auf einer Buchpremieren-Veranstaltung anlässlich seines achtzigsten Geburtstags im Ostberliner Ausstellungspavillon Friedrichstraße, Dezember 1988.

noch wichtig sind". Zum Beispiel sei abzuklären, ob der Vorkurs nicht doch von erheblichem, vielleicht bleibendem Wert war. Auch sei zu prüfen, was daran geändert werden könne, um ihm ein von Personen unabhängiges System zu geben, das nicht starr wird. Bill fährt fort: „Ich betrachte es als eine typisch kapitalistische Entwicklung, dass der Vorkurs […] einer unschöpferischen fachbezogenen Formenlehre gewichen ist unter dem Vorwand, es müsse praxisbezogen gearbeitet werden, man hätte keine Zeit für solche Spinnerei."[3] Unterschwellig klingt die Hoffnung an, als sei das Experimentelle, die Laboratoriumsarbeit, worauf es beim Vorkurs als Grundlage einer bauhausähnlichen Ausbildung entscheidend ankomme, hier wieder zu verwirklichen.

Das war eine Illusion. Diese Art von Experimentieren setzt ein Maß an äußerer und innerer Freiheit voraus, an das nicht zu denken war. DDR-Erfahrene misstrauten, was da wirklich und ob überhaupt schon etwas gelungen sei. Sie verfolgten mit wachsendem Unbehagen die weitere Behandlung der Bauhausangelegenheit. Olaf Weber zum Beispiel artikulierte in einem Brief vom 5. Februar 1977 an Bernd Grönwald, den Organisator der Kolloquien in Weimar, diese Sorge, „die Initiative der Bauhausforschung könnte wieder versickern, ohne gewichtige Anstöße für unsere Theorie und Praxis gegeben zu haben"[4]. Partei und Staat waren peinlichst bemüht, gerade solche weiterführenden, schwer kontrollierbaren Konsequenzen auszuschließen. Die Bauhausszene wurde staatssicher kanalisiert.[5] In der kulturpolitischen Situation damals diente sie eher dazu, die ringsum weiter praktizierten Drangsalierungen und Abriegelungen in der Kultur mit einem Schleier von Liberalität zu überdecken. Erinnert sei daran, dass genau in diesen Tagen des Festakts in Dessau um den 4. Dezember 1976 eine Welle von Repressalien, die von Wolf Biermanns Ausweisung am 16. November 1976 ausgelöst worden war, das Land überrollte. Künstler, die gegen diese staatliche Maßnahme protestiert hatten, wurden gemaßregelt. Viele wählten die Ausreise. Die Auszehrung der Kulturlandschaft setzte sich beschleunigt fort.[6]

Weil ich selbst an der Deutschen Bauakademie auch nach dem endlichen Erscheinen meines Buches *Das Bauhaus in Weimar* im Frühjahr 1976 und nach den Bauhausfeierlichkeiten im Herbst nicht die Erlaubnis erhielt, zur Weiterbearbeitung einer halb fertigen Gropius-Monografie die Archivalien des Bauhaus-Archivs in Westberlin und möglichst auch Quellen in den USA einzusehen, und weil ein 1971 verteidigtes Manuskript über die *Geschichte der Architektur in der Weimarer Republik und das Neue Bauen* noch immer nicht publiziert werden durfte, obwohl positive Gutachten von Richard Paulick und sogar vom Direktor des Moskauer Instituts für Theorie und Geschichte der Architektur, A. Ikonnikow, dies befürworteten[7], habe ich 1978 dort gekündigt, um fortan freischaffend zu arbeiten. Ich erwähne dies, weil ich dadurch den Einblick in die Bauhausszene und in die Arbeit der dortigen Mitarbeiter verloren habe, sodass ich mich nicht für ausreichend kompetent halte, die Ereignisse, Arbeiten und Leistungen in der Bauhausrezeption nach 1978 zu beurteilen, zumal sich der damit befasste Personenkreis erheblich umgeschichtet hatte. Ich beschränke mich auf die dunklen Jahre davor, in der Hoffnung, einige Mosaiksteine zu einem vollständigeren Bild beitragen zu können.

Es lassen sich drei Perioden unterscheiden:
Erste Periode von 1945 bis 1949/50 mit Versuchen, in Weimar, Dessau und sogar Dresden wieder an die Zeit vor 1933 und an Lehrprogramme des Bauhauses anzuknüpfen;

Zweite Periode von 1950/51 bis 1956, kurz aber prägend, mit Übernahme der sowjetischen Erfahrungen und Methoden, mit der Formalismus-Diskussion, mit einem verordneten sozialistischen Realismus und Verdammung von Bauhaus, Funktionalismus und Konstruktivismus, mit der Forderung, an die eigenen nationalen Traditionen anzuknüpfen;

Dritte Periode von 1956/57 bis 1972 bzw. 1976, lang und quälend durch den Wechsel von aufflackernden Hoffnungen, kleinen Fortschritten und großen Rückschlägen in dem Bemühen, das Problem Bauhaus und andere die Moderne betreffende Fragen wissenschaftlich aufzuarbeiten.

Wiederbelebungsversuch des Bauhauses nach 1945 in Weimar

Die Zerschlagung des Faschismus hatte unter der sowjetischen Besatzungsmacht den Weg für eine antifaschistisch-demokratische Ordnung und für die Fortführung progressiver Bewegungen aus den Zwanzigerjahren freigemacht. In den drei Städten Ostdeutschlands, in denen das Bauhaus einst wirkte, Weimar, Dessau, Berlin, und dazu kurzzeitig sogar in Dresden wurden Versuche unternommen, an Kunstschulen Lehrprogramme im Sinne des Bauhauses neu zu begründen. Initiativen gingen nicht nur von Künstlern, sondern auch von der örtlichen politischen Führung aus.

3 Kopie des Briefes, Privatarchiv Hüter.
4 Kopie des Briefes, Privatarchiv Hüter.
5 In welchem Maße das geschah, erfuhr die Öffentlichkeit erst später. Der in Weimar mit der Bauhausforschung beauftragte Wissenschaftler war Mitarbeiter der Staatssicherheit. Dennoch hat er durch sein Gutachten meinem Bauhausbuch den endgültigen Weg zur Publikation geebnet.
6 Dies alles war gegenwärtig und verdichtete sich in einer gespenstischen Szene: Als die Regierungsvertreter und ehemalige Bauhäusler vor dem Festakt im Hotel „Stadt Dessau" zusammentrafen, entstand eine betretene Stille, in der von fern Walzermusik zu hören war. Die Erstarrung unerträglich empfindend, fasste der alte Bauhäusler Werner Kupsch Grete Reichardt und tanzte mit ihr durch den Saal.
7 Dieses Manuskript von 1971 kam über Umwege erst 1990 auf den Buchmarkt in: *Geschichte der deutschen Kunst 1918–1945*, hg. v. H. Olbrich, Leipzig 1990, S. 29 – 130 und Abb. 1 – 84.

In Thüringen betrieb der Kommunist und einstige Buchenwald-Häftling Walter Wolf als Leiter der Volksbildung sofort die Neugründung der Hochschule unter dem Vorsatz: „An die Stelle der bisherigen Kunsthochschule tritt ein neues Bauhaus."[8] Im gleichen Zusammenhang wurde die Straße, an der die Schule lag, zum Zeichen der neuen antifaschistischen Ausrichtung in „Geschwister-Scholl-Straße" umbenannt. Für Wolf war das Bauhaus seit seiner Schulzeit an einer der thüringischen Versuchsschulen in Sundhausen bei Gotha ein lebendiger Begriff gewesen. Als Leiter wollte er den ehemaligen Bauhäusler Ernst Neufert gewinnen, der in Gelmeroda bei Weimar wohnte, wo er ein Haus besaß. Neufert zog es jedoch während der laufenden Verhandlungen vor, nach Westdeutschland überzusiedeln. Daraufhin wandte sich Wolf an Hermann Henselmann, der damals in Gotha – endlich vom Druck seines Berufsverbots während der Nazi-Herrschaft befreit – durch beredte Umtriebigkeit auf sich aufmerksam gemacht hatte.

Nach sporadischem Unterricht einzelner in Weimar lebender Lehrer im privaten Rahmen wurde die Schule am 24. August 1946 unter der Direktion Henselmanns als Staatliche Hochschule für Baukunst und Bildende Künste offiziell wieder eröffnet. Der reguläre Lehrbetrieb begann mit dem Wintersemester im Oktober 1946.

Henselmann, der ohne interne Kenntnis der Bauhausentwicklung war, erinnerte sich des wirkungsvollen Bildes vom Einheitskunstwerk aus der Anfangszeit des Bauhauses. Dies schien ihm wert, im humanistischen, antifaschistisch-demokratischen Geiste neu belebt zu werden. Wiederum sollten die bildenden Künste mit der Baukunst an der Schule zu einheitlichem Handeln zusammengeführt werden.

Eingeschoben werden muss hier zum besseren Verständnis, dass die Schule vorher 15 Jahre lang unter äußerst ideologielastiger nationalsozialistischer Leitung gestanden hatte, denn schon 1930 war sie unter einer von der NSDAP dominierten Koalitionsregierung in Thüringen dem erklärten Bauhausgegner und Verfechter einer Blut- und Boden-Baukunst, Paul Schultze-Naumburg, übertragen worden, der alles ausgeräumt hatte, was auch an der von Otto Bartning geleiteten Nachfolge-Schule des Bauhauses, der Hochschule für Handwerk und Baukunst, noch an das Bauhaus erinnert hatte. Sie sollte (so in einem Erlass des Ministeriums für Volksbildung) richtungsweisend „wider die Negerkultur für deutsches Volkstum" wirken.

Um wirklich Geist und Methode des Bauhauses einziehen zu lassen, hatte Henselmann bewusst dem Lehrkörper mehrere ehemalige Bauhäusler eingegliedert. Peter Keler, Hans Hoffmann-Lederer, beide für die Vorklassen, also die schon am Bauhaus grundlegende Vorlehre; Rudolf

Abb. 5

Ortner, Emanuel Lindner für Werklehre und Entwerfen und Gustav Hassenpflug für Städtebau. Hassenpflug kam aus Berlin, wo er mit der Instandsetzung der Charité beauftragt gewesen war und im Juli 1946 gemeinsam mit Joost Schmidt einen *Bauhaus-Aufruf* publiziert hatte. Henselmann betonte, diese Lehrer seien in gleicher Weise zu Meistern der Form und des Werks erzogen. In ihnen besäße man die berufenen Gestalter und Lehrer für die neu aufzubauende Kunstschule unserer Zeit. Die Vorlehre, nach dem Vorbild von Josef Albers, sollte wieder die gemeinsame Gestaltungsgrundlage schaffen als „integrierenden Bestandteil der Hochschulausbildung", die nicht im Sinne einer Fachausbildung zu verstehen sei. Sie habe „den Zweck, den jungen Studenten mit den Gestaltungsmöglichkeiten im bildkünstlerischen Bereich bekannt zu machen [und] ihre Gesetzmäßigkeiten durch manuelle Übung erleben zu lassen [...] Gleichzeitig aber soll sie den jungen Menschen innerlich frei machen von einer gewissen Gehemmtheit und Verkrampfung".[9]

Neben den fachbezogenen Lehrstühlen und Arbeitsgemeinschaften wurde analog den produktiven Zielen seines Vorbildes „Bauhaus" ein „Planungsverband Hochschule Weimar" gegründet, um planend den Wiederaufbau des Landes nach den Verwüstungen des Krieges zu begleiten und die beiden großen Reformen, die Bodenreform und die Schulreform, zu fördern.

Zeugnisse dieser Arbeit waren Neubauernhäuser, zum Teil in Lehmbauweise, Schulen und das bereits 1947 nach Plänen Werner Hartings wieder aufgebaute Weimarer Nationaltheater, das einen bemerkenswert modernen Zuschauerraum im Typ eines Raumtheaters erhielt. Für dessen Foyers schufen die Lehrer der Hochschule Hermann Kirchberger und Bruno Quaß Mosaiksäulen und ein großes Mosaikbild in intimer Farb-

Abb. 5: Peter Keler unterrichtet die Vorlehre in Weimar.

[8] Thüringisches Staatsarchiv Weimar, Ministerium für Volksbildung, C II Nr. 1141.
[9] Hermann Henselmann am 22. Oktober 1947, Kopie Privatarchiv Hüter.

Abb. 6

Abb. 6: Peter Keler bei der Vorlehre im Kreis seiner Schüler.

stimmung, die wegen ihres leicht abstrakten Duktus während der Formalismusdiskussion wieder entfernt bzw. verhüllt wurden.
Hassenpflug entwickelte in Analogie zu Gropius' Anbaumöbeln der Firma Feder oder zu Dieckmanns Typenmöbeln Baukastenmöbel, die in volkseigenen Betrieben Thüringens 1948 bis 1951 produziert wurden. Er begründete sein Konzept ganz aus dem Verständnis der Zwanzigerjahre heraus: Der Mensch solle, anstatt zwischen unechten Dingen mit falschem Pathos, zwischen einfachem, aber ehrlichem Möbel und Gebrauchsgerät wieder Mensch sein. Die Schule half außerdem beim Wiedererrichten des von Gropius entworfenen und 1934 zerstörten Denkmals für die Märzgefallenen. Mit Horst Michel und seinem Institut für Innengestaltung wurde der Lehr- und Arbeitskomplex Formgestaltung wieder fest und auf Dauer integriert.
Eine von Peter Keler gestaltete Ausstellung mit Gegenständen und Bilddokumenten rief die im Dritten Reich verdrängten Werke van de Veldes und des Bauhauses wieder ins Bewusstsein. So konnte die Schule, ohne dass der alte Name aufgegriffen wurde – denn man wollte, wie Hassenpflug schrieb, nicht kritiklos an eine 1933 abgebrochene Entwicklung anknüpfen – zu Recht als „erneuertes Bauhaus" bezeichnet werden.

Doch schon ein Jahr später, im Oktober 1947, geriet sie in innere wie äußere Turbulenzen. Die Vorlehre fand, wie teilweise schon am Bauhaus, nicht die rechte Akzeptanz. Die Studierenden vermissten „den roten Faden". Um dem zu begegnen, führte Henselmann Beispiele der Vorlehre des Bauhauses von Josef Albers vor. Als Ergebnis wurde festgelegt: „Den Traditionen des Bauhauses folgend, ist die Einheit zwischen Architektur, Malerei und Plastik anzustreben und infolgedessen die Vorlehre grundsätzlich gemeinsam den werdenden Architekten, Malern und Bildhauern zu vermitteln."[10] Doch müsste ihr eine exakte Vorstellung der modernen Begriffe zugrunde liegen, die sich im Laufe der letzten zwanzig Jahre gewandelt hatten. Besonders diskutiert wurden Begriffe wie „Ökonomie" und „Natur" und das Problem, „wie weit Materialien Kräfte aufnehmen und Kräfte auslösen".[11] Dazu sollte der Statiker und Bauingenieur der Hochschule hinzugezogen werden. Man suchte nach Wegen, die produktiven Dimensionen einer solchen Lehre zeitgemäß auszufüllen.

Die Diskussion zeigte aber auch, dass die aus Nazizeit und Krieg gekommenen Studenten zu diffizilen Gestaltungsfragen nur schwer Zugang fanden und dass angesichts der Trümmer und der unbeschreiblichen Not tatsächlich ganz andere, ganz handfeste Lösungen gefragt waren. So wurde die Vorlehre von innen, bald aber noch stärker von außen als formalistische Spielerei diffamiert. Henselmann geriet unter ideologischen Druck der beginnenden Formalismusdiskussion, mit der die zunehmend stalinistisch orientierte und – im Bestreben, die neue Staatsmacht der Arbeiter und Bauern zu festigen – „Volkes Meinung" zur Richtschnur erhebende SED in die Kunstdebatte eingriff. 1949 gab er die Leitung ab und ging nach Berlin.

Die kommissarische Leitung übernahm der aus Stuttgart neu berufene, der KP und später SED eng verbundene Fritz Dähn. Unter seinem Direktorat wurde die Abteilung bildende Künste 1949 aus dem Verband der Hochschule herausgelöst und der Dresdener Hochschule angegliedert. Dähn zog mit und wurde dort Rektor. Damit verlor Weimar wesentliche Bestandteile einer integrierten Ausbildung, auf die Gropius einst so viel Wert gelegt hatte.

Durch den Weggang von Professoren nach Westdeutschland und unter dem Druck massiver Ideologisierung gemäß der Losung „Umbau zur sozialistischen Hochschule" verflüchtigte sich jegliche Bauhausprogrammatik. Architekturstudenten bastelten nach ihren eigenen, nur schwach überdeckten Architekturvorstellungen aus der vorangegangenen Epoche und nach dem Vorbild Moskauer Großbauten Entwürfe für Hochhäuser. Was sonst entworfen wurde sah nun nicht anders aus als im westlichen Teil des zunehmend auseinanderdriftenden Landes.

10 Aktennotiz bezüglich der Vorlehre von Hermann Henselmann, 30. Juli 1947; Kopie Privatarchiv Hüter.
11 Henselmann, H.: *Grundsätze und Entwurf zur Vorlehre für Architekten*, 22. Oktober 1947, Kopie Privatarchiv Hüter.

Hubert Hoffmanns Bauhausversuch in Dessau

In Dessau war der einstmalige Förderer des Bauhauses, der Demokrat Fritz Hesse, 1945 erneut als Oberbürgermeister eingesetzt worden, und natürlich wünschte er wieder ein Bauhaus in seiner Stadt. Mit vorbereitenden Arbeiten betraute er den Bauhausschüler Hubert Hoffmann. Hoffmann war als leitender Mitarbeiter der „Städtebau-Akademie" auf der Flucht vor der heranrollenden sowjetischen Armee mit Planungsmaterial bis in die Gegend von Stendal gelangt, war von den Amerikanern gefangen genommen und nach Magdeburg verbracht worden. Dort freigelassen, übernahm er städtebauliche Planungsaufgaben in der durch Bombenangriffe schwer zerstörten Stadt, bis ihn Hesse zu ähnlichen Aufgaben in Dessau heranzog. Hoffmann hatte im Dessauer Bauhaus als Assistent bei Hannes Meyer an der „Analyse von Dessau" mitgearbeitet, empfahl sich also dadurch bestens für die dortige Wiederaufbauplanung. Zusätzlich lockte ihn die Zusage, man wolle ihm vorbereitende Arbeiten für die Wiedereröffnung des Bauhauses übertragen. So wechselte er im Herbst 1946 in die Nachbarstadt.

Hoffmann war sich im Klaren, dass unter den gänzlich anderen äußeren Rahmenbedingungen für ein neues Bauhaus nur Grundzüge aus dem alten übernommen werden könnten. Die ungeheuren Kriegszerstörungen, die Verluste an Maschinen, an Fachkräften und Wissenschaftlern zwangen zur Ausrichtung des Schulprogramms auf die elementaren Bedürfnisse des Landes, angefangen bei der Landesplanung über Wiederaufbau der Stadt und des Landes bis zum Massenbedarf an Möbeln, Geräten und Textilien.

Hoffmann verständigte sich mit anderen ehemaligen Bauhäuslern, um sie als Lehrkräfte zu gewinnen, mit Georg Neidenberger, Hinnerk und Lou Scheper, Carl Fieger, Fritz Pfeil, Friedrich Engemann und Carl Marx. Das von ihm formulierte Lehrprogramm orientierte sich mit Dreiteilung in Vorlehre, Werkstättenausbildung und Planungsabteilungen am Meyer-Bauhaus. Weiterhin waren als neue Fachbereiche Gartenbau, Grünplanung und Landschaftsgestaltung vorgesehen. Der Schwerpunkt wurde noch weiter in Richtung auf rationale Planungsstrategien verschoben. Da das Bauhausgebäude selbst – nach Bombenschäden notdürftig geflickt – wie auch noch 1975/76 mit allgemeinbildenden Schulen voll belegt war, stellte der Oberbürgermeister zwei Schlösser als vorläufige Unterkunft zur Verfügung.

Doch es kam gar nicht erst zur Gründung. Bereits bei der nächsten Wahl 1947 wurde Hesse abgewählt. Dem neuen Oberbürgermeister (SED) war das Bauhaus fremd. Er boykottierte alle Pläne. Von Hoffmann blieb eine planerische Analyse des Raumes Dessau.

Mart Stam in Dresden und Berlin

Ein dritter Versuch war mit Mart Stam verbunden. Dieser Holländer hatte in den Zwanzigerjahren mit brillanten funktionalistischen Entwürfen internationalen Ruf erlangt. Er war Mitbegründer der Zeitschrift *ABC* in der Schweiz gewesen und hatte 1928 als Gastdozent am Bauhaus einen Städtebaukurs geleitet. Vor allem aber war er Sozialist und begierig, die Chancen, die er da im Osten Deutschlands für die Verwirklichung seiner Ideen eröffnet sah, zu nutzen. Er fand offene Arme beim Sächsischen Industrieministerium und bei Gerhard Strauß, der damals in der Volksbildung für bildende Kunst zuständig war. Im Herbst 1948 übertrug man ihm das Rektorat der Sächsischen Akademie der Künste und der nun mit ihr verbundenen Hochschule für Werkkunst in Dresden. Da ihm die qualitative Verbesserung der Gegenstände des täglichen Bedarfs besonders am Herzen lag, betrieb er sofort die Einrichtung einer Fakultät für industrielle Gestaltung. Wie am Bauhaus sollte die Ausbildung der *industrial designer* vor dem Spezialstudium eine Grundstufe durchlaufen. Stams energische Orientierung auf das Industrieprodukt und eine komplexe Gestaltung des „bewohnten Raumes" provozierte jedoch unlösbare Konflikte mit dem angestammten Malerkollegium. Zudem schockierten (wohl zu Recht) seine Wiederaufbaupläne für das zerstörte Stadtzentrum.
Schon Ende April 1950 schied er wieder aus und übernahm die Leitung der jungen Hochschule für Bildende und Angewandte Kunst in Berlin-Weißensee. Sein Programm einer rationalen Orientierung auf Serie und Industrie setzte er fort. Hier gelang es ihm, im Herbst 1951 ein Seminar und auch ein Institut für industrielle Gestaltung zu gründen. Aus letzterem ging, allerdings schon 1952 von der Hochschule getrennt, über mehrere Zwischenstufen das spätere Amt für industrielle Formgestaltung mit seinem Design-Zentrum hervor. Vom Bauhaus arbeiteten am Institut Marianne Brandt und Albert Buske und an der Hochschule Selman Selmanagic und Theo Balden. Inzwischen aber war die politisch-ideologische Großwetterlage umgeschlagen – gegen Funktionalismus und Moderne, gegen Stam als einen ihrer radikalsten Verfechter und gegen die ganze von ihm geleitete Schule. Undurchsichtige Manöver gegen seine Arbeit, wohl auch eine Konfrontation mit Walter Ulbricht selbst, und Kritik an seinen Entwürfen, besonders an seinem Projekt für ein Kulturhaus in Böhlen, untergruben seine Stellung. Der borniertten Formalismusdiskussion müde, verließ er 1953 die DDR. So scheiterte – übrigens noch bevor im westlichen Teil Deutschlands die erste und einzige Institution, die Hochschule für Gestaltung in Ulm, mit einem am Bauhaus orientier-

ten Programm ihre Arbeit aufnahm – der letzte Versuch, Methodik und Geist des Bauhauses in der DDR zeitgemäß weiterzuführen. Doch scheint es, als seien trotz allem diese drei Jahre unter Stams Leitung für die Hochschule Weißensee so prägend gewesen, dass sie Dank solcher Lehrer wie Selman Selmanagic, Theo Balden, Heinrich Kilger oder Klaus Wittkugel der ideologischen Indoktrination nie ganz erlag.

Grundlagen visueller Gestaltung an der „Burg"

Schließlich sei ein Beispiel genannt, wo Arbeitsweisen und Aufgabenstellungen des Bauhauses mit verwandter Zielstellung angepackt wurden, dabei ein eigenständiges Profil gewannen und bis zum Ende der DDR wirksam blieben.
An die Burg Giebichenstein, der späteren Hochschule für industrielle Formgestaltung in Halle, waren schon 1925 mit dem „Meister" Gerhard

Abb. 7

Abb. 7: Beispiele der Lehre Lothar Zitzmanns zur visuell-gestalterischen Grundlagen-Ausbildung an der Hochschule für industrielle Formgestaltung Halle, Burg Giebichenstein, Publikations-Titel der Burg aus den Achtzigerjahren.

Marcks einige Schülerinnen und Schüler des Bauhauses übergewechselt, denen die Entwicklung zu einem „industriellen Bauhaus" zunehmend Unbehagen bereitet hatte. Die Transfusion hatte sich 1928 fortgesetzt mit dem engen Mitarbeiter Hannes Meyers, Hans Wittwer, und – über den Umweg der Weimarer Hochschule für Handwerk und Baukunst – 1930 mit Erich Dieckmann. Nach dem Krieg und während der frühen DDR-Zeit wirkten dort aus dem Bauhauskreis Friedrich Engemann als Leiter des Seminars für Bau- und Raumgestaltung und Walter Funkat als langjähriger Direktor bzw. Rektor. Unter ihrem Schutzschirm begann 1954 der ein Jahr zuvor an die Schule berufene junge Dozent für Wandmalerei Lothar Zitzmann (1924–77) – entgegen aller sozialistisch-realistischen Formphobie – eine am Bauhausvorbild orientierte, jedoch in ihren vielfältigen Bezügen selbstständige Grundlehre der Gestaltung aufzubauen. Die dabei erreichte „Optimierung lehrhaft vermittelbaren visuellen Denkens und Gestaltens"[12] überragte alle anderen Bemühungen dieser Art in der DDR. Um den Studierenden einer solchen Schule, die sich während des Studiums und im späteren Beruf vor unterschiedlichste Gestaltungsaufgaben und Materialvorgaben gestellt sahen, geeignete elementar ästhetische Grundlagen zu vermitteln, ergab sich notwendigerweise ein hoher Abstraktionsgrad der Bilder und Gebilde – zum Beispiel bei Themen wie „Kontrastsetzung", „gleichwertige oder ungleichwertige visuelle Gegebenheiten", „Reihung", „Metrik", „asymmetrische, gerichtete oder richtungsgegensätzliche Formcharaktere" usw. Dadurch zog sich Zitzmann wiederholt den Vorwurf zu, er leiste dem Formalismus und der abstrakten Kunst Vorschub. Vermutlich deshalb wollte es ihm auch nicht gelingen, seine Lehre *Grundlagen visueller Gestaltung* in Buchform zu publizieren, um sie einem breiteren Kreis zugänglich zu machen. Das geschah erst 1984 bis 1987, nach Zitzmanns Tod, durch den Rektor der Hochschule Paul Jung in einer mehrbändigen Folge *Dokumente zur visuell gestalterischen Grundlagen-Ausbildung*. Und 1988 endlich wurde Zitzmanns pädagogisches Werk zusammen mit seinen Bildern im Bauhaus Dessau und in Halle in einer Ausstellung gezeigt.

Gestaltungslehre für Kunsterzieher der Universität Greifswald

Auf einen letzten Ableger des Bauhaus-Vorkurses stieß ich zufällig 1961 am Institut für Kunsterziehung der Universität Greifswald, als ich einen tschechischen Kollegen der Universität Olomouc begleitete, der künstlerische Ausbildungsmethoden in der DDR kennenlernen wollte. Fast im Verborgenen hatte dort Herbert Wegehaupt (1905–59), der in den Zwanzi-

12 Petzhold, D.: *Über Möglichkeiten, künstlerisches Gestalten zu lehren – ein geschichtlicher Exkurs am Beispiel einer Schule*, in: *75 Jahre Burg Giebichenstein: 1915–1990. Beiträge zur Geschichte*, hg. v. R. Luckner-Bien, Halle 1990, S. 159.

gerjahren unter anderem 1926 bis 1928 am Bauhaus Dessau bei Albers, Klee und Kandinsky studiert hatte, von 1949 bis 1959 eine überraschend systematische Gestaltungslehre entwickelt, die sich „der einengenden Dogmatik ästhetischer Normen" der Fünfzigerjahre entgegenzustellen suchte.[13] Das bestätigten die vielen Beispiele von Form- und Gestaltanalysen, die wir damals bei ausgestellten Schülerarbeiten vorfanden. Und wie es schien, wurden Wegehaupts Methoden auch nach seinem Tod von seinen Nachfolgern weiter betrieben.

Die Formalismus-Kampagne 1950 – 1955

Überall im Lande gab es so, wenige Jahre nach der braunen Uniformität, eine erstaunliche Vielfalt an künstlerischen Leistungen und Kunstformen. Da hinein brach wie ein Eissturm die Formalismuskampagne der SED. Sie traf die einzelnen Institutionen und Personen unterschiedlich schnell und stark. Ich selbst habe im Bereich Archäologie/Kunstgeschichte der Jenaer Universität nahezu unberührt davon bis Ende 1952 studieren können. Meine Diplomarbeit befasste sich mit der Entwicklung des Raumsinns in der griechischen Kunst und Architektur, also mit einem vergleichsweise abstrakten Thema. Als ich danach an die Hochschule für Architektur und Bauwesen nach Weimar kam, erlebte ich das veränderte kulturpolitische Klima auf bedrückende Weise mit Autodafé ähnlichen Versammlungen und inquisitorischen Aussprachen. Die Architektur und die bildenden Künste als produktive, die Umwelt prägende Bereiche standen weit stärker unter dem Einfluss der SED als andere Kunstgattungen. In der Absicht, dem jungen Staat DDR eine eigene nationale Identität und architektonische Prägung zu verleihen, suchte die Partei nach Unterstützung in der „gesunden Meinung des Volkes", die in der Malerei nicht expressive oder abstrakte, sondern realistische Darstellungen, und in der Architektur – in Anlehnung an das sowjetische Vorbild seit den Dreißigerjahren – die Betonung der nationalen (oder lokalen) Traditionen forderte. Das bedeutete in Berlin Schinkels Klassizismus, in Dresden den Barockstil oder in Rostock die Gotik.
Angesichts des ungeheuren Umfangs an vernichteter historischer Bausubstanz in den Städten erschien eine solche Forderung zunächst als verständlich. Ulbricht hatte Neubauten in der historischen Altstadt von Hildesheim als abschreckendes Beispiel angeführt, und als wir 1957 auf einer Lehrstuhlexkursion zu Stätten mittelalterlicher Baukunst dort waren, empfanden auch wir den Kontrast der Neubauten zum historischen Bestand als durchaus schockierend. Was aber die Formalismus-

13 Förster, R.: *Herbert Wegehaupt. Mensch, Künstler, Lehrer*, in: *Katalog der Ausstellung in der Galerie Inselstraße 13*, hg. v. Kunstwiss.- und Kunstkritik.-Verband, Berlin 1992.

Kampagne so erschreckend machte und eine dauerhafte tiefe Wunde in der Kulturentwicklung der DDR hinterließ, das war die Rigorosität, das Diffamierende der stalinistischen Sprachregelungen im Stile Shdanows, das Abstempeln von Personen und Kunstinstituten: Crodel an der Burg Giebichenstein, Strempel, Mohr und Behrens-Hangeler in Berlin-Weißensee usw. Diese Formalisten seien mit ihren inhalts- und ideenlosen Bildern auf Zerstörung der Malerei aus. Dem Verdikt verfiel der gesamte deutsche Expressionismus mitsamt den großen sozial engagierten Künstlerpersönlichkeiten Käthe Kollwitz, Ernst Barlach und Carl Hofer. Die Folgen bei den Künstlern reichten von Verunsicherung und Irritation bis zu lähmendem Entsetzen.

Der Generalangriff der Kampagne auf die inzwischen wieder gewonnenen Positionen der Moderne war (nach einem ersten Vorstoß schon 1948 durch den sowjetischen Kulturoffizier Alexander Dymschitz) Anfang des Jahres 1951 mit dem berüchtigten Orlow-Artikel[14] in der *Täglichen Rundschau* gestartet worden. Er setzt sich im Februar fort mit Artikeln im *Neuen Deutschland* von Kurt Liebknecht und Wilhelm Girnus – der eine Präsident der Deutschen Bauakademie, der andere Chefredakteur dieses Parteiblattes. Mitte April 1951 wurde das gefährliche Gebräu in einer Entschließung des ZK der SED parteioffiziell.

Orlow hatte vorwiegend die Maler und die Theater kritisiert und die Sprachregelung vorgegeben. Liebknecht, ein Neffe Karl Liebknechts, behandelte die Architektur. Im Vergleich zu dem Orlow-Artikel und dem mit intellektueller Bosheit geschriebenen Girnus-Text wirkte der Liebknechts noch wie eine aufgedrängte Pflichtübung. Trotz der Jahre im Moskauer Exil hatte er sich nicht gänzlich von der ursprünglichen Sicht gelöst. Er hatte bei Poelzig studiert, bei Mies van der Rohe gearbeitet und sogar an der Eröffnung des Dessauer Bauhauses 1926 teilgenommen. 1931 war er mit anderen Deutschen in die Sowjetunion gegangen, zunächst für zwei Jahre, aus denen 17 wurden. Dort hatte er die stalinistischen Verwerfungen in der Architekturszene miterlebt. 1948 zurückgekehrt, wurden ihm in der DDR Aufgaben übertragen, denen er als ein im Grunde unpolitischer Mensch – „ein guter Junge", wie eine Moskauer Kollegin ihn charmant charakterisierte – kaum gewachsen war, für die er aber gerade deshalb benutzt werden konnte. Er übernahm die Forderung der SED-Führung, die ihm ja bereits aus der Sowjetunion vertraut war, bei der neu zu schaffenden Architektur an die nationalen Traditionen anzuknüpfen. Die Werke jener „fortschrittlichen Architektengruppen" mit Behrens, Poelzig, Le Corbusier, Oud und Gropius, die, einen Ausweg aus der vertrackten historischen Situation suchend, „die Zweckfunktionen in den Vordergrund stellten und mit Hilfe der neuen Technik

14 Orlow, N.: *Wege und Irrwege der modernen Kunst*, in: *Tägliche Rundschau*, 21. und 23. Januar 1951; N. Orlow war ein Pseudonym für den damaligen sowjetischen Botschafter in der DDR, Wladimir S. Semjonow. Siehe dazu Mittenzwei, W.: *Die Intellektuellen. Literatur und Politik in Ostdeutschland 1945–2000*, Leipzig 2001.

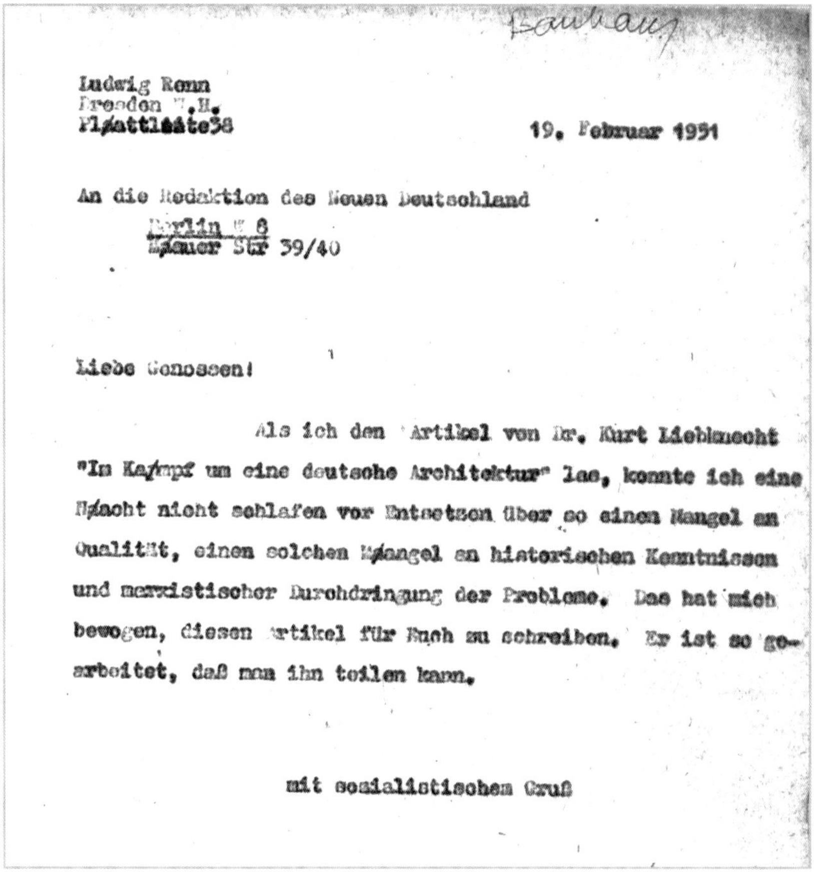

> Ludwig Renn
> Dresden N.H.
> Plattleite 38
>   19. Februar 1951
>
> An die Redaktion des Neuen Deutschland
>   Berlin W 8
>   Mauer Str 39/40
>
>
> Liebe Genossen!
>
>   Als ich den Artikel von Dr. Kurt Liebknecht
> "Im Kampf um eine deutsche Architektur" las, konnte ich eine
> Nacht nicht schlafen vor Entsetzen über so einen Mangel an
> Qualität, einen solchen Mangel an historischen Kenntnissen
> und marxistischer Durchdringung der Probleme. Das hat mich
> bewogen, diesen Artikel für Euch zu schreiben. Er ist so ge-
> arbeitet, daß man ihn teilen kann.
>
>
>   mit sozialistischem Gruß

Abb. 8

Abb. 8: Brief Ludwig Renns an die Redaktion des *Neuen Deutschland* vom 19. Februar 1951.

15 Liebknecht, K.: *Im Kampf um eine neue deutsche Architektur*, in: *Neues Deutschland*, 13. Februar 1951.

und der neuen konstruktiven Möglichkeiten eine neue Stiltendenz schufen", mit der eine Ästhetisierung der technischen Form versucht wurde, seien dafür unbrauchbar. Diese Architekturströmungen, „Funktionalismus, Konstruktivismus, die ‚Neue Sachlichkeit' oder auch Bauhausstil genannt", seien „in den meisten Fällen ein schönes technisches Produkt, nichts anderes als ein modernes Automobil oder Flugzeug". Auch Liebknecht nannte Namen: Henselmann und Hopp. Mart Stam, Franz Ehrlich und Selman Selmanagic hielt er vor, sie steckten „immer noch in ihrem architektonischen Schaffen in den Traditionen des Bauhauses, mit dem sie alle mehr oder weniger früher verbunden waren."[15]

Gegen diesen Artikel empörte sich der Schriftsteller Ludwig Renn, ein welterfahrender Mann mit einer verrückten Biografie. Eigentlich Adelsspross Arnold Vieth von Golßenau, Bataillonskommandeur im Ersten Weltkrieg und sogar noch bei den Sicherheitstruppen bis 1920, dann

Studien der Kunstgeschichte in vielen Ländern, 1928 Kommunist und Roter Frontkämpfer, 1932 wegen „literarischen Hochverrats" verhaftet, freigelassen, in der Nacht des Reichstagsbrandes wieder verhaftet, 1935 Flucht über die Schweiz nach Spanien, dort Führer des Thälmannbataillons und im Auftrag der Republikanischen Regierung Vortragsreisender in den USA, schließlich aus einem südfranzösischen KZ nach Mexiko entkommen, wo er als Professor für moderne europäische Geschichte und Präsident der Bewegung „Freies Deutschland" lehrte und wirkte, bis er 1947 nach Dresden heimkehrte, wo er ein kulturwissenschaftliches Institut gründete und leitete. Dieser Renn also schrieb eine vernichtende Kritik. Im beigefügten Brief[16] sagte er, er habe nach dem Lesen des Artikels eine Nacht nicht schlafen können „vor Entsetzen über so einen Mangel an Qualität, einen solchen Mangel an historischen Kenntnissen und marxistischer Durchdringung der Probleme". Liebknechts Ablehnung des Bauhausstils und im Besonderen des Funktionalismus deute ebenfalls auf eine solche undialektische Auffassung hin, die der Sachlichkeit eine viel zu geringe Bedeutung beimesse, obwohl die Sachlichkeit ein Grundelement jeder Kunst sei, wenn sie nicht in Schwulst und Formalismus verkommen wolle. Und das „nationale Erbe", das gäbe es so in keinem Land. Man solle überhaupt nicht primitiv nachahmen, sondern sich anregen lassen und Neues gestalten. Am anregendsten sei die Periode des Bauhauses: „Wir können doch nicht diese vielleicht wichtigste Periode unserer deutschen Architektur-Geschichte, die einzige Periode, in der Deutschland einen eigenen Stil schuf, einfach totschweigen. Einige der Bauhaus-Meister und ihrer Mitstrebenden sahen außerdem bereits einen Teil der gesellschaftlichen Probleme, die heute von uns fordern, eine neue Architektur zu schaffen."[17]

Einen Monat später, am 14. März 1951, druckte *Neues Deutschland* den Beitrag zwar vollständig ab, fügte jedoch gleich eine Stellungnahme der Redaktion hinzu, die den Standpunkt der Partei formulierte und eindeutig eine offizielle Drohung enthielt. Wer verstehen will, was im folgenden Vierteljahrhundert passierte, sollte diesen Artikel lesen. Dort wurde diktiert: „Wenn die Dokumente unseres III. Parteitages mit besonderem Nachdruck unterstreichen, dass der **Kosmopolitimus** die **Wurzel** des Formalismus ist, so dürfte das kein Zufall sein. Die Partei bestimmt damit den Formalismus – der eben eine besondere **Richtung** darstellt – als eine ganz bestimmte Erscheinung der Verwesungsperiode des Kapitalismus. Denn der Kosmopolitismus ist die antinationale Ideologie des chauvinistischen amerikanischen Imperialismus."

Der Hauptschlag war gegen das Bauhaus gerichtet, das inzwischen wieder zu einem allbekannten Begriff und Symbol geworden war. Schon in

16 Renn, L.: Brief an die Redaktion des *Neuen Deutschland* vom 19. Februar 1951, Kopie Privatarchiv Hüter.
17 Ders.: *Im Kampf um eine neue deutsche Architektur. Ludwig Renn antwortet Dr. Kurt Liebknecht*, in: *Neues Deutschland*, 14. März 1951, S. 3f.

liche Material ihrer Konstruktion übersetzt sind. Die Maschine ist aber kein ästhetisches Kunstwerk, und das ist ihr fundamentaler Unterschied gegenüber einem Bauwerk. Dieses ist ein Werk der Kunst, dem die Technik nur Mittel, aber nicht Endzweck ist. Die Gotik beispielsweise ist nicht deshalb ein großes Ereignis unserer Architekturgeschichte, weil sie das Kreuzgewölbe erfand, sondern weil sie mit Hilfe dieser Entdeckung große Baukonzeptionen in Stein übersetzte. Die technische Erfüllung der physischen Bedürfnisse ist nur die eine Seite des Bauwerks, die allerdings eine unerläßliche Vorbedingung für die befriedigende Lösung der baumeisterlichen Aufgabe darstellt. Aber sie erschöpft sich nicht darin wie die Maschine. Das Bauwerk hat auch ein Gesicht ideologischer Natur, das gesellschaftliche Tendenzen zum Ausdruck bringt und dadurch das Bild der Stadt und das Bewußtsein ihrer Bürger prägt. Diese Seite verneint der sogenannte „Funktionalismus". Vom Standpunkt der Funktionalisten z. B. darf eine Tür, gleich wo, nicht größer sein als ihre Funktion, einen Menschen einzulassen, verlangt. Repräsentative Türen sind von seinem Standpunkt aus „Unfug". Daher die Mauselöcher in den Bauten des Funktionalismus. Er stellt soweit nicht eine Ästhetisierung der technischen Form, sondern umgekehrt eine Zerstörung der künstlerischen Form durch ein ihr wesensäußeren Schein. In diesem Punkte erlauben wir uns eine abweichende Auffassung über die Wertung der Bauhaus-Periode gegenüber den Darlegungen des Genossen Kurt Liebknecht auszusprechen. Bis zu welchem Grad der künstlerischen Verarmung und Verödung praktisch diese Vergötzung der technischen Form in der Architektur führt, das kann man an der Bundesschule des ehemaligen reformistischen ADGB in Bernau bei Berlin studieren, die von einem Bauhaus-Architekten in den dreißiger Jahren errichtet wurde. Wer diese Erziehungsfabrik jemals gesehen hat, dürfte für immer von seiner Bewunderung für den „Funktionalismus" geheilt sein.

Nazis und Bauhaus

Man darf sich nicht dadurch in Verwirrung bringen lassen, daß die Nazis die gesunde Abneigung des Volkes gegen diese amerikanischen Kulturbarbareien für ihre chauvinistischen Zwecke zur Entfachung einer Pogromhetze gegen die Kommunisten mißbrauchten, denen sie diese Entartungserscheinungen in die Schuhe schoben. Aber gerade einige „kommunistische" Intellektuelle erleichterten ihnen ihre Gemeinheiten, indem sie sich für diese öden Kästen als eine angeblich fortschrittliche und und „kommunistische" Angelegenheit begeisterten. Für ein objektives Urteil über die Sache selbst ist dies jedoch belanglos.

Bauhaus – Kosmopolitismus

Das zweite ist, daß der sogenannte Bauhaus-Stil ganz und gar nicht deutsch und national ist, wie Genosse Renn meint, sondern im Gegenteil ausgesprochen antinational und kosmopolitisch. lichkeiten, die dem Nationalcharakter der verschiedenen Völker entsprechen, sondern bauten nach einer sich im Wesen überall gleichbleibenden Schablone. Daher haben ihre Bauten alle ein einförmiges Gesicht,

den Zwischenüberschriften erschien es zweimal: „Bauhaus – Kosmopolitismus" und „Nazis und Bauhaus". Hatte doch die Partei vermutlich den stärksten Widerstand gegen ihren neuen Kurs aus Kreisen einstiger Bauhausangehöriger erfahren, unter denen es eine gewisse Gruppenübereinkunft gab. Dabei waren die Bauhäusler nicht dem bürgerlichen Lager zuzurechnen, sondern standen nach ihrer Parteizugehörigkeit im eigenen. Noch 1976 gehörten von den neunundzwanzig in der DDR ermittelten Bauhäuslern neunzehn, also zwei Drittel, der SED an. Außerdem hatten sie den Kampf der Nazis gegen das Bauhaus noch in lebhafter Erinnerung. Nur so lässt sich der ND-Text unter dem Zwischentitel „Nazis und Bauhaus" in seiner ganzen Perfidität begreifen: Man dürfe sich, so heißt es dort, nicht dadurch verwirren lassen, dass die Nazis die „gesunde Abneigung des Volkes gegen diese amerikanischen Kulturbarbareien für ihre chauvinistischen Zwecke zur Entfachung einer Pogromhetze gegen die Kommunisten missbrauchten [...]. Aber gerade einige ‚kommunistische' Intellektuelle erleichterten ihnen ihre Gemeinheiten, indem sie sich für diese öden Kästen als eine angeblich fortschrittliche und ‚kommunistische' Angelegenheit begeisterten." Die „kommunistischen Intellektuellen" wurden faktisch für mitschuldig erklärt am Sieg des Nationalsozialismus 1933!

Entgegen der historischen Tatsache, dass bekanntlich emigrierte Bauhausangehörige in den Dreißigerjahren die Bauhausideen nach Amerika gebracht haben, lautete der Kernsatz des Abschnitts „Bauhaus – Kosmopolitismus": „Der Bauhausstil ist eben ein waschechtes Kind des amerikanischen Kosmopolitismus und seine Überwindung unerlässliche Voraussetzung für die Entwicklung einer neuen nationalen deutschen Baukunst." Besonders an den Pranger gestellt wurde der dem Marxismus nahestehende zweite Bauhausdirektor Hannes Meyer: „Bis zu welchem Grad der künstlerischen Verarmung und Verödung praktisch diese Vergötzung der technischen Form in der Architektur führt, kann man an der Bundesschule des ehemaligen reformistischen ADGB in Bernau bei Berlin studieren, [...] Die Bauhausleute und Funktionalisten [...] knüpften nicht an den nationalen Traditionen an, sondern entwickelten ihre Bauweise im bewussten Gegensatz dazu. Sie erfanden in völlig idealistischer Weise einen kosmopolitischen Norm-Menschen."[18]

Hannes Meyer, der in der Bundesrepublik als Marxist wenig beliebt war, wurde in der DDR als Funktionalist diffamiert. Derartige niederträchtig inszenierte Kampagnen trieben gerade linke Künstler und Architekten in tragische Konflikte, darunter viele Bauhäusler. Ihnen blieb nur die Wahl, ihre politischen Überzeugungen aufzugeben und das Land zu verlassen oder ihre künstlerischen zu opfern, um bleiben zu können.

Abb. 9: Ausschnitt aus der zweiseitigen „Stellungnahme des *Neuen Deutschland*" vom 14. März 1951 auf den Brief Ludwig Renns an die Redaktion.

18 Ebd., Stellungnahme des *Neuen Deutschland*, S. 3f.

Dass sich so viele fügten, auch Henselmann, hat mit der internationalen Lage zu tun. Der Kalte Krieg kulminierte. In den USA veranstaltete McCarthy seine „Kommunisten-Jagd" gegen alle Nicht-Angepassten. In der Bundesrepublik schwemmte der Kalte Krieg viele alte Nazis in höchste Ämter. Die kapitalistische Wirtschaftsoffensive in Westeuropa bedrängte die durch Reparationsleistungen extrem geschwächte DDR. Das lähmte all jene, die im Osten gegen die massive Stalinisierung von Architektur und Kunst aufbegehrten.

Der Kreis ehemaliger Bauhäusler schied sich. Edmund Collein trug die offizielle Politik mit, wurde Vizepräsident der Bauakademie, später auch Präsident des BDA. Selman Selmanagic wurde von Walter Ulbricht (angeblich persönlich) von offiziellen Bauaufträgen weg auf das Lehramt in Berlin-Weißensee verwiesen, wo er allerdings das Wissen um das Bauhaus wach hielt. Franz Ehrlich gestaltete Ausstellungen und – wie auch Selmanagic[19] – Möbel der Dresdener Werkstätten Hellerau. Außerdem entwarf er, von der politischen Öffentlichkeit unbeachtet, einige bemerkenswerte Bauten, so das Herzzentrum in Berlin-Buch und Gebäude für den Rundfunk der DDR in der Nalepastraße in Berlin-Oberschöneweide. Richard Paulick, einst Bürochef in Gropius' Dessauer Büro, widmete sich der Rekonstruktion historischer Gebäude im Berliner Zentrum, darunter die Staatsoper sowie das Prinzessinnen- und Kronprinzenpalais, und übernahm Aufgaben im Städtebau. Andere suchten möglichst ideologiefreie Nischen.

Durch die enthüllende Rede Nikita S. Chruschtschows auf dem 20. Parteitag der KPdSU 1956 in Moskau wurde der diktierte Stil der „Nationalen Traditionen" nach kaum fünf Jahren aufgegeben, oder genauer, von ökonomischen und technologischen Zwängen beiseite geschoben. Doch das Umschwenken vom bornierten Historismus zum ebenso bornierten Technizismus der Großtafelbauweise erfolgte ohne geistig-theoretische und gestalterische Verarbeitung. Dadurch blieb das Regime krampfhafter Überideologisierung bestehen. Paulick beschrieb den Vorgang präzise: „Die alte theoretische Architekturkonzeption wurde nicht durch eine neue ersetzt. An die Stelle der Einheit von Technik, Ökonomie und Gestaltung, die [...] jede [...] Überbetonung einer Komponente ausschließt, traten zwei Extreme: Die primitive Technologie des Bauens, aufgebaut auf dem Prinzip der Reihung, ohne Variation und Rhythmus, die größtenteils billig wurde auf Kosten der Gestaltung. Zum anderen die Überbetonung des gestalterischen Aufwandes [...] bei Bauten des Stadtzentrums. Vielfach war das Ergebnis gebautes Kunstgewerbe."[20]

Zwänge der Produktivkraftentwicklung schoben den per Dekret verordneten Dekorstil beiseite. Nach Chruschtschows Rede und mit der danach beginnenden Entstalinisierung wurde zwar der Neohistorizismus aufgegeben, der Sozialistische Realismus aber auf lange Zeit festgeschrieben. Unter der ideologischen Fuchtel Ulbrichts dauerte das quälende Ringen zwischen Kunst und Macht weiter an. Die Widersprüche verstärkten sich.

Das Bauhaus und seine wissenschaftliche Bearbeitung

In dieser Zeit nach dem Verebben der praktischen Wiederbelebungsversuche begann die historisch-wissenschaftliche Beschäftigung mit dem Bauhaus. Das geschah zuerst in Weimar, und zwar aus aktuellem Anlass. Für 1960 stand das hundertjährige Jubiläum der Hochschule bevor. Deshalb war Weimar besonders gefordert.

Hier sind einige persönliche Notizen einzufügen. Weil ich seit 1955 durch mein Dissertationsthema über Henry van de Velde und durch den bereits erwähnten Text im Vorlesungsverzeichnis 1956 mit Problemen der Hochschulgeschichte befasst war, wurde ich mit der wissenschaftlichen Vorbereitung des Jubiläums beauftragt. Gemeinsam mit Kollegen anderer Abteilungen der Hochschule und der Kunstsammlungen erarbeitete ich Einzelbeiträge, von denen die ersten vorlagen, als Ende 1958 das Rektorat nach Konsultationen mit der Bauakademie in Berlin die Jubiläumsfeier „wegen Unklarheiten in der Beurteilung des Bauhauses" absagte. Einige der Aufsätze über Themen der Frühzeit der Schule sind in der *Wissenschaftlichen Zeitschrift* erschienen.[21] Ich selbst blieb beim Thema, schrieb meine Dissertation über das Gesamtwerk Henry van de Veldes (Gropius' Vorgänger im Weimarer Amt) bis zu dessen Ausscheiden 1915, arbeitete mit Studenten den noch ungeordnet auf einen Haufen im Archiv lagernden Bestand zum Bauhaus durch, verfasste 1962 unter anderem die Stichworte „Bauhaus", „Gropius" und „Funktionalismus" für das *Lexikon der Kunst* (veröffentlicht 1968), und betreute 1963 eine von der Hochschule gemeinsam mit dem Museum getragene Ausstellung zum hundertjährigen Jubiläum Henry van de Veldes, die kurz vor Eröffnung durch einen Einspruch des doktrinären Kurt Magritz von der Deutschen Bauakademie Berlin in Schwierigkeiten geriet und nach ernsten Diskussionen zwar eröffnet werden durfte, die anwesende Presse jedoch durch den Rektor Battereau Verbot erhielt, darüber zu berichten, woran sich außer der CDU-Zeitung tatsächlich alle hielten.

Um die sogenannten „Unklarheiten" in Bezug auf das Bauhaus zu lichten, suchten wir vom Lehrstuhl Baugeschichte die Zusammenarbeit mit anderen Kollegen der Hochschule. Wir gründeten eine „Bauhauskommission" (2. Juni 1961), der zwei Bauhäusler, Peter Keler und Konrad

19 Selmanagic persiflierte im vertrauten Kreis den „Nati-Tradi-Rummel": „Wenn ich einen Stuhl baue, knüpfe ich nicht an die nationalen Traditionen an, sondern an meinen Arsch."
20 Paulick, R.: *Die technische Revolution und die Aufgaben der Architektur. Beitrag zu einer Diskussion*, in: *Deutsche Architektur* XV, 1966, S. 91.
21 Kühnlenz, F.: *Ideen und Voraussetzungen zur Gründung der Weimarer Kunstschule im Jahre 1860*, in: *Wiss. Ztschr.* VIII, 1961, S. 243 – 252; Hörning, J.: *Belgische Historienmaler als Lehrer an der Weimarer Kunstschule*, in: *Wiss. Ztschr.* VIII, 1961, S. 339ff.; Hüter, K.-H.: *Henry van de Veldes Kunstgewerbeschule in Weimar (Teil I u. II)*, in: *Wiss. Ztschr.* IX, 1962, S. 2 – 23 u. S. 101 – 110; Ders.: *Die Stammgebäude der Hochschule für Architektur u. Bauwesen Weimar*, in: *Wiss. Ztschr.* IX, 1962, S. 363 – 373.

Püschel, angehörten. Später suchten wir auch die Zusammenarbeit mit dem Bauhistoriker der Bauakademie Kurt Junghanns und dem Historiker Lothar Wallraf aus Weimar. Man traf sich auf Bauhaus-Colloquien (21. Dezember 1962 u. 25. April 1963), um nach einer wissenschaftlich abgesicherten Bewertung zu suchen. An der Bauakademie hatte deren Präsident Gerhard Kosel eine Entscheidung angemahnt – möglicherweise in Abstimmung mit dem damaligen Minister für Bauwesen, Ernst Scholz, der selbst kurze Zeit (1932/33) am Bauhaus studiert hatte. Bei diesen Zusammenkünften wurde mir bald deutlich, dass man an der Bauakademie und in höchsten Partei- und Regierungsgremien weiter an den borniertem Urteilen aus den frühen Fünfzigerjahren festhielt.

Ende 1963 wechselte ich meinen Arbeitsplatz von Weimar nach Berlin an ebendiese Institution. Ich konnte jedoch auch dort in der Abteilung Theorie und Geschichte des Instituts für Städtebau und Architektur an meinen Themen weiterarbeiten. Dieses Bauakademie-Institut war sogar bereit, für eine umfassende Quellenstudie über das Bauhaus und seine Werkstätten die Mitarbeit von Kolleginnen des Weimarer Museums zu finanzieren. Leider brachen diese die Arbeiten bald wieder ab, als sie entdeckten, dass ihr Direktor die 1925 bei der Auflösung des Bauhauses in das Museum gelangten Erzeugnisse der Werkstätten selbst im Verlag Edition publizieren wollte.[22]

Ich bearbeitete zunächst die Themen „Tischlerei" und „Gropius und die Architektur am Bauhaus", hielt es aber für zweckmäßiger, um die offenkundig noch immer festsitzenden Fehlurteile ausräumen zu können, eine durch Archiv-Dokumente abgesicherte Studie über die gesellschaftspolitische Geschichte dieser deutschen Kunstschule zu schreiben.

In den Jahren 1963 bis 1965 lockerte sich die ideologische Reglementierung. Parallel zum „Neuen Ökonomischen System" in der Wirtschaft, das überall größere Eigenverantwortung verlangte, weitete sich zeitweilig auch der Spielraum in der Kunst- und Kulturszene.

Das damalige Institut für angewandte Kunst in Berlin unterstützte die Klärung der Bauhausproblematik. 1963 publizierte es in seiner Studienreihe den aus einer russischen Zeitschrift übersetzten Artikel von L. Pazitnov *Das schöpferische Erbe des Bauhauses*, und erteilte Lothar Lang einen Forschungsauftrag, aus dem 1965 dessen mit starkem Engagement geschriebener Gesamtüberblick *Das Bauhaus 1919 – 1933. Idee und Wirklichkeit* hervorging. 1966 folgte im Verlag der Kunst Dresden das kleine Bauhaus-Buch von Diether Schmidt.

Eine Besprechung des Hannes-Meyer-Buches von Claude Schnaidt in der *Deutschen Architektur* (Januarheft 1966) nutzte ich, um unter dem Titel „Bauhaus contra Bauhaus" den bis in jene Jahre weiter schwelenden

Konflikt zwischen Gropius und Meyer etwas differenzierter zu erörtern und Meyers eigenständige Bedeutung als Bauhauslehrer und Architekt herauszustellen. Indem der Schweizer Verlag Arthur Niggli dem Buch einen Brief von Gropius beigefügt hatte, der Schnaidts Text konterkarierte, wurden die politischen Schwierigkeiten erneut offenbar, die der Verlag mit der Veröffentlichung des Werkes von Hannes Meyer hatte. Arthur Niggli begründete mir gegenüber seinen Entschluss damit, dass nur so bei ihnen das Werk Meyers bekannt zu machen und eine sachliche Diskussion darüber in Gang zu bringen war.

Für 1966 stand das vierzigjährige Jubiläum des Bauhausgebäudes und des damals vom Staat Anhalt als Hochschule für Gestaltung anerkannten Bauhauses in Dessau bevor. Es entfachte an mehreren Stellen vielversprechende Aktivitäten. Ende Oktober 1964 trafen in der Kongresshalle am Alexanderplatz in Berlin Vertreter mehrerer Institutionen zusammen, um gemeinsam über die Vorbereitung dieses Jubiläums zu beraten. Teilnehmer waren Mitarbeiter des Ministeriums für Kultur (Dr. Bartke), der Deutschen Bauakademie (Prof. Junghanns, Dr. Hüter), des Bundes Deutscher Architekten (dessen Präsident Prof. Hopp und Sekretär Mickin), des Zentralinstituts für Denkmalpflege (Generalkonservator Prof. Deiters), der Weimarer Hochschule (die Professoren Räder und Keler) und der Stadt Dessau (Stadtarchitekt Schlesier). Sie beschlossen darauf zu dringen, dass das Bauhausgebäude bis Ende 1966 so weit wieder hergestellt wird, um Gropius zur Feier einladen zu können. Nach einer Teilrekonstruktion solle eine Sammelstelle für Bauhausdokumente eingerichtet und bis 1970 der gesamte Komplex wieder seiner ursprünglichen Bestimmung zurückgegeben werden. Das Gebäude müsse auf Liste I der Denkmalpflege kommen. Räder sprach davon, dass die Weimarer Hochschule Gropius die Ehrensenatorwürde antragen werde, die bereits 1956 van de Velde erhalten hatte. Außerdem solle das Versuchshaus des Bauhauses „Am Horn" rekonstruiert und eine Ausstellung dort eingerichtet werden. Mit einer Gruppe von in- und ausländischen Studenten werde man die übrigen Bauhausbauten in Dessau aufmessen. Dr. Bartke vom Kulturministerium war der Ansicht, Gropius' Besuch könne eine ähnliche kulturpolitische Bedeutung erlangen wie der Thomas Manns 1949. Deshalb habe auch sein Ministerium daran gedacht, Gropius einzuladen. Er berichtete weiterhin, dass die stellvertretende Vorsitzende des Bezirks Halle, Frau Kuban, und der Leiter der Abteilung Kultur, Herr Männrich, bereits mit der Bildung einer Arbeitsgruppe beauftragt seien. Horst Sindermann, Erster Sekretär der Bezirksleitung der SED in Halle, habe die Gründung einer Gesellschaft der Freunde des Bauhauses vorgeschlagen.

22 Scheidig, W.: *Bauhaus Weimar, Werkstattarbeiten*, Leipzig 1966.

Abb. 10

Abb. 10: Katalog-Titel zur ersten Bauhaus-Ausstellung im Dessauer Schloss Georgium 1967.

Außerdem sollten im Bauhaus Dessau Industrie-Formgestalter der RGW-Länder zusammentreffen. Das Zentralinstitut für Formgestaltung, für das eine erhebliche Vergrößerung geplant war, und einige Abteilungen der Hallenser Hochschule Burg Giebichenstein sollten ebenfalls dorthin verlegt werden. Zunächst aber seien zwei Dinge notwendig: eine klare Stellungnahme von BDA und Bauakademie und die Ausarbeitung einer Vorlage für die ideologische Kommission des ZK der SED.
Um Gropius Unannehmlichkeiten in den USA zu ersparen, beschloss man, die Einladung nicht durch staatliche Instanzen, sondern durch den BDA als einen Fachverband aussprechen zu lassen.[23] Der BDA hatte schon selbst auf seiner Präsidiumssitzung am 9. Oktober 1964 diesen Beschluss gefasst, „ihn offiziell einzuladen" und ihm bei der Gelegenheit die Schinkel-Medaille des Verbandes zu verleihen.

Vorarbeiten für die Wiederherstellung des Gebäudes hatte in derselben Zeit (1963/64) der ehemalige Bauhäusler Prof. Konrad Püschel geleistet. Mit Weimarer Studenten war eine genaue Bauaufnahme als Grundlage für die Rekonstruktion erarbeitet worden. Kontakte zu Gropius liefen über ihn und über den Leiter des Stadtbauamtes Dessau, Schlesier. Beiden gegenüber hatte Gropius selbst den Wunsch geäußert, die DDR zu besuchen. Außerdem fungierte Reginald R. Isaacs, der für seine Gropius-Biografie in der DDR recherchierte, als persönlicher Botschafter von Gropius. In einem Gespräch zwischen ihm und dem Präsidenten des BDA, Hanns Hopp, an dem neben dem Sekretär Mickin auch ich teilnahm, bot er eine Summe von 500 000 Dollar aus Spenden von Bauhausfreunden, vorwiegend aus Japan, für die Wiederherstellung des Gebäudes an. Eine entsprechende Notiz ging an das Kulturministerium. Zu erfahren war auch, dass der Minister für Kultur, Hans Bentzien, noch 1964 Dessau besucht und dem Stadtbauamt ebenfalls für 1965 Gelder zugesagt hatte. Dieses Ministerium griff sogar meinen Vorschlag auf, im Grassi-Museum Leipzig eine „Sammlung für industrielle Formgebung" einzurichten, in welcher auch Bauhausarbeiten eine Heimstatt finden könnten.[24]

Auf Anforderung des Präsidenten der Bauakademie ist für das Bauhausgebäude ein Rekonstruktionsvorschlag ausgearbeitet und am 7. Dezember 1965 beraten worden. Er wies eine Bausumme von 1,7 Millionen DDR-Mark für das Gebäude selbst aus und eine weit höhere, nämlich 4,8 Millionen, um Ersatzraum für die dort noch untergebrachten Schulen zu beschaffen. Hinsichtlich der späteren Nutzung hatte dieses Gremium eigene Vorstellungen. Man wollte darin ein Institut für postgraduale Weiterbildung von Architekten, ein Bauhaus-Archiv und eine Bauhaus-Dauerausstellung unterbringen. Archiv und Ausstellung waren als Gegengewicht zu dem 1960 in der Bundesrepublik gegründeten Bauhausarchiv als Sammelstelle für die in der DDR vorhandenen Materialien gedacht. Weshalb diese weitreichende konzertierte Aktion zwischen den wichtigsten fachlichen Instanzen des Kulturbereichs im Sande verlief, ist bisher noch ungeklärt. Es ist möglich, dass sie wegen zu hoher Kosten in der Abteilung Bauwesen des ZK der SED stecken blieb. Wahrscheinlicher aber ist, dass sie dem kolossalen kulturellen Kahlschlag auf dem berüchtigten 11. Plenum zum Opfer fiel. Eine Hauptstütze der Aktion, der Minister für Kultur, Hans Bentzien, wurde abberufen, weil er für Bücher und Filme verantwortlich gemacht wurde, die das Missfallen der Partei erregt hatten. Damit waren für das Jubiläum 1966 wieder alle Chancen vertan, das „Bauhausproblem" zu lösen.

Zunächst ging es erst einmal in kleinen Schritten weiter: In Dessau eröffnete 1967 die Staatliche Galerie im Schloss Georgium eine ursprünglich

23 Nach Gesprächsnotizen des Autors, Privatarchiv Hüter.

24 Akten-Notiz der Abt. Bildende Kunst und Museen – Sektor Museen, Denkmalpflege vom 8. Februar 1964; Privatarchiv Hüter.

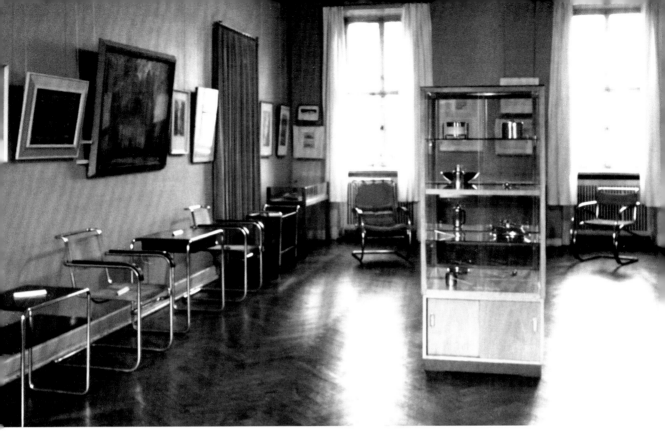

Abb. 11: Blick in einen Ausstellungsraum der ersten Bauhausausstellung im Dessauer Schloss Georgium 1967.

für 1966 geplante bescheidene Ausstellung unter dem Titel „Moderne Formgestaltung. Das fortschrittliche Erbe des Bauhauses". Es war die erste auf dem Gebiet der DDR. Obwohl kaum propagiert, fanden doch viele Interessierte dorthin, als prominentester Besucher der amerikanische Bürgerrechtler Martin Luther King.

1969, zum fünfzigjährigen Jubiläum der Gründung des Bauhauses fanden in Weimar im lokalen Rahmen zwei kleine Ausstellungen statt: Die Staatlichen Kunstsammlungen präsentierten erstmalig eine Auswahl aus ihren Beständen an Werkstattarbeiten, die drei Jahre zuvor bereits in Finnland und Schweden waren, und die Hochschule für Architektur und Bauwesen wies intern mit Schautafeln und Architekturmodellen auf die Leistungen des Bauhauses hin.

Das Amt für industrielle Formgestaltung veranstaltete 1967/68 eine Wanderausstellung „Funktion – Form – Qualität", in der neben aktuellen Designprodukten der DDR Erzeugnisse von Werkbund und Bauhaus in Warschau, Sofia und mit einigen Schwierigkeiten auch in Moskau gezeigt wurden. Der Versuch, diese Ausstellung dann nach Berlin zu holen, scheiterte am Widerstand des Kulturministeriums. Die Affäre Bentzien war noch in frischer Erinnerung.

Doch der Druck aus dem Ausland verstärkte sich. Ich erwähne zwei Fälle nach eigenen Notizen. Am 25. November 1966 hatte ich in der Bauakademie ein Gespräch mit einem Herrn Pastowsky von der Kulturabteilung des Außenministerium der DDR. Er erklärte, seine Institution wünsche aus außenpolitischen Gründen dringend eine Lösung der Bauhausproblematik. Man verlange nach einer Ausstellung über das gesamte Bauhaus, die geeignet sei, in verschiedenen westlichen Ländern gezeigt zu werden. Die für Skandinavien vorbereitete Ausstellung der Staatlichen Kunstsammlungen Weimar könne den Grundstock bilden, müsse aber über das Weimarer Bauhaus hinaus durch die späteren Perioden vervollständigt werden. Pastowsky sagte, sein Ministerium betrachte eine solche Ausstellung wegen ihrer kulturpolitischen Wirksamkeit als Schwerpunktaufgabe, weil sie die Möglichkeit böte, in Ländern, in denen andere Ausstellungen nicht ankommen, „zugkräftig" zu sein. Es dürfe nicht der Eindruck entstehen, als vertrete Westdeutschland den Bauhausgedanken, während die DDR schweigt. Schließlich lägen ja die ehemaligen Wirkungsstätten des Bauhauses hier.[25]

Ein weiteres Gespräch betraf einen Herrn Rollin aus Paris, der in der *Humanité* über die Pflege der Bauhaustradition in der DDR schreiben wollte. Ich zitiere aus meinen Notizen: „Herr Jean Rollin und seine Partei sind der Meinung, dass die humanistischen Anliegen des Bauhauses nur in sozialistischen Ländern verwirklicht werden können, und ihn interessierte deshalb besonders die Pflege der Bauhaus-Tradition in der DDR als des Landes, auf dessen Territorium das Bauhaus bestand."[26]

Ein Buch wird verhindert

Hier muss ich einiges zum Schicksal meines eigenen Bauhaus-Buches sagen: 1966 war das Manuskript nach Verteidigung vor dem wissenschaftlichen Aktiv (3. März 1966) und Einholung mehrerer von der Leitung zusätzlich geforderter Fachgutachten an den Berliner Henschel-Verlag gegangen. Ende 1967 lagen die Druckfahnen vor. Da entschlossen wir uns, Professor Kurt Junghanns als Leiter unserer Abteilung Baugeschichte und ich, um auf eventuelle Einwände noch reagieren zu können, die Fahnen zusammen mit meinem kurz vorher erschienenen Buch über van de Velde an Gropius in die USA zu schicken. Die Poststelle hatte uns als kürzesten Weg den über den Präsidenten der Bauakademie empfohlen. Ihm übergab ich beides persönlich. Als Anfang Februar 1968 Gropius' teilweise euphorische Reaktion darauf eintraf, hatte eine Kontrollinstanz den Postvorgang entdeckt und nachgefragt, was da an

25 Gesprächsnotiz vom 25. November 1966 an die Leitung der Bauakademie, Privatarchiv Hüter.
26 Gesprächsnotiz vom 19. Juni 1969, Privatarchiv Hüter.

Abb. 12

Gropius geschickt worden sei und weshalb der normale Postweg über die Institutsleitung nicht eingehalten wurde. Gegen mich wurde eine Disziplinarstrafe verhängt und die mündliche Warnung vor weiteren Kontakten mit ausländischen Persönlichkeiten – unter Androhung der Entlassung. Abgestraft wurde auch der persönliche Referent des Präsidenten. Im Februar verfügte die Institutsleitung in der Person des Direktors Dr. Ule Lammert den Stopp der Drucklegung des Buches, ohne irgendwelche schriftliche oder stichhaltige mündliche Begründungen anzugeben. Die inoffiziell genannten betrafen nicht das Manuskript, sondern ideologische Unsicherheiten und Ängste der Institutsleitung. In einer Unterredung erklärte mir Lammert, das Bauhaus sei nach wie vor „politischen Ranges". Weil sich die Bauakademie in den vorangegangenen Jahrzehnten des Öfteren dazu geäußert habe, müssten erneute Äuße-

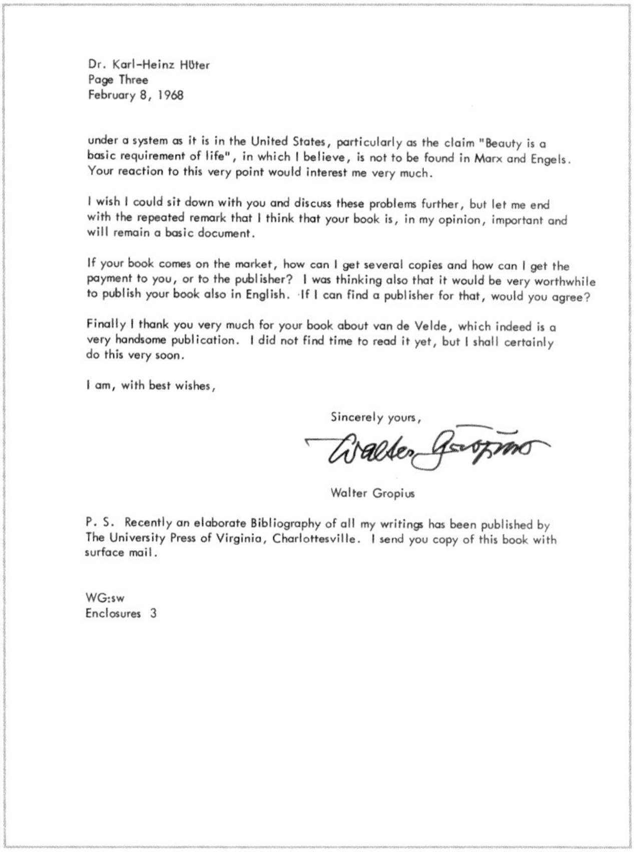

> Dr. Karl-Heinz Hüter
> Page Three
> February 8, 1968
>
> under a system as it is in the United States, particularly as the claim "Beauty is a basic requirement of life", in which I believe, is not to be found in Marx and Engels. Your reaction to this very point would interest me very much.
>
> I wish I could sit down with you and discuss these problems further, but let me end with the repeated remark that I think that your book is, in my opinion, important and will remain a basic document.
>
> If your book comes on the market, how can I get several copies and how can I get the payment to you, or to the publisher? I was thinking also that it would be very worthwhile to publish your book also in English. If I can find a publisher for that, would you agree?
>
> Finally I thank you very much for your book about van de Velde, which indeed is a very handsome publication. I did not find time to read it yet, but I shall certainly do this very soon.
>
> I am, with best wishes,
>
> Sincerely yours,
>
> Walter Gropius
>
> P. S. Recently an elaborate Bibliography of all my writings has been published by The University Press of Virginia, Charlottesville. I send you copy of this book with surface mail.
>
> WG:sw
> Enclosures 3

Abb. 12: Brief von Walter Gropius an den Autor vom 8. Februar 1968.

rungen von Mitarbeitern, die andere oder gar widersprechende Auffassungen vertreten, grundsätzlich im Plenum diskutiert und genehmigt werden. Die Leitung der Bauakademie betrachte jede öffentliche Äußerung einer ihrer Mitarbeiter als offiziell.[27]

Aus bitterer Erfahrung wusste man, dass ein solcher „offizieller" Weg negativ auslaufen würde. Die Bauakademie übernahm nun alle dem Verlag bisher entstandenen Kosten einschließlich meiner ersten Honorarrate. Die Verlagsleitung versuchte noch eigene Wege, um das Buchprojekt zu retten. Sie wandte sich an Alfred Kurella, damals Leiter der Kulturkommission des ZK der SED, der sich in einem Presseartikel 1932 gegen die Schließung des Bauhauses in Dessau ausgesprochen hatte.[28] Der Verlagsleiter Mittelstädt zeigte mir dessen Antwort. Darin mokierte sich Kurella, leicht amüsiert, über die gegensätzlichen Aussagen in den beiden Gutachten

[27] Nach Erinnerungsprotokoll des Autors über die Unterredung mit Dr. Lammert am 11. März 1968, Privatarchiv Hüter.
[28] Alfred Kurella: Was geht uns das Bauhaus an? In: *Magazin für alle*, H. 11, 1932, S. 39–42.

von Junghanns, von dem das zweite – vermutlich im Parteiauftrag geschriebene – in sechs bis acht Zeilen den Druckstopp mit dem Vorwurf begründete, ich sei damit angesichts der Ereignisse in der ČSSR dem Staat in den Rücken gefallen. Helfen konnte auch Kurella nicht. Seine eigene Ohnmacht bekannte er mit dem lapidaren Satz „Das Bauhaus ist nun einmal nicht beliebt." Ich hatte auf die Argumentation mit Fakten nach historischen Quellen gesetzt. Doch man entledigte sich ihrer einfach durch Verbot.

Gropius, der am Bau einer Großsiedlung (später „Gropiusstadt") beteiligt war und 1968 in Westberlin weilte, suchte von sich aus das Gespräch über im Buch angesprochene Probleme. Er ließ mich dies durch Selman Selmanagic wissen, mit dem ich mich bei Albert Buske im Institut für Formgestaltung traf. Doch ich konnte nur bedauernd meine Lage schildern. Im folgenden Jahr starb Gropius.

Der „Prager Frühling" 1968 hatte bei der DDR-Führung Ängste vor ähnlichen Ereignissen im eigenen Land geschürt. Das wirkte blockierend. Im Mai 1971 wurde Ulbricht durch Honecker abgelöst, der ein neues Verhältnis zu Kunst und Kultur anstrebte. Im Juni 1972 versprach das ZK der SED „Weite und Vielfalt an Themen, Stoffen und Gestaltungsweisen". Vor diesem Hintergrund fand die Institutsleitung eine Lösung des Problems mit meinem Buch, indem sie sich der Verantwortung für sein Schicksal endgültig entzog. Der kommissarische Direktor Dr. Wagner schrieb mir, mein Manuskript habe zum damaligen Zeitpunkt nicht zum Druck freigegeben werden können, durch Veränderung der Forschungsaufgaben bestünde jedoch nun nicht mehr die Möglichkeit einer weiteren Bearbeitung im Institut. Daher träte es von seinen Rechten zurück und übergäbe mir in Übereinstimmung mit dem Urheberrecht der DDR das Manuskript zur weiteren Verwendung.[29]

Ich bot es dem Akademie-Verlag an. Dort kam es mit der in der DDR üblichen Verzögerung im Frühjahr 1976 heraus. Professor Werner Heynisch, Präsident der Bauakademie, dem ich ein Exemplar geschickt hatte, rief mich am dritten Pfingsttag zu sich, um mir zu sagen, er habe das Buch über Pfingsten mit besonderer Freude und Aufmerksamkeit gelesen. Es tue ihm leid, was „man" mir damals angetan habe – ein versöhnlicher Abschluss und ein Beispiel für Macht und Ohnmacht auch der Mächtigen!

Das Bauhaus wird „Kulturerbe"

Unter Honecker gelang es der DDR, die außenpolitische Isolierung aufzubrechen und 1972 den Grundlagenvertrag mit der Bundesrepublik abzuschließen. In dieser neuen Lage ließ sich die Kritik der internationalen

[29] Brief des kommissarischen Direktors Dr.-Ing. R. Wagner vom 1. Juni 1972, Privatarchiv Hüter.

Abb. 13: Schutzumschlag zu Karl-Heinz Hüters Bauhaus-Buch, Entwurf Erika Kerschner.

Presse am Zustand des Symbolbaus der Moderne nicht mehr ignorieren. Vermutlich wies in den folgenden Monaten die Parteiführung ihre unteren Organe an, die über das Bauhaus verhängten Tabus zu lockern. Jedenfalls begannen sich von diesem Zeitpunkt an die Verkrampfungen zu lösen, wobei jedoch zugleich eifrig an einer neuen Argumentationslinie gebastelt wurde, die den Schritt gegenüber den jahrzehntelang anders indoktrinierten Genossen erklären sollte: Die Bemühungen des Bauhauses um industrielle Baumethoden hätten im Großplattenbau der DDR ihre Erfüllung gefunden.

Abb. 14

Abb. 15

Abb. 14: Das Bauhausgebäude Dessau vor der Rekonstruktion, um 1974.

Abb. 15: Das Bauhausgebäude Dessau nach der Rekonstruktion, 1976.

In Weimar wurde 1972 die Rekonstruktion des Musterhauses „Am Horn" begonnen und bereits ein Jahr später abgeschlossen. Das kleine Wohnhaus, das aus Anlass der Bauhausausstellung 1923 errichtet worden war, diente weiterhin Wohnzwecken, war aber dennoch mit einer kleinen Ausstellung in der zentralen Wohnhalle interessierten Besuchern zugänglich. Der bekannte Schweizer Architekt Hans Schmidt, der in den Zwanzigerjahren Mitherausgeber der konstruktivistischen Zeitschrift *ABC* und seit den Sechzigerjahren Mitarbeiter der Deutschen Bauakademie war, veröffentlichte im *Dezennium* des Verlags der Kunst 1972 einen klärenden Beitrag über seinen Landsmann Hannes Meyer. Im Dezember 1972 beauftragte der Rat der Stadt Dessau einen Projektierungsbetrieb (IPRO Dessau) damit, ein Projekt zur Generalinstandsetzung des Bauhauses auszuarbeiten. Sowohl das Amt für Denkmalpflege in Halle als auch der nunmehrige Stadtarchitekt Planert gingen davon aus, dass nur eine originalgetreue Rekonstruktion des Gebäudes – also eine Ersetzung der zwischenzeitlich angebrachten Bandfenster am Werkstattgebäude wieder durch eine Vorhangwand – infrage kommen konnte.

Die Planungsunterlagen, angefertigt auf der Basis der Bauaufnahme von 1964, wurden im Mai 1974 übergeben. Auf dieser Grundlage erarbeitete der VEB Baureparaturen mit Unterstützung von zwei ehemaligen Bauhäuslern, Püschel und Selmanagic, die bautechnischen Unterlagen. 1974 wurde das Gebäude auf Vorschlag des BDA-Bundesvorstandes auf die Denkmalliste I für international bedeutende Denkmale gesetzt.

In den ersten Wochen des Jahres 1975 verfasste die Abteilung Theorie und Geschichte, der ich angehörte, eine pikanterweise nicht vom zuständigen Sekretär für Bauwesen beim ZK der SED, sondern von dem für Wissenschaft, Professor Hörnig, angeforderte Vorlage, die am 1. März

1975 übergeben wurde: *Bauhaus Dessau. Situation – Dokumente – Publikationen – Vorschläge*[30]. Als Resümee aller dargelegten Punkte wurde vorgeschlagen, das Bauhausgebäude und auch die Meisterhäuser „in einer unserer sozialistischen Traditions- und Denkmalpflege angemessenen Form in die Rekonstruktion einzubeziehen und eine den nationalen Interessen wie internationalen Erwartungen entsprechende Lösung zu finden." Die Sanierung und Rekonstruktion des Bauhausgebäudes erfolgte binnen kürzester Zeit im folgenden Jahr.

Dies ist eine Lesart des strapazierten Phänomens „Bauhaus in der DDR", soweit ich die Geschehnisse miterlebt, miterlitten und nach meinen Erinnerungen und Dokumenten rekonstruieren konnte. Um der ganzen historischen Wahrheit nahezukommen, wird es noch vieler solcher Berichte und dokumentarischer Studien bedürfen.

Abb. 16

Abb. 16: Der Autor und die Witwe des Bauhausgründers, Ise Gropius, vor dem Bauhausgebäude in Dessau am 4. Dezember 1979. Nach einundfünfzig Jahren kehrte Frau Gropius an die Wirkungsstätte ihres Mannes zurück und fand das Gebäude, wie sie sagte, so, als hätten sie es gestern verlassen: „Es war ein Nachhausekommen."

30 Privatarchiv Hüter.

(Diese Ausführungen beruhen auf einem Text, der für ein Symposium der Friedrich-Ebert-Stiftung im Oktober 1992 in Weimar geschrieben, dort jedoch nicht vollständig vorgetragen wurde. Für die vorliegende, erstmals in gedruckter Form erscheinende Fassung ist er überarbeitet worden.)

Walter Scheiffele

DIE MÜHEN DER EBENEN
Ein Dialog zwischen Friedrich Bundtzen und Wilhelm Wagenfeld über Glaskultur

Als Krieg und Demontage die Produktion in den größten Glaswerken Europas stilllegen, versinkt auch Wilhelm Wagenfelds Werkstatt bei den Vereinigten Lausitzer Glaswerken (VLG) im ostdeutschen Weißwasser in Schutt und Trümmern. Beim mühevollen Neubeginn stellt sich bald die Frage, ob und wie an das hohe Niveau der Glasproduktion in der Vorkriegszeit angeknüpft werden kann. Dass trotz Wagenfelds Weggang im Jahre 1947 die Glasgestaltung in dieser Region wieder Bedeutung erlangt, ist dem Wirken eines seiner Mitarbeiter zu verdanken, der in kurzer Zeit die Statur seines großen Vorbildes auszufüllen vermag: Friedrich Bundtzen. Wagenfeld hatte Bundtzen, der Zeichner im Kamenzer Werk der VLG war, 1938 in seine Werkstatt geholt. Dort konnte Bundtzen, dem die finanziellen Mittel für ein Fachstudium fehlten, an der Entwicklung des Rautenglassortiments teilnehmen und lernen. Der zehn Jahre ältere Wagenfeld wird für ihn ein idealer Lehrer. Nirgendwo anders wird so intensiv Modellentwicklung betrieben wie bei Wagenfeld in Weißwasser, nirgendwo anders in Deutschland findet zu der Zeit eine so konsequente Neuformung eines Industriesortimentes statt, und nirgendwo anders gibt es einen so regen Austausch zwischen Produktgestaltern, Künstlern, Museumsleuten und Schriftstellern.

Schon ein Jahr später bricht die für Bundtzen so wichtige Zusammenarbeit mit Wagenfeld ab, als er zum Kriegsdienst gerufen wird. Sie wird wieder fortgesetzt, als Bundtzen, aus der Kriegsgefangenschaft heimkehrend, von Wagenfeld als sein Assistent an die Hochschule für Bildende Künste nach Berlin geholt wird. Erneut unterbricht der Gang der deutschen Geschichte, die Trennung Ost- und Westdeutschlands, Bundtzens Lehrjahre bei Wagenfeld, als dieser 1949 Berlin verlässt und Verbindung zur Württembergischen Metallwarenfabrik (WMF) in Geislingen

Abb. 1

Abb. 2

Abb. 3

Abb. 4

Abb. 1: Wilhelm Wagenfeld in Geisslingen, um 1960 (Foto aus dem Besitz von Brigitte Narasimhan-Bundtzen, Archiv Scheiffele).

Abb. 2: Friedrich Bundtzen in Weißwasser, um 1960 (Foto von Ernst Schäfer, Weimar, aus dem Besitz von Hans-Dieter Marschner, Weißwasser, Archiv Scheiffele).

Abb. 3: Werbe-Poster der VVB Ostglas für die Leipziger Herbstmesse 1948.

Abb. 4: Rauten-Marke der VLG auf einem Glasteller von Wilhelm Wagenfeld.

aufnimmt. Es gelingt Wagenfeld jedoch, ihn als seinen Nachfolger in Weißwasser durchzusetzen. Bundtzen wird künstlerischer Leiter der Vereinigung Volkseigener Betriebe (Z) Ostglas, die seit Juli 1948 neunzehn Glashütten Ost- und Mitteldeutschlands, darunter auch die VLG, unter einheitlicher Leitung zusammenfassen. Die Vereinigten Lausitzer Glaswerke heißen jetzt Oberlausitzer Glaswerke und bilden den Kern der späteren DDR-Glasindustrie.

Die Werkstatt für Glasgestaltung in Weißwasser

Als Friedrich Bundtzen künstlerischer Leiter bei der VVB Ostglas wird, scheint gesichert, dass trotz aller technischer Schwierigkeiten, die der Wiederaufbau mit sich bringt, die Qualität der berühmten Rautengläser gehalten werden kann. Bundtzen: „Noch werden die Wagenfeld-Gläser mit dem Rautenzeichen in dem Volkseigenen Betrieb ‚Oberlausitzer Glaswerke' produziert und verkauft. Das, was an Schönem und Gutem vorhanden war, musste also erhalten bleiben, weil die Qualität in diesem Werk bedenklich nachließ, und zwar sowohl was die Formen als auch die dekorative Ausgestaltung der Gläser betraf."[1] Die Rautengläser bleiben der Qualitätsmaßstab, der die Oberlausitzer Glaswerke lange Zeit vor dem Rückfall in eine Massenproduktion minderer Qualität bewahrt. In ihrem ersten großen Katalog nach dem Kriege greifen die Glaswerke weitgehend auf das Rautenglassortiment zurück und legen ein Bekenntnis zum qualitätvollen Glas ab: „Die Fabrikleitung ist ständig bestrebt, nur geschmackvolle, hoch stehende, zweckmäßige Qualitätswaren für alle Verbraucher herzustellen."[2] Als Friedrich Bundtzen sich in den Glasbetrieben der Lausitz orientiert, stellt er fest, dass es an Glasgestaltern mit einem eigenen Profil in der Region mangelt. Allenfalls Zuarbeit für Techniker und Kaufleute wird geleistet, aber keine eigenständige Entwicklungsarbeit. Auch hier bleibt Wagenfelds Werkstatt ein Beispiel, das aufzugreifen ist. Bundtzen gründet am 1. Oktober 1950 eine neue künstlerische Werkstätte, die „Werkstatt für Glasgestaltung". Trotz aller Widrigkeiten der Nachkriegszeit scheint der Beginn vielversprechend gewesen zu sein: „Die Bemühungen dieser Werkstatt um gute Formgebung bei Industriegläsern waren nicht vergebens. Im Zusammenwirken zwischen schöpferischen, produzierenden und wirtschaftlichen Kräften hat die Werkstatt für Glasgestaltung eine beachtliche Entwicklungsarbeit geleistet. Reichhaltig sind die Neuschöpfungen, die etwas Besonderes und Eigenes darstellen, immer wieder fesselnd durch die Intensität des Ausdrucks und den Reichtum der Gestaltung bei einfacher Formgebung: sie sind solide und schlicht, ohne formalistische Tendenzen. Nach kaum einjährigem Bestehen wurde die Werkstatt für Glasgestaltung für etwa hundert neue Modelle mit dem Gütezeichen des Kunsthandwerks ausgezeichnet."[3]
Die Werkstatt für Glasgestaltung ist im Rahmen des Lehrkombinats der VVB Ostglas untergebracht. Fachliche Ausbildung und Produktentwicklung finden so in engem Kontakt miteinander statt. Das Lehrkombinat ist, wie Bundtzen erwähnt, 1952 mit „schönen Arbeitsräumen für Modelleure, Glasschleifer, Graveure und Glasmacher ausgestattet worden". Zwei Glasöfen und eine große Schleifwerkstatt bilden das Zentrum der

Lehrwerkstätten. Begabte Lehrlinge übernimmt Bundtzen in seine Werkstatt, wo sie an der Seite von Meistern an der Entwicklung moderner Gläser teilnehmen und die Anforderungen der Gestalter an Formqualitäten kennenlernen.

Die Kultivierung handwerklicher Fähigkeiten fördert Bundtzen bei den jungen Glasmachern nach Kräften. Er selbst demonstriert ihnen zusammen mit dem Glasschleifer Alfred Görner, zu welch außerordentlichen Leistungen hoch entwickelte Handwerkskunst führen kann. Beiden gelingt es 1954, die erste nachweisbare Kopie eines römischen Diatretgefäßes herzustellen. Seit Langem hatte man gerätselt, wie es den römischen Handwerkern gelungen war, filigrane Glasnetze, die nur mit feinen Stäben am Glaskörper befestigt waren, über Glasgefäße zu ziehen. In Bundtzens Werkstatt arbeiten ein Entwurfszeichner, der Werkzeichnungen anfertigt, ein Modelleur, der nach den Zeichnungen Gipsmodelle formt und so die plastische Qualität des Gefäßes, seine Handlichkeit überprüfbar macht, weiterhin ein Schleifermeister und ein Graveurmeister, die Schliff- und Schnittdekore zusammen mit Bundtzen entwickeln.

Konrad Tag, der Bildhauer und Glasschneider, entwirft für Bundtzen viele Schnitte, die mit der Form der Gläser harmonieren. Fritz Heinzel setzt diese Arbeit nach Tags Tod im Jahre 1954 fort. Von 1955 bis 1960 kommt der in Haida und Prag ausgebildete Glasgestalter Fritz Wondrejz in Bundtzens Werkstatt. Seine Entwürfe zeigen eine Bundtzen verwandte Auffassung von schlichter Form und sparsam eingesetztem Dekor. Die Entwürfe aus Bundtzens Werkstatt werden in Holzformen gedrechselt, und an einer Musterwerkstelle, die sich an einem Ofen der Lehrwerkstatt befindet, werden von zwei erfahrenen Glasmachern, Hans Lutzens und Artur Rösner, erste Probestücke geblasen. Neben den Mustern entstehen aber auch Kleinserien von Bundtzengläsern an der Musterwerkstelle, die von dort an den DDR-Fachhandel geliefert werden. Ein großer, viel zu großer Teil der Bundtzenentwürfe trägt den Herstellervermerk: Werkstatt für Glasgestaltung, das heißt, dass sie nicht in das Herstellungsprogramm der Glaswerke übernommen wurden. Ein geringerer Teil wird von den Oberlausitzer Glaswerken, der Bärenhütte in Weißwasser, dem Pressglashersteller Ankerglas Bernsdorf und dem Beleuchtungsglaswerk Bischofswerda hergestellt.

Die Kulturfrage

Die Hoffnung ist da, dass in den Volksbetrieben eine auf Gebrauchswerte gerichtete Produktion sich entfalte, die im Gesamtplan der Gesellschaft Priorität habe, und eine Kulturpolitik, die im Brecht'schen Sinne daran

Anmerkungen:

Für Auskünfte zum Werk ihres Vaters danke ich Brigitte Narasimhan-Bundtzen. Inge Standfuß und Horst Grams haben mich über die damaligen Verhältnisse in der Glasindustrie informiert.

1 Bundtzen, F.: *Aus der Werkstatt für Glasgestaltung in Weißwasser*, in: *form+zweck*, Jahrbuch 1959, S. 31.
2 Oberlausitzer Glaswerke, Katalog, ca. 1951.
3 Friedrich Bundtzen, wie Anm. 1, S. 32.

gehe, „endlich der eignen Kraft zu traun/Und ein schönres Leben aufzubaun". Friedrich Bundtzen hat dies im Sinn, wenn er an Wagenfeld schreibt: „Wir haben doch die Voraussetzungen bei uns zur vollen Entfaltung eines wahrhaft kulturellen Lebens", und verzweifelt setzt er hinzu: „Deshalb unbegreiflich, weshalb die rasche Umsetzung des theoretisch Erkannten in der Praxis so schwer ist." Freilich gelten für den Wiederaufbau in dem sowjetisch dominierten Teil Deutschlands erschwerte Bedingungen: weitreichende Demontagen und kein Marshallplan – der Osten muss aus eigener Kraft die Kriegsschäden überwinden. Stopppreise, die unter dem NS-Regime 1944 eingeführt worden waren, gelten noch lange bis in die DDR-Zeit und erschweren alle Versuche von Gestaltern, hochwertige und damit zeitaufwendige Formen in die Produktion einzuführen.

Die Formalismusdebatte zu Beginn der Fünfzigerjahre tut ein Weiteres, die Designentwicklung in der DDR zu behindern. Besonders in der Glas- und Keramikindustrie macht der Leiter des Instituts für angewandte Kunst, Walter Heisig, „formalistische und kosmopolitische Tendenzen" ausfindig. Kritisiert werden die „bewußte Beschränkung auf die einfachste Form und den einfachsten Dekor".[4] Wagenfelds Pressglasform ERBACH nimmt Heisig als Beispiel für eine Tendenz vereinfachender, moderner Gestaltung, die letztlich zu einer „Aufhebung der Kunst" führe. Zwei Schalen aus Bundtzens Werkstatt mit beschwingter Randform bescheinigt er hingegen den Ansatz zu einer „neuen, reicheren Gestaltung". Mit der Planwirtschaft wird in der DDR eine Produktionsweise eingeführt, die der Theorie nach dem Gebrauchswert den Vorrang vor dem Tauschwert gibt. Wenn Friedrich Bundtzen an Wilhelm Wagenfeld schreibt, dass jetzt die Voraussetzungen für ein wahrhaft kulturelles Leben gegeben seien, dann klingt darin die Hoffnung mit, dass eine gebrauchswertorientierte Produktion der Qualität ihrer Produkte Priorität einräumen werde. Ebenso sehr werden aber in seinen Briefen die Schattenseiten eines Wirtschaftens erkennbar, das nur allzu oft die Planerfüllung um jeden Preis an die erste Stelle setzt. Quantität wird so zum Feind der Qualität. Hans Dieter Marschner, später Chefdesigner im Kombinat Lausitzer Glas, erläutert, wie Planauflagen in der OLG dazu führten, dass nicht nur die Wagenfeldgläser, sondern auch die von Bundtzen seit den Sechzigerjahren nicht mehr hergestellt werden können: „Diese Qualitätsarbeit war später preislich nicht mehr zu halten. Die Firma hätte sich bankrott gearbeitet, wenn sie mit diesen Erzeugnissen und den feststehenden Preisen hätte weiterarbeiten wollen. Das war unmöglich, und andere Preise gab es nicht, also musste man neue Erzeugnisse bringen, die dann zur Ablösung der Wagenfeldgläser führten."[5]

Abb. 5

Abb. 6

Die Gläser Bundtzens

Bei seinem Entwurf eines Kelchglasservice kommt Friedrich Bundtzen, ähnlich wie auch Wagenfeld bei der WMF, auf das erste Kelchglas aus Wagenfelds Werkstatt, OBERWEIMAR, zurück, mit dem die moderne Kelchglasfertigung in Weißwasser ihren Anfang nahm: Sein Kelchservice 10003 (1950) nimmt wie Wagenfelds DORIA (1962) die Kelchform Oberweimars wieder auf und verstärkt ebenfalls den dünnen Strohstiel. Wagenfelds und Hoffmanns vorbildliche Rautenglasentwürfe geben Bundtzen in den ersten Jahren den Anhalt für eine gute Glasform. Die organisch fließende Form, die Wagenfeld Anfang der Dreißigerjahre bei den Gläsern der VLG eingeführt hatte, erweist sich als eine gute Grundlage, auf der eine weitere Entwicklung des OLG-Sortiments möglich ist. Wie seine Vorgänger setzt auch Bundtzen Schliff- und Gravurdekore vorsichtig ein, die Grundform des Glases darf davon nicht beeinträchtigt werden. Starke optische Effekte erzielt er mit einfachen Spulenschliffen auf Vasenkörpern. Der Dekor bleibt – ein Signum der modernen Glasgestaltung – abstrakt. Wo Bundtzen dennoch auf figurative Motive zurückgreift, fällt die künstlerische Qualität hinter vergleichbare Leistungen Charles Crodels für die Rautengläser zurück. Gebrochene Farbtöne, wie sie bei den Rautengläsern Verwendung fanden, bevorzugt auch Bundtzen. Er greift auf das Bronzegrün und Stahlblau zurück, unternimmt

Abb. 5: Teile aus dem VLG-Glas-Service OBERWEIMAR von Wilhelm Wagenfeld, 1935, bis Anfang der Sechzigerjahre in Weißwasser produziert.

Abb. 6: Teile aus dem Glas-Service 10003 von Friedrich Bundtzen (Foto-Reproduktion aus dem Jahrbuch 1959 *form+zweck*, Berlin).

4 Heisig, W.: *Zu aktuellen Fragen der angewandten Kunst in Industrie und Handwerk*, hg. v. Institut für angewandte Kunst, Berlin 1953.
5 Gespräch Hans-Dieter Marschner mit dem Autor, 13. Dezember 1987.

Abb. 7

Abb. 8

Abb. 7: Kelchserie BRILLANT von Friedrich Bundtzen, 1964.

Abb. 8: Bowle Nr. 4419 ROMANZE mit Bechern von Friedrich Bundtzen, 1962.

Ende der Fünfzigerjahre Versuche mit zeittypischen Lüsterfarben und setzt später des Öfteren ein tiefes Rot und einen dunklen violetten Farbton für seine Gläser ein.

Am Ende der Fünfzigerjahre findet Bundtzen zu einer äußersten Formstrenge, die dekorloses Glas in konisch sich öffnende und schließende Formen fasst. Das klare, dünnwandige Glas fordert höchste Qualität in Schmelze und Verarbeitung, einen „Totengräber der Glasindustrie" schimpfen ihn nicht nur die Kaufleute und Techniker, sondern auch die Glasmacher dafür. Die Weinkaraffen mit Bechern (1959), ein Schalensatz und eine Kelchglasserie (1960), stapelbare Becher und der Bowlensatz ROMANZE (1962) zeigen, dass in diesen wenigen Jahren gültige Formen entstanden, die eine neue Epoche der Glasgestaltung mit prägen. Zylindrische Formen für Becher und Dosen, kombiniert mit starken Rot- und Violettönen folgen wenige Jahre später.

Erfolge und Niederlagen

In den Fünfziger- und Sechzigerjahren zählt Friedrich Bundtzen zu den führenden Glasgestaltern in der DDR. Neben Ilse Decho, dem Gestalterduo Müller & Jahny und Horst Michel prägt er das Bild von einer sachlich-funktionellen Glasform, die auch von westdeutschen und skandinavischen Gestaltern bevorzugt wird. Seit 1952 werden Bundtzens Gläser regelmäßig auf der Leipziger Messe gezeigt, sie sind das Aushängeschild der Oberlausitzer Glaswerke und später des VEB Kombinat Lausitzer Glas. Die Werkstatt Bundtzens hat auf der Messe ihren eigenen Stand. Auch im Vertrieb schlägt Bundtzen neue Wege ein. Er ist beteiligt an der „intekta", einer Vereinigung von Qualitätswarenherstellern, die ihre Erzeugnisse in den niveauvollen Fachhandel liefern. Das Messeamt zeigt seine Gläser in der die Messe begleitenden Ausstellung *Formschönes Hausgerät.* Dass Bundtzens Formen als beispielhaft empfunden werden, drückt sich in den immer wiederkehrenden Fragen der Messebesucher aus: Wo können wir diese Gläser kaufen!? „Mit einem lachenden und einem weinenden Auge", so Bundtzen, habe man darauf geantwortet, erfreut über den guten Geschmack des Publikums, betrübt darüber, dass die Glaswerke und der Handel diesem Bedarf nicht nachkamen.
Ehrungen und Würden begleiten Bundtzens Werk. Er unterrichtet und gibt Vorlesungen an den Fachschulen und Hochschulen des Landes, er wird Mitglied in Ausschüssen und Verbänden, im Rat für Industrieform. Der zunehmende Einfluss in Institutionen und Hochschulen vermindert auf der anderen Seite das von ihm als wichtiger erachtete Wirken in der Produktion. Als man ihn 1968 als künstlerischen Leiter in die VVB Haushaltsglas und Verpackungsglas beruft, bedeutet das zugleich das Ende von Bundtzens Wirken in seiner Werkstatt für Glasgestaltung. Für die Verwaltungszentrale aller östlichen Glasbetriebe entwickelt er nun Konzeptionen und organisiert Ausstellungen; der unmittelbare Einfluss auf die Glasgestaltung wird ihm entzogen.
Die Entwicklung der Glasgestaltung im VEB Kombinat Lausitzer Glas nach Friedrich Bundtzen hängt eng mit der Mechanisierung der Glasherstellung zusammen. Der internationalen Entwicklung folgend – in Großbritannien wird bereits seit 1949 mit amerikanischen Westlakemaschinen Kelchglas automatisch gefertigt, in der Bundesrepublik bei Schott-Zwiesel mit einer M-16-Rotationsblasmaschine seit 1958/59 eine erste maschinelle Kelchglaslinie aufgebaut – werden auch beim größten Glashersteller der DDR, den Oberlausitzer Glaswerken, Versuche zu einer maschinellen Produktion von Kelchgläsern aufgenommen. Vorläufer der maschinell gefertigten Kelchgläser sind Trinkbecher, die seit Mitte der Fünfzigerjahre

Abb. 9

Abb. 9: Kelchserie ACHAT, Werksentwurf VEB Kombinat Lausitzer Glas Weißwasser, um 1970; hier mit Signet des Schauspielhauses Berlin.

auf Ivanhoemaschinen der Osram KG hergestellt werden. Ein erster Schritt in die maschinelle Kelchglasproduktion ist die teilmechanische Stielproduktion, bei der das Kelchunterteil gepresst wird, während eine Press-Blasmaschine das Kelchoberteil vorpresst und bläst: Der Stiel wird an der Verbindungsstelle vorgewärmt und beim Vorpressen des Oberteils auf dieses aufgepresst. Ein Zwischenschritt, der mit weitergehenden Anforderungen an das Sortiment und einer Steigerung der Stückzahlen zusammenhängt, erfolgt 1963/64 mit dem Zusammenkleben von Ober- und Unterteil. 1966 bis 1968 werden drei Produktionslinien aufgebaut, bei denen eine Rotationsblasmaschine die Kupa bläst, sie an eine Presse weitergibt, wo der Stiel gepresst und im Aufpressverfahren an das Oberteil gepresst wird. ACHAT ist unter den Maschinengläsern des Kombinats Lausitzer Glas die meistverkaufte Serie. Täglich werden 27 000 Stück davon produziert.[6]

6 Reinhard Penk und Hans-Dieter Marschner über die Mechanisierung und Automatisierung beim VEB Kombinat Lausitzer Glas in einem Gespräch mit dem Autor am 13. Dezember 1993

(Dieser Aufsatz von Walter Scheiffele – für diese Ausgabe neu illustriert – erschien erstmals 2003 in dem Band: „Zeitmaschine Lausitz. Lausitzer Glas", Verlag der Kunst, Husum. Ebenso der hier in einer Auswahl abgedruckte Briefwechsel zwischen Wilhelm Wagenfeld und Friedrich Bundtzen, dessen Herausgabe ebenfalls Walter Scheiffele besorgte.)

Als Friedrich Bundtzen im Jahre 1980 in Würdigung seiner Verdienste um die Glasgestaltung in der ostdeutschen Glasindustrie der Designpreis der DDR verliehen wird, ist seine Werkstatt längst zu einem Designzentrum des Kombinats umgeformt worden, in dem der maschinellen Großserienproduktion Vorrang eingeräumt ist und die handwerkliche Fertigung an Bedeutung verloren hat. Mit Bundtzen tritt eine Generation von Gestaltern ab, die der Industrie technische und kulturelle Leistungen für die Gesellschaft abforderten, die aus den Maßstäben ihres eigenen künstlerisch-handwerklichen Schaffens entstanden waren. Brigitte Narasimhan-Bundtzen hat das Widersprüchliche im Leben und Werk ihres Vaters, das auch Ausdruck seiner Zeit war, so charakterisiert: „Er zeichnete und malte leidenschaftlich, er war immer kreativ und ein ausgesprochener Ästhet. Er liebte alles Schöne und wollte es allen Menschen zugänglich machen, selbst auf Kosten seiner eigenen Ideale."

„EURE HEMMENDEN FUNKTIONÄRE SIND UNSERE KAUFLEUTE …"

Aus dem Briefwechsel von Wilhelm Wagenfeld
und Friedrich Bundtzen

Vorbemerkung von Walter Scheiffele

Die Briefe, die Wilhelm Wagenfeld und Friedrich Bundtzen sich in den Jahren von 1949 bis 1971 geschrieben haben, zählen zu den seltenen Zeugnissen eines geistigen Austausches über die Grenze zwischen DDR und BRD hinweg. Sie dokumentieren in allen Facetten die Schwierigkeiten, auf die Gestalter in der Großindustrie stoßen, wenn sie das kulturelle Interesse gegen Sachzwänge aus Technik und Ökonomie behaupten wollen. Den Kampf um Produkt- und Formqualität verfechten beide Gestalter mit derselben Energie. Das eint sie in ihren Erfahrungen, ihre Briefe kreisen immer wieder um dieses eine Thema. Wagenfeld gibt dem eine meisterhaft dialektische Wendung: „Eure hemmenden Funktionäre sind unsere Kaufleute …" Der einstige Lehrer tröstet Bundtzen mit dem Verweis auf seine eigenen Schwierigkeiten, den Vorstand der WMF von seinen Entwürfen zu überzeugen. In Weißwasser, so resümiert Wagenfeld, habe er wesentlich mehr Einfluss auf die Produktform gehabt als in Stuttgart. Einzig die Firma Lindner in Bamberg habe ein umfangreiches Leuchtenprogramm mit ihm entwickelt. Bundtzen adressiert seine Briefe an den verehrten Lehrer und Professor, der ihm in den Fünfzigerjahren bereitwillig mit Rat und Tat zur Seite steht, ihn zu Kontakten mit ehemals wichtigen Förderern des Lausitzer Glases wie dem Görlitzer Museumsleiter Dr. Siegfried Asche ermuntert. Auch an Walter Heisig, den Leiter des Instituts für angewandte Kunst in Berlin, gibt Wagenfeld Bundtzen ein Empfehlungsschreiben mit. Wagenfelds neue Strategie gegenüber der Industrie kommt in dem Ratschlag, dass Bundtzen an das Institut für angewandte Kunst gehen solle, mit zum Ausdruck. Er einigt sich mit der WMF in Geislingen über eine künstlerische Leitungsposition und zugleich mit dem Landesgewerbeamt in Stuttgart über eine Beraterfunktion für die württembergische Hausindustrie. Über den einzelnen Industriebetrieb, sei er auch noch so groß, hinausdenkend, will Wagenfeld in einer nächsten Etappe des Industriedesigns „Staat, Wirtschaft und Industrie zu einer sinnvollen Arbeit" zusammenführen.[1] Er schließt nicht nur den Vertrag mit der WMF, er fordert darüber hinaus die Einrichtung eines „Deutschen Instituts für Standardform" und gründet mit Forschungsgeldern des württembergischen Ministeriums seine „Werkstatt Wagenfeld" als externe Versuchs- und Entwicklungswerkstatt für Industriemodelle. Wagenfelds *Wesen und Gestalt der Dinge um uns,* noch 1949 bei Stichnote in Potsdam veröffentlicht, liest Bundtzen in den ersten Jahren wie eine Offenbarung. Ist der Weg auch klar vorgezeichnet, so türmen sich doch die Schwierigkeiten in der Praxis unerwartet hoch. Ein zermürbender Kampf um die Qualität des Glases, um Form- und Dekorfragen setzt ein. Als Bundtzen darüber klagt, dass im Namen des Exports, dieser obersten Instanz in der devisenschwachen DDR, „antikisierende Bleikristallgläser" gefordert würden, informiert ihn Wagenfeld über gegenläufige Tendenzen in der BRD, über den heilsamen Einfluss, den das skandinavische Design auf den Publikumsgeschmack im Westen ausübe.

Die beiden Gestalter informieren sich jetzt gegenseitig und sind sich in praktischen Dingen behilflich. Wagenfeld fragt bei Bundtzen an, ob die OLG ihm Rautengläser für Ausstellungen zur Verfügung stellen könne und schlägt sogar – ein Jahr nach dem Bau der Mauer – ein erneutes „Zusammengehen", eine Zusammenarbeit mit Bundtzens Werkstatt in Weißwasser vor!

Wagenfeld ist immer bewusst gewesen, wie wichtig Bundtzens Wirken in Weißwasser auch für sein eigenes Werk war. Bis in die Sechzigerjahre werden seine Rautengläser bei der OLG hergestellt, und Bundtzen wacht sorgsam darüber, dass kein „Händlerwunsch" diese klaren Formen verdirbt. Aus dem einstigen Schüler ist, wie Wagenfeld es hoffte, längst ein „Formmeister der OLG" geworden. Die Kontinuität moderner Glasgestaltung vollzieht sich in einem der größten europäischen Glaswerke über dreiunddreißig Jahre hinweg.

Aus dem Jahre 1971 stammt der letzte Brief von Friedrich Bundtzen an Wilhelm Wagenfeld. Der Gestalter ist sechzig Jahre alt geworden, sein Werk wird in der Deutschen Demokratischen Republik geehrt und in verschiedenen Ausstellungen gewürdigt. Das Museum für Kunsthandwerk in Dresden-Pillnitz, das Kunstgewerbemuseum in Berlin-Köpenick und das Staatliche Museum in Schwerin zeigen die Gläser, die über zwanzig Jahre hinweg in Bundtzens Werkstatt entstanden sind und das Niveau der Glasgestaltung in der DDR entscheidend mitgeprägt haben. Friedrich Bundtzen blickt auf ein großes Lebenswerk zurück, als er an Wilhelm Wagenfeld schreibt: „Ja, das ist nun die Wirklichkeit, es gibt keine Wa-

---

1 Wilhelm Wagenfeld an Minister Veit, Wirtschaftsministerium Württemberg-Baden, 7. Oktober 1950, Wilhelm Wagenfeld Stiftung Bremen.

genfeldgläser und nun auch keine Bundtzengläser mehr. Aus ‚ökonomischen' Gründen."

Wilhelm Wagenfeld an Ferdinand Greiner, Leiter der VVB Ostglas, 14. Mai 1949

Sehr geehrter Herr Greiner,
in Rücksicht auf unsichere Finanzverhältnisse kann ich leider meinen bewährten Mitarbeiter, Herrn Bundtzen, nicht länger behalten. Ich holte ihn vor Jahren aus Kamenz nach Weißwasser und seine gute Entwicklung lohnte mir diesen Schritt. Er ist einfühlend, ausdauernd, fleißig und niemals eigensüchtig. Immer geht er vollkommen mit seinem Denken und Tun in der gestellten Aufgabe auf. Sein Herkommen aus der Glasindustrie gab ihm gutes Fachwissen und trotzdem offene Augen. Über seinen Charakter ist nur Lobenswertes zu sagen. Aus angeführten Gründen möchte ich nicht gern, daß Herr Bundtzen nun irgendwo in der Schundindustrie untertauchen muß und nützliche Anlagen dann dort dem Schlechten dienen. Bundtzen hat genug gelernt bei mir, auch ohne mich sich mit Positivem und Erfreulichem in der Glasindustrie zu befassen. Er wäre außerdem ein vorzüglicher Lehrer. Ich habe ihn selbst in der Hochschule so herangezogen. Können Sie ihm nicht helfen und ihn nutzbringend beschäftigen?
So mit besten Grüßen
Ihr Wagenfeld

Friedrich Bundtzen an Wilhelm Wagenfeld, 9. Juni 1949

Sehr verehrter Herr Professor!
Nach meinem kurzen Hiersein in der Glasmetropole möchte ich Ihnen heute ein wenig über meine Tätigkeit berichten. Was ich in diesen Tagen schaffen konnte war wenig, lediglich eine Arbeitsvorbereitung für meine neue Aufgabe, die aber bereits viel Kopfschmerzen bereitet.
Wesen und Gestalt der Dinge um uns. Immer wieder vertiefe ich mich darin, neuen Mut und neue Kraft daraus zu schöpfen, oft wird der Moment eintreten wo ich verzagen will. Es wird augenblicklich viel von Qualitätserzeugung geschrieben und gesprochen, denn für jede minderwertige Ware und Schund wird kein Abnehmer sich finden. Aber wie sieht es in der Basis aus. Kasernierung – Mehrproduktion – Leistungslohn. Obwohl immer darauf hingewiesen wird, daß durch die Mehrleistung keine

```
                                    Professor Wilhelm Wagenfeld
                                    Stuttgart, Breitlingstr. 35
                                    Tel. 40202

                                    17.Dezember 1956
                                    W-T
```

Herrn
Friedrich Bundtzen
Weisswasser / Oberlausitz

Tiergartenstr. 24

Lieber Herr Bundtzen,

Herr Heisig war kürzlich hier, ihm liegt sehr daran, in seinem
Institut eine geeignete Persönlichkeit für die Bearbeitung der
Glasaufgaben heranzuziehen.
Ich habe lange hin und her gedacht, wer hier in Westdeutschland
besser als Sie dafür geeignet wäre, weiß aber wirklich niemanden.

Wir haben Jahre hindurch zusammengearbeitet, Sie waren nach dem
Kriege in Westberlin als Schüler bei mir, weil mir daran lag,
Ihre Begabung zu fördern. Zwar konnte ich Ihnen damals kein hohes
"Schülerhonorar" zahlen, aber immerhin tat ich mein Möglichstes
und Sie haben auch damals mit Begeisterung durchgehalten.
Dann sind Sie in die Ostglas-Oberleitung nach Weisswasser zurück-
gegangen und nach allem, was ich hörte, haben Sie wirklich Ihr ganzes
Können eingesetzt, um das Beste zu tun, was zu erreichen war.
Ich bin überzeugt, daß ohne Sie überall in Weisswasser der Kitsch
geblüht hätte, desto richtiger scheint es mir jetzt, wenn Sie sich
bereit erklären, in das Institut für angewandte Kunst zu gehen und
dafür mit Ihrer Familie nach Ost-Berlin überzusiedeln.

Noch ein anderes bewegt mich, Ihnen so zu schreiben:
Weisswasser ist eine barbarisch kulturlose Stadt, von allerprimitivster
Unternehmern aus dem Boden gestampft.
Die Stadt bietet Ihnen keine Anregungen, jede Mauer dort muß Sie er-
müden, lähmen in Ihrer Arbeit.
Ganz anders sind da die Anregungen, die Berlin Ihnen geben kann und
Herr Heisig wird gewiß alles tun, Ihnen eine geeignete Wohnung zu
verschaffen. Dazu hat Berlin eine wunderbare Umgebung, Sie lernen
Theater kennen, Konzerte und können aus solcher Fülle der Anregungen
heraus schaffen.
Deshalb, lieber Herr Bundtzen, zögern Sie nicht, sagen Sie zu und
ich wünsche Ihnen alles Gute für den Weg !

Herrn Heisig gebe ich einen Durchschlag dieses Briefes.

Mit freundschaftlichen Grüssen

                                        Ihr
                                        Wagenfeld

Qualitätsminderung eintreten darf, so ist dieses doch nicht beachtet worden. Hier soll nun meine Aufgabe sein, beides auf einen Nenner zu bringen. Ich will mein möglichstes tun und unbeirrbar in Ihrem Sinne tätig sein, trotz aller Schwierigkeiten, die sich wie Berge auftürmen werden. Wenn hier kein Einhalt geboten wird, unweigerlich erreicht das handwerkliche Können der Glasmacherkunst wieder einen Tiefstand wie früher. Ich übertreibe nicht, die Gefahr liegt nahe. Bei meinem kürzlichen Besuch bei der OLG Weißwasser hörte ich, daß in einer Betriebsversammlung Stimmen laut wurden, man sollte weniger Wagenfeldgläser herstellen, dann würde die Produktion eine größere sein. Darum geht es nicht, es ist das Verdienenwollen, denn durch die gute Sortierung entsteht bei schlechter Verarbeitung mehr Ausfall und das wollen diese Leute nicht. Wie arm sind doch diese kleinen Geister. Mit welcher Liebe und Zähigkeit haben Sie in unermüdlicher Schaffensfreude die Glasindustrie zum neuen Blühen gebracht. Und soll das der Dank dafür sein? Das glaube ich nicht, denn das Werk OLG ist nach wie vor stolz auf diese formschönen, qualitativ wertvollen Gläser. In den anderen Werken sieht es nicht gut aus, ich habe nur einige Kunststücke gesehen, für diese Niedrigkeit möchte ich kein weiteres Wort verlieren. Jedenfalls ersehen Sie aus diesen Zeilen, unter welchen Voraussetzungen meine Tätigkeit sich entfalten soll und muß. Wie es auch sein und die Zukunft bringen wird, um eines möchte ich immer wieder bitten, mich nicht ganz vergessen zu wollen. Wo Sie schaffen, ist eine ganz andere Atmosphäre, eine ganz andere Welt. Dieses für heute, mit den besten Grüßen und Wünschen immer
Ihr Bundtzen

Wilhelm Wagenfeld an Friedrich Bundtzen, 19. Juni 1949

Lieber Herr Bundtzen,
Ihr Brief vom 9. Juni hat mich sehr gefreut. Daß Sie kein leichtes Beginnen haben, war mir von vornherein klar. Aber die Sache lohnt sich; Sie müssen nur zäh sein und klar Ihren Weg wissen. Lassen Sie immer wieder von sich hören und schreiben Sie mir, wenn irgendwelche Schwierigkeiten sind und Ihnen mein Rat vielleicht nützlich sein kann.
Unsere Vorstellungen vom Sinn der Glaserzeugung sind allerdings sehr gefährdet durch die Forderung von Mehrleistungen und die mangelhafte Ernährung, die diesen noch immer im Wege steht. Außerdem vergißt man gar zu schnell, daß die hohen Leistungen der Glasmacher zumeist bei schlechter Qualität gewesen sind und keine positive Produktion darstellten, sondern nur eine Ausbeutung der Menschen und der menschli-

Abb. 11

Abb. 12

chen Fähigkeiten. Auf der anderen Seite ist es so, daß nur wenige Glasmacher und auch nur wenige Schleifer mit wirklicher Liebe ihrem Handwerk nachgegangen sind. Die Qualität, die wir uns vorstellen, ist eine ihnen fremde Welt, weil sie sonst nirgendwo hervortritt, sondern im Gegenteil alles schlecht ist, was die Menschen um sich haben und hatten. Das Verdienenwollen steht vornan auch bei denen, die sonst gern auf hohe Leistungen sehen, weil die Lebenshaltung zu teuer ist. Sie müssen da schon alles von der gesellschaftlichen und wirtschaftlichen Seite her sehen, um die Schwierigkeiten zu überblicken. Nur was um den Menschen ist, ist auch in ihnen zumeist.

Außerdem wird jetzt oft der Fehler gemacht, daß man die Fähigsten aus dem Produktionsprozeß herauszieht und in eine bürokratische Tätigkeit führt, die eigentlich besser den produktiv Unbegabteren zugewiesen würde. Dank dürfen Sie auch nie erwarten. Dergleichen Vorstellungen kommen aus einer falschen Eitelkeit. Die Freude an der Sache und die Verbissenheit, mit der Sie ihr nachhängen, muß Ihnen immer genug sein. Jeder kleine Schritt, den Sie dann vorwärtskommen und den Sie selbst feststellen, ist ein größerer Gewinn als alles Lob von anderen her. Ich arbeite jetzt mit den Schülern noch bis Semesterschluß an dem Ihnen bekannten Geschirr der Berliner Manufaktur, dessen Modelle wohl in dieser Woche fertig werden. [...]

Ihr Wagenfeld

Abb. 11: Gipsmodell von Wilhelm Wagenfeld zum stapelbaren Aschenbecher aus Glas in Metallgestell für die Württembergische Metallwarenfabrik AG Geislingen/Steige, 1951. Mittelformat-Dia-Schwarzweißnegativ aus einer Postsendung, in der W. Wagenfeld seinem Kollegen F. Bundtzen mehrere solcher Fotos eigener Entwürfe und Produkte übereignet.

Abb. 12: Links die Wagenfeld-Aschenbecher der Württembergischen Metallwarenfabrik AG Geislingen/Steige von 1951; rechts zweiteiliger stapelbarer Glas-Aschenbecher aus der Gastronomie-Pressglasserie EUROPA von Margarete Jahny und Erich Müller, Hersteller VEB Glaswerk Schwepnitz, VLG, 1965.

Abb. 13

Abb. 14

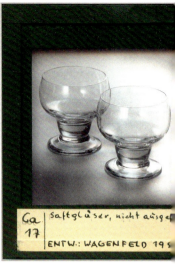
Abb. 15

Abb. 13 – 15: Weitere Dias von Wagenfeld für Bundtzen.

Wilhelm Wagenfeld an Friedrich Bundtzen, 24. Januar 1950

Lieber Herr Bundtzen,
[…] Daß Ihr Durchkommen in Weißwasser nicht ganz einfach ist, glaube ich Ihnen gern. Auch in der OLG läßt die Qualität ja in förmlicher und dekorativer Hinsicht bedenklich nach, weil nach Angaben blöder unfähiger Kaufleute, die so ordentlichen Leuten wie Rösner in den Ohren liegen, das Rautenglas nicht mehr gefragt ist. Der kaufmännische Mitarbeiter Rösners ist ja auch nur durchtrieben und ansonsten so charakterlos, daß er gar keinen Geschmack haben kann.
Sie müssen öfters nach Görlitz fahren und Dr. Asche dort im Museum aufsuchen. Ich glaube, daß Sie von ihm viel lernen können und viel erfahren, das Ihrer Tätigkeit förderlich ist. Mir bedeutete der Umgang mit ihm in dieser Hinsicht sehr viel. Außerdem schätze ich in Dr. Asche einen guten Freund. Für mich gibt es hier viel zu tun.
Vieles ist erfreulich und vieles schwierig. Eine Wohnung haben wir immer noch nicht. Oft zieht es mich aber nach Berlin zurück, weil dort der Menschengeist reger ist, wacher und nicht so dem behaglichen Treiben ergeben wie hier. Nur gesünder und weniger aufreibend ist hier das Leben, obwohl ich kaum einen Tag vor neun Uhr abends beschließe, meist sogar länger über meiner Sache hocke oder in Besprechungen, Sitzungen und ähnlichen Indianerspielen erwachsener Männer meine Rolle zu spielen habe.
Grüßen Sie alle Bekannten und schreiben Sie bald einmal wieder
Ihrem Wagenfeld

11.Januar 1960
W-T

Herrn
Friedrich Bundtzen

Glasfachschule Weißwasser

W e i ß w a s s e r
O.L.

Lieber Herr Bundtzen,

ich hoffe, daß mein Brief richtig adressiert ist und so in Ihre Hand kommt. Wurde mir doch erzählt, Sie hätten die Leitung der Glasfachschule, die ein sehr schönes Institut geworden sein soll. Ich freue mich darüber, weil dort bestimmt der richtige Platz für Sie ist.

Ich habe noch ca. 250 Diapositive 8,5 x 10 cm. Weil bei uns die Dias und damit die Vorführapparate auf ein kleineres Format umgestellt sind, liegen die alten ungenützt in einem Schrank bei mir. Manches davon kennen Sie noch aus der Berliner Zeit und meiner Lehrtätigkeit in der Hochschule für bildende Künste. Das meiste kam neu dann später hinzu und ich glaube, das Material wäre schon sehr interessant für Ihre Zwecke. Wenn Sie es brauchen können, dann schreiben Sie mir doch bitte kurz. Ich könnte die Dias an meine Schwiegermutter schicken, wo Sie das Paket dann abholen würden, oder auch direkt an Ihre Adresse.

Mit herzlichen Grüssen von uns

Ihr

Wilhelm Wagenfeld an Friedrich Bundtzen, 30. Dezember 1958

Lieber Herr Bundtzen,
gut, daß es noch Weihnachts- und Neujahrsfeste gibt. Anders bekäme ich ja nicht eine einzige Zeile von Ihnen. Wie oft und wie gern denke ich an unsere Zeit in Weißwasser zurück und an die Monate, die Sie bei mir in Berlin als Schüler lernten, weil mir daran lag, daß Sie der Formmeister der OLG werden sollten, jetzt sind Sie es schon beinahe zwanzig Jahre und ich glaube mit gutem Erfolg. Ich gratuliere und wünsche Ihnen weiter gutes Vorankommen im neuen Jahr zum Nutzen unserer Glasindustrie in Weißwasser.
Herzlichst
Ihr Wagenfeld

Friedrich Bundtzen an Wilhelm Wagenfeld, 10. April 1960

Sehr geehrter Herr Professor!
[...] Als ich im Jahre 1949 durch Ihre Empfehlung bei der Vereinigung Volkseigener Betriebe „Ostglas" die künstlerische Leitung übernehmen konnte, kannte ich bis heute nur eine Aufgabe – das Schöne und Wertvolle – die Wagenfeldgläser mit dem Rautenzeichen zu erhalten und auf dieses gute Erbe weiter aufzubauen. Über das „Wie" brauche ich wohl nicht zu berichten, weil die Produktion von „Gartenzwergen" nach wie vor aus wirtschaftlichen Gründen sanktioniert wird. Wir haben doch die Voraussetzungen bei uns zur vollen Entfaltung eines wahrhaft kulturellen Lebens. Deshalb unbegreiflich, weshalb die rasche Umsetzung des theoretisch Erkannten in der Praxis so schwer ist.
Alles Gute und bestes Wohlergehen wünscht Ihnen
Ihr Bundtzen

Friedrich Bundtzen an Wilhelm Wagenfeld, 17. Oktober 1960

Sehr geehrter Herr Professor!
Schon lange habe ich schreiben und für alles danken wollen, daß es nicht geworden ist, lag einzig und allein an mir selbst. Es wartet auf mich so viel Arbeit und das „Keinezeithaben" ist mehr als eine Untugend und durch nichts zu entschuldigen.
Die Entwicklungsarbeiten für die Leipziger Herbstmesse 1960 nahmen

mich voll und ganz in Anspruch. – Und jetzt kann ich auch nicht von einer Atempause sprechen, weil es mit Volldampf auf die Frühjahrsmesse zugeht. Vielleicht wird einmal ein komplizierter Apparat gebaut, eine „MM"-Maschine. Nicht etwa eine Maschine für die Leipziger Muster-Messe, sondern eine „Mustermachermaschine". Nur eine Taste drücken oder einen Hebel bedienen, und schon purzeln die neuesten Entwicklungen „Exportmuster" auf den Tisch. Mancher denkt auch, daß wir so etwas ähnliches seien.

Da wird so viel von Kunst geredet und geschrieben, während zu Hause ein „Elfenreigen" über dem von Tante Lieschen mit Alpenveilchen gestickten Sofakissen hängt. Aber was soll ich darüber erst schreiben und lamentieren, über dieses Problem ist schon so viel von Ihnen gesagt worden, wie es nicht besser zum Ausdruck kommen kann. Noch besser wird es durch Ihr künstlerisches Schaffen bewiesen. Überzeugend und unmißverständlich haben Sie in ihrem Buch geschrieben, daß „Industrieerzeugnisse von kulturellem Wert mehr zum kulturellen Leben eines Volkes beitragen als alle Reden und Schriften darüber." Daß die Exportwaren unsere Kultur widerspiegeln, können oder wollen einige vom „DIA Glas und Keramik" nicht begreifen. In westdeutschen Fachzeitschriften werden auf Seiten die häßlichen Erzeugnisse der keramischen Industrie angeboten.

Nicht schön, aber schön bunt, es lebe der „Gartenzwerg". Vielleicht ist es mir bald einmal vergönnt, daß ich zu einer Stippvisite zu Ihnen kommen kann und in Ihrem künstlerischen Laboratorium über die uns gemeinsam verbindenden Aufgaben einen regen Gedankenaustausch zu führen. Ich freue mich schon heute darauf, wieder so vieles wie damals von Ihnen lernen zu können.

Mit den besten Wünschen für Ihr Wohlergehen
die herzlichsten Grüße in vorzüglicher Hochachtung
Ihr Bundtzen

Friedrich Bundtzen an Wilhelm Wagenfeld, 14. Januar 1961

Sehr geehrter Herr Professor,
sind Sie bitte nicht darüber ungehalten, daß ich wieder einmal säumig gewesen bin. Es ist furchtbar, ich bin mir selbst böse, weil das „Keinezeithaben" zum Lachen geworden ist. Nach Feierabend bin ich so abgespannt wie ich es noch nie gekannt habe. Wenn einmal doch einige Mußestunden da sind, dann jagen sich die Gedanken kaleidoskopartig – ein wirres Durcheinander. Ob es beim Abendbrot ist oder frühmorgens beim Rasieren – es arbeitet und arbeitet. Wenn es schöpferische Arbeit

ist, bin ich zufrieden, aber meistens sind es Dinge, die einen unnötig belasten. Das ist nun einmal zeitbedingt. […] Worüber ich mich freue ist die Tatsache, daß in den Oberlausitzer Glaswerken auf Grund der damaligen Vereinbarung die von Ihnen entworfenen Service nicht anderweitig behandelt werden dürfen, d. h., mit irgendwelchen Schliffmustern „geschmückt" werden. Immer habe ich darauf geachtet und entsprechende Hinweise gegeben. In der letzten Zeit häufen sich wieder die Fälle, wonach einige kunstbeflissene Kunsthandwerker über alle möglichen Instanzen sich darauf berufen, von Ihnen persönlich die Genehmigung erhalten zu haben, ihre wunderschönen Rautengläser „veredeln" zu können. Bisher habe ich es abgelehnt, jetzt kommt aber ein ganz hartgesottener Bruder mit dem Namen Walter Gluck. Können Sie mir bitte mitteilen, ob Herr Walter Gluck aus Magdeburg – vielleicht auch Leipzig – von Ihnen die Zusage erhalten hat? Ich kann es nicht glauben, möchte es aber gern von Ihnen bestätigt haben.
Dieses für heute. Nochmals vielen Dank für alles.
Viele herzliche Grüße mit den besten Wünschen
Ihr Bundtzen

Wilhelm Wagenfeld an Friedrich Bundtzen, 16. Februar 1962

Lieber Herr Bundtzen,
[…] Wie geht es Ihnen jetzt in den Oberlausitzer Glaswerken? Ich denke oft an unsere Berliner Tage zurück, als ich Ihnen damals half, sich für diese Aufgabe vorzubereiten und freue mich über jede Nachricht, die Sie mir schicken.
Mitunter überlegte ich schon, ob wir nicht weiter zusammenarbeiten sollten, wofür Sie von mir dann geeignete Entwürfe bekämen und auch genaue Werkzeichnungen der Gläser. Aber wahrscheinlich ist an ein solches Zusammengehen unter den gegenwärtigen Verhältnissen gar nicht zu denken, besonders weil ja die Oberlausitzer Glaswerke kaum in der Lage sein würden, Lizenzleistungen an mich zu entrichten, selbst dann nicht, wenn diese Beträge in der Währung der DDR meinen Verwandten in Weißwasser zugute kämen.
Haben Sie eigentlich den Katalog meiner Züricher Gesamtausstellung bekommen? Die Ausstellung war später in Amsterdam, dann in München und wird abschließend in Berlin noch einmal gezeigt werden. Wie geht es Ihnen? Schreiben Sie bald einmal.
Mit freundlichen Grüßen
Ihr Wagenfeld

Wilhelm Wagenfeld an Friedrich Bundtzen, 28. Februar 1964

Lieber Herr Bundtzen,
[…] Was Sie über Ihre Arbeit schreiben und über das Vorankommen, das trotz aller Hindernisse noch sein kann, freut mich. Glauben Sie bitte nicht, daß die Zusammenarbeit mit der Industrie im westlichen Deutschland einfacher ist. Unsere hemmenden Funktionäre sind die Kaufleute in den Fabriken, die stets alles besser wissen, den vermeintlichen Geschmack des Publikums in und auswendig zu kennen glauben und auf die Art sich berufen fühlen, für das was gemacht und nicht gemacht werden soll in den Fabriken.
Übrigens sah ich sehr interessante tschechische Zeitschriften, die mich insofern gefreut haben, als dort fleißig experimentiert wird. Vieles ist modisch, aber das war ja in der böhmischen Glasindustrie seit jeher der Fall. Immerhin hat man den Eindruck, daß dort die Glasindustrie und auch die Glasschulen sehr rege sind und unbehindert von Richtungen dieser oder jener Art ihrer Experimentierfreude nachgehen können. Wie steht das mit Ihrer Schule in Weißwasser? Berichten Sie doch einmal darüber oder schicken Sie mir Abbildungen darüber, was dort gemacht wird.
Sie sollten öfter schreiben, damit wir nicht den Kontakt verlieren. Ich will Ihnen jedesmal antworten und bin auch gern bereit, Sie durch Drucksachen zu informieren, wenn die nirgendwo aufgehalten werden.
Mit herzlichen Grüßen
und guten Wünschen für Sie
Ihr Wagenfeld

Friedrich Bundtzen an Wilhelm Wagenfeld, 9. März 1964

Sehr geehrter Herr Prof. Wagenfeld!
Vorüber ist die Leipziger Frühjahrsmesse und damit beginnt für unsere Arbeit ein neuer Abschnitt. Nach wie vor ist der Umsatz der wichtigste Faktor im ganzen Messegeschehen, alles andere ist nicht so wichtig. „Echt Bleikristall" mit überladenen handgeschliffenen oder gepreßten Motiven in billigster Ausführung und häßlicher Gestaltung will der Exportkunde. In Westdeutschland, Schweiz, Italien, Frankreich, Dänemark und Übersee kauft man „Stilmöbel" und braucht dazu auf „antik" zurechtgemachte Bleikristallgläser. Grausam ist es, derartiges anzuhören. Unverantwortlich aber, wenn es der Binnenhandel und der Außenhandel von uns verlangt, diese Pseudokultur zu MACHEN. Diese sogenannten Argumente werden mir Tag für Tag vorgelegt.

Es bestehen auch bei uns Institutionen, deren Aufgabe es ist, die Produktion und den Verkauf von kulturell wertlosen Dingen auf ein Mindestmaß zu beschränken. Das Deutsche Amt für Material- und Warenprüfung prüft alle vorlagepflichtigen Produkte auf technische und künstlerische Qualität. Seit 1962 haben wir einen Rat für Industrieform, weiterhin ein Zentralinstitut für Formgestaltung. Es gibt ach so viele, die von Kultur und Kunst reden und sich so wichtig fühlen. Wenige denken daran – wie Sie bereits gesagt haben, daß nicht die Kunst unser Dasein gestaltet, sondern das, was in den Fabriken entsteht. Technisches Glas ist Schwerpunktaufgabe Nr. 1. Die Zeit ist nicht mehr fern, wo wir den Wein aus Reagenzgläsern trinken und von Plastegeschirr essen. Daß die Glasindustrie in der ČSSR sehr fleißig experimentiert und unbehindert entwickeln kann, wissen wir sehr gut. Ob es technische oder künstlerische Aufgaben zu lösen gilt, den Begriff „können wir nicht" kennen sie nicht. Vom Staat und den dafür zuständigen Organen erhalten sie die größtmögliche und beste Unterstützung. Wir haben in Weißwasser, wie Ihnen bekannt ist, die Ingenieurschule für Glastechnik. Obwohl in der ganzen Welt auf ähnlichen Instituten die Produktgestaltung mit im Lehrfach aufgenommen ist, hält man es hier nicht für notwendig. Im Monat April '64 fahre ich dienstlich nach der ČSSR, um diese uns interessierenden Probleme an Ort und Stelle studieren zu können. Nach meiner Rückkehr werde ich Ihnen darüber berichten.
Vielen Dank für Ihren lieben Brief. Mit den herzlichsten Grüßen wünsche ich Ihnen weiterhin alles Gute und frohes Schaffen
Ihr Bundtzen

Friedrich Bundtzen an Wilhelm Wagenfeld, 18. Februar 1971

Sehr geehrter Herr Professor Wagenfeld,
herzlichsten Dank für die lieben Grüße, die mir viel Freude ins Haus brachten. Ich würde mich glücklich schätzen, viel Erfreuliches über meine Arbeit berichten zu können, leider nicht möglich. Über zwei Jahrzehnte habe ich daran gearbeitet, diese sinnvolle schöpferische Arbeit, so wie es in Ihrem Schreiben steht, „der einst so verheißenden Arbeit unserer Zeit", weiter fort- und durchzusetzen. Mit Fleiß und Beharrlichkeit habe ich viele schöne Gläser entwickelt, die anläßlich meines 60. Geburtstages im Juli 1970 in einer Sonderausstellung im Museum für Kunsthandwerk in Dresden/Pillnitz, dann im Museum Köpenick und anschließend bis jetzt im Staatlichen Museum in Schwerin gezeigt wurden. Die vielen Besucher waren von dieser Ausstellung begeistert und fragten immer wieder,

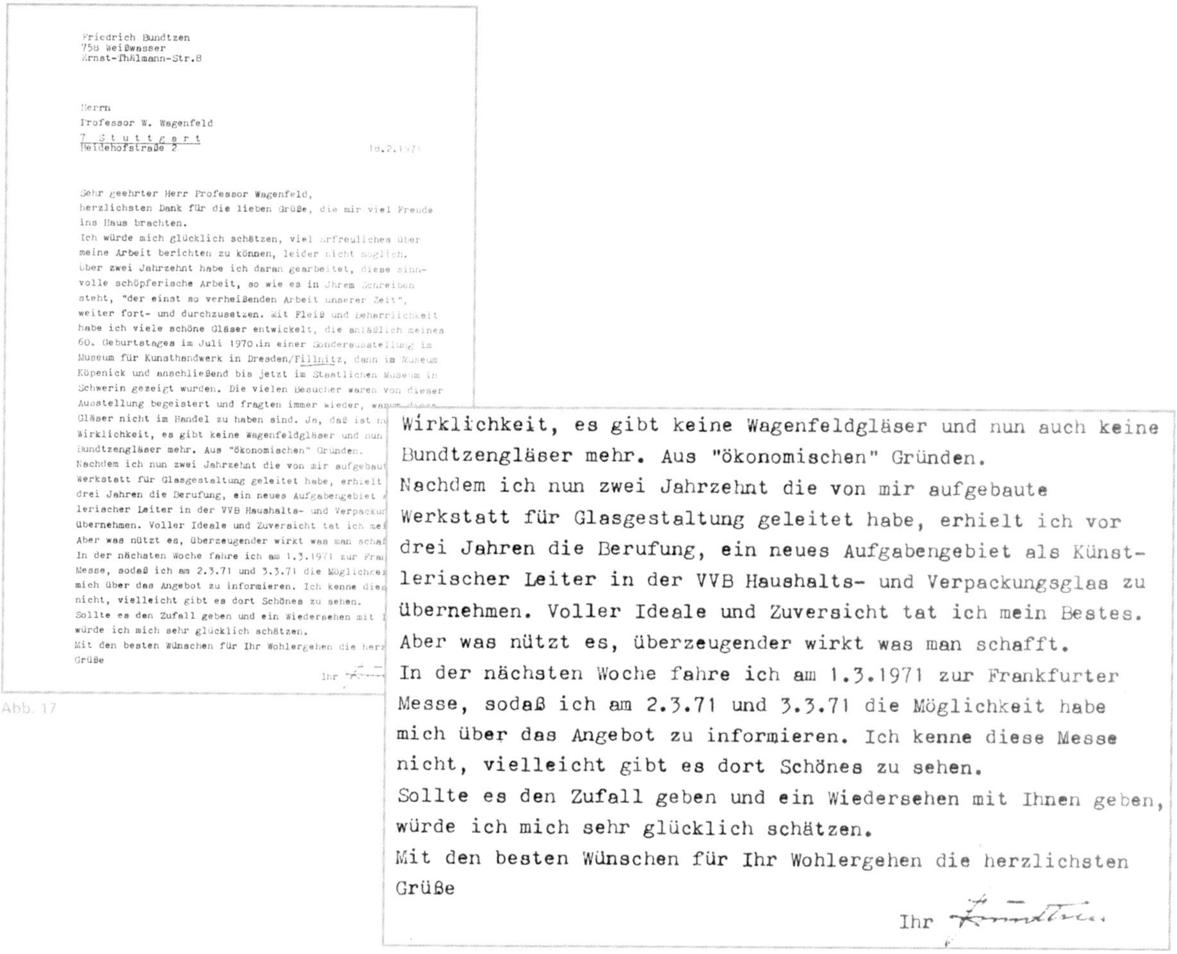

Abb. 17

warum diese Gläser nicht im Handel zu haben sind. Ja, das ist nun die Wirklichkeit, es gibt keine Wagenfeldgläser und nun auch keine Bundtzengläser mehr. Aus „ökonomischen" Gründen. Nachdem ich nun zwei Jahrzehnte die von mir aufgebaute Werkstatt für Glasgestaltung geleitet habe, erhielt ich vor drei Jahren die Berufung, ein neues Aufgabengebiet als Künstlerischer Leiter in der WB Haushalts- und Verpackungsglas zu übernehmen. Voller Ideale und Zuversicht tat ich mein Bestes. Aber was nützt es, überzeugender wirkt was man schafft. In der nächsten Woche fahre ich am 1.3.1971 zur Frankfurter Messe, sodaß ich am 2.3.71 und 3.3.71 die Möglichkeit habe mich über das Angebot zu informieren. Ich kenne diese Messe nicht, vielleicht gibt es dort Schönes zu sehen. Sollte es den Zufall geben und ein Wiedersehen mit Ihnen geben, würde ich mich sehr glücklich schätzen.
Mit den besten Wünschen für Ihr Wohlergehen die herzlichsten Grüße
Ihr Bundtzen[2]

2 Der Briefwechsel zwischen Friedrich Bundtzen und Wilhelm Wagenfeld befindet sich bei Brigitte Narasimhan-Bundtzen und Erika Wagenfeld.

Im Gespräch: Marlies Ameling

WIR WAREN DIE STÖRFAKTOREN – DIE DRÜBEN DIE LORDS

Eine Glasgestalterin über deutsche Designprozesse hinter den Messestand-Kulissen

Günter Höhne:
Glas ist einer der faszinierendsten Stoffe, um Lebenskultur Ausdruck zu verleihen, von der Hausfassade bis zum gedeckten Tisch. Industrielle Formgestaltung von Glas für den häuslichen und gesellschaftlichen Alltags- oder auch Festtagsgebrauch in großer Serie, mundgeblasen manufakturmäßig oder auch maschinell gefertigt, gepresst oder aufwendig geschliffen, ist dabei noch eine relativ junge Disziplin in der langen, traditionsreichen Geschichte dieses Materials. Du hattest das Glück, an der auf diesem Gebiet kompetentesten Designhochschule der DDR, der Halleschen Burg Giebichenstein, zu studieren. Was hat das dir in der Praxis gebracht, und was war davon noch tragfähig, als du auf dem Höhepunkt deines Schaffens als Chefgestalterin in der Glasmanufaktur Harzkristall Derenburg bei Wernigerode aus der sozialistischen Planwirtschaft in die freie Marktwirtschaft hineingerietest?

Marlies Ameling:
Also erst einmal: Um etwas richtig Gutes machen zu können, musst du die Technologie kennen. Wir Ostdesigner wurden ja nach dem Hochschulabschluss direkt in die Betriebe gesteckt. So, nun mach mal. Aber machen konnte man da nur etwas, wenn man auch die Technologie beherrschte. Sonst lief man sich tot. So waren wir dort oft auch die unbeliebten Störenfriede. Auf meinem Gebiet lief das im Detail zum Beispiel folgendermaßen: Die angestellten Glasschleifer hatten ihre festgelegten Normen, die bunten Kognakschwenker gingen weg wie nichts. Super-Normen und Prämien hatten die und wussten jeden Monat, was sie nach Hause tragen konnten. Am Zwanzigsten hatten sie die Norm mit Hundertzwanzig Prozent erfüllt und arbeiteten von da ab gemächlicher, sonst hätte ja jemand gemerkt, dass sie einen recht entspannten Arbeitstag lebten. Die hatten sich bequem eingerichtet, waren auch selber in den Kommissionen, die die Normen festlegten. Und nun kamen Designer und wollten etwas Neues machen. Das hätte auch neue Normen und folglich vielleicht auch weniger Verdienst beziehungsweise weniger gemütliche Routinearbeit bedeutet.
Ich habe eine ganze Weile gebraucht, bis ich durchgestiegen bin, woran es

denn liegt, dass ich nichts Neues im Betrieb durchsetzen konnte. Mir wurde das erst klar, als ich auf Veranlassung des Amtes für industrielle Formgestaltung selbst Mitglied der Gutachterkommission wurde. Da bekam ich heraus, dass die bei den Schleifern herrschenden Normen uralt und längst verfallen waren. Eigentlich hätten die Produkte jedes Jahr von der Kommission neu bestätigt und zugelassen werden müssen, aber da war nichts, alles beruhte auf längst zurückliegenden, nicht erneut bekräftigten Zulassungen. Und nun musste – in meinem Sinne durfte endlich – etwas Neues gemacht werden. In der „alten" Bundesrepublik war das ganz anders, wie ich nach der Wende natürlich mitbekam. Der Betrieb dort wollte Neuheiten haben, die Produkte wurden – oh Wunder! – nicht für die Leute gemacht, die in ihm arbeiten, sondern dafür, dass man draußen immer neue Kunden findet, denen man was verkaufen kann. In der DDR wurde doch sowieso alles verkauft, was hergestellt worden war. Dort in Westdeutschland hingegen hat man neue Entwürfe wirklich gewollt, zwingend. Und da saßen technologisch versierte Leute in der Produktentwicklung, die haben so lange getüftelt, bis sie was Tolles aus dem gemacht hatten, was ihnen die Designer als Entwurf zugereicht hatten. Wenn man sich mit den Gestaltern unterhalten hat – die kannten viele Technologien überhaupt nicht, die brauchten sich darum auch gar nicht zu kümmern! Ich weiß, dass Herr Nachlinger bei Rosenthal, ein ganz alter Glasfuchs, viel gearbeitet hat für alle Größen im Glasdesign. Nachlinger hat alle erforderlichen Technologien für die Produkte beherrscht. Die Gestalter skizzierten, die Werk-Spezialisten haben das dann umgesetzt. Ganz anders bei uns im Osten. Ich wollte gedrehte Stiele herstellen lassen, und dann hat mir mein Vater zu Hause Werkzeuge gemacht, von denen ich dachte, dass es damit gehen könnte. Also habe ich angefangen selbst Werkzeuge zu entwerfen, um etwas Neues in der Hütte durchsetzen zu können. Wobei das andererseits auch von Gewinn ist: Wenn du als Gestalter die Technologien beherrschst, kommst du über die Technologie auch wieder zu neuen Ideen, fragst dich, was kannst du noch ausprobieren.

Abb. 1

Das Glasmacherhandwerk war früher ein Wander-Handwerk. Die Glasmacher wanderten von Hütte zu Hütte und lernten jedes Mal etwas Neues. Seit dem 20. Jahrhundert nun ist immer der beste Lehrling in der Hütte vielleicht zu neunzig Prozent so gut wie sein Meister, und wenn er selbst Meister ist, ist auch sein Lehrling wieder höchstens zu neunzig Prozent so gut wie er. Das ist der ganz normale historische Verschleiß an Wissen und Können. Und wenn ich in den Achtzigerjahren in der Hütte war und Werkzeuge mitbrachte oder einen Teller herstellen wollte – die haben mich einfach nicht verstanden! Die haben sich an den Kopf gegriffen: Was willst du? Einen Teller?! Da musste man sich enorm durchsetzen; ich habe es geschafft, dass in Derenburg der erste Glasteller gefertigt wurde. Der erste überhaupt in der Geschichte der Hütte! Die hatten noch nie einen gemacht. Fortan gehörten sie zum Sortiment.

Höhne:
Praktische Vergleiche zwischen Glas-Designprozessen in Ost und West hast du nicht erst nach der Wende anstellen können, auch vorher schon warst du zu Messen und Ausstellungen. Was hat dich da besonders interessiert, vielleicht auch als Vorbild animiert?

Ameling:
Am Glas der Bundesrepublik haben wir uns gar nicht so sehr orientiert. Kontakt zu Designern von dort hatten wir aber zu den Leipziger Messen. Es war so: Wenn wir nach Leipzig gefahren sind, gab es für die gesamte Glasindustrie eine Export-Verkaufsquote. Diese Quote wurde an drei, vier Großhändler in der Bundesrepublik vergeben. Wir wurden zum Außenhandel bestellt, bekamen die Preise festgelegt für unsere Produkte in D-Mark und kriegten den Betriebspreis in DDR-Mark ausgezahlt. Wir selbst hatten mit dem Devisenerlös überhaupt nichts zu tun. Diese Festpreise waren absolut bindend, genauso wie die Abgabe-Quoten an die Händler. Da gab es welche, die boten den fünffachen Preis pro Stück, um überhaupt beliefert zu werden. Das half aber auch nichts, verkauft wurde nur an die bereits festgelegten Händler. Nichts ging da. Ein Schwachsinn!
Da kam dann also auf der Messe die Handvoll Großhändler, die ganze Etage lag denen zu Füßen, und die sagten dann nur, sie möchten dies und jenes haben. Manchmal waren auch deren Designer dabei. Die rümpften oft die Nasen, was ich heute auch nachvollziehen kann: Da hatten wir hier einen Kognakschwenker, dort einen Blumentopf, dann so was Ähnliches noch einmal, jede Menge von solchem belanglosen Zeug, dicht zusammengestellt auf Tischen mit Sprelacart-Platten. Manchmal kamen die Westdeutschen auch mit Zeichnungen, auf denen dargestellt war, was sie sich von uns wünschten. Mich ärgerte die deutlich herausgestellte, wegwerfende Arroganz, mit der sie dabei uns ostdeutschen Gestalter-Kollegen gegenübertraten. Als ob wir nicht selbst gewusst hätten, wie es viel besser geht. Die hatten überhaupt keine Ahnung, dass wir als Hausdesigner so gut wie keinen Einfluss auf die Sortimentskultur hatten. Es interessierte sie

Abb. 2

Abb. 3

Abb. 1: Vase aus der Vasenserie HARZKRISTALL; Hersteller: VEB Glasmanufaktur Harzkristall, 1976; Design: Marlies Ameling (um 1980 in Serie gegangene Diplomarbeit).

Abb. 2: Stielleuchter, Hersteller: VEB Glasmanufaktur Harzkristall, 1983; Design: Marlies Ameling (Vorstudie für den Leuchter TORSION).

Abb. 3: Leuchter TORSION, Hersteller: VEB Glasmanufaktur Harzkristall, 1984; Design: Marlies Ameling (speziell für den Nürnberger Bund entworfen).

Abb. 4

Abb. 4: Glasserie MISHA, Hersteller: VEB Glasmanufaktur Harzkristall, 1985; Design: Marlies Ameling.

auch nicht, sie fragten nicht ein einziges Mal nach, unter welchen Bedingungen wir eigentlich arbeiteten.
Ein typisches Beispiel: Unsere Malerei in der Glasmanufaktur musste beschäftigt werden. Also hatte ich für Gläser zum Wartburg-Jubiläum entsprechende Breitband-Malerei entworfen. Die Designer aus dem Westen haben sich darüber halb totgelacht: „Handmalerei? Das machen wir bei uns mit Schiebebildern in fünf Minuten drauf!" Ich aber hatte doch die Angestellten der Malerei-Abteilung bei uns zu beschäftigen …

Höhne:
Diese Westleute, hatten die einen Begriff wenigstens noch von den industriellen und manufakturellen Glas-Traditionen in Ostdeutschland, kannten sie die Marken oder Glasmacherzentren wie Weißwasser, Jena und Derenburg und interessierten sie sich dafür, was aktuell von dort kam?

Ameling:
Ach wo, das hat die überhaupt nicht interessiert, genauso wenig wie das heute generell eine Rolle spielt. Einzig von Wichtigkeit für den Handel ist, zu welchem Preis ich wo das gewünschte Produkt hergestellt bekomme. Können die mir einen guten Preis und eine gute Qualität bieten? und fertig. Marken, Traditionen, das ist doch passé. Früher hat man noch auf Messen den Süssmuth- oder den Eisch-Stand sofort erkannt, aber heute doch schon längst nicht mehr. Süssmuth ist sowieso verschwunden. Alles ist uniform geworden, austauschbar. Solche renommierten Firmen wie Eich haben mittlerweile neunzig Prozent Importware im Angebot und leisten sich mit dem, was sie

Abb. 5

Abb. 6

dabei verdienen, eben noch das bisschen Eigenproduktion. Nachtmann produziert selbst auch nicht mehr, ist weg wie Süssmuth. Dort hat man zum Beispiel versucht, in den zurückliegenden Jahren eigene Importfirmen aufzubauen, um überleben zu können. Diese Importfirmen haben sich später ausgegliedert, strikt ihr eigenes billiges Ding gemacht, das war das Ende vom Lied.

Höhne:
Und sicher lief doch so auch nach der Wiedervereinigung der Marktprozess in den neuen Bundesländern. Das müsste ja dann ein enormer Schock gewesen sein für die bis dahin anscheinend doch recht gemütlich eingerichteten Leute in den Glashütten und -werken.

Ameling:
Genauso war es. Die ersten Berater bei uns in Derenburg – ich war inzwischen Gestalterin und Prokuristin dort – kamen von Süssmuth in Immenhausen. Und das war auch gut so. Die haben uns sofort reinen Wein eingeschenkt: „Aufhören mit Trinkgläsern! Das kann sich keiner in Deutschland mehr leisten. Wenn ihr jetzt echte, wirtschaftliche Glasrechnungen aufstellt – Entwicklung, manuelle Qualitätsserienfertigung, Energie- und Materialkosten, Vertrieb, Werbung, Präsentation – dann kostet ein Trinkglas, mundgeblasen, 25 Mark. Kauft euch keiner ab. Ihr müsst aber Trinkgläser im Sortiment haben. Kauft sie im Ausland ein."
Also kaufte ich Gläser in Polen ein, und die kosteten Pfennige. Da haben mich meine Leute im Glaswerk fast gesteinigt: Die holt jetzt Gläser aus Polen! Ist die denn verrückt geworden? Dieser Import und die folgenden waren

Abb. 5: Schalensatz ROSALES, Hersteller: VEB Glasmanufaktur Harzkristall, 1985; Design: Marlies Ameling.

Abb. 6: Serie ODEON, Hersteller: Glasmanufaktur Harzkristall GmbH, 1994; Design: Marlies Ameling.

Abb. 7: Serie CITRO, Hersteller: Glasmanufaktur Harzkristall GmbH, 1996/97; Design: Marlies Ameling (der meistkopierte Entwurf von Marlies Ameling).

aber die einzige Chance zu überleben als Qualitätsglasmacher in Derenburg, sich überhaupt noch eigene Sortimente leisten zu können. Also: Wir sind den gleichen Weg gegangen, den die anderen deutschen Hütten schon beschritten haben. Und zwar sofort, aus dem Stand. Ich bin 1990 erst einmal in alle westdeutschen Glashütten gefahren, die ich so kannte, wenigstens vom Namen her, und überall bin ich mit offenen Armen empfangen worden. Die Leute haben ja sehr schnell erkannt, dass ich etwas verstehe von der Sache, nicht so eine arrogante „Designerin" bin, die man schon auf fünfzig Meter an den Klamotten und auf fünf Meter an der Verhaltensweise als „Künstlerin" erkennt. Diese Anerkennung schlichter Professionalität bekomme ich auch manchmal heute noch zu spüren, obwohl ich ja seit einigen Jahren weg bin von Harzkristall in Derenburg, dort nicht mehr gebraucht werde. Wenn ich mich heute auf Messen umschaue, kommt dieser und jener immer noch auf mich zu. Wie der gute alte Herr Eisch, über achtzig Jahre alt, der sich noch immer an meine Vorliebe für Leberwurst erinnert. Was mich bei meinen Erkundungen in den westdeutschen Glaswerken allerdings sehr irritiert hat, war die teilweise unvorstellbare Diskrepanz zwischen deren palastähnlichen Messeauftritten und den Zuständen in der Produktion. Manufaktur-Einfachheit bis hin zum Primitiven. Für die Angestellten ein Speiseraum? Ach wo. Keine richtigen Pausen innerhalb der Schicht, schauderhafte Toiletten. Das waren unerwartete Kontraste, dort hinter den Kulissen der Messestände.

Höhne:
Noch mal zurück zum Leistungs- und Ausbildungsprofil der Gestalterinnen und Gestalter unter den Glasmachern. Du kamst von der Hallenser Burg Giebichenstein und bliebst mit deiner Anstellung in Derenburg auch dort, das Glaswerk war ja ein Betrieb der Hochschule. Welche Eindrücke hattest Du von der Qualität der Designerausbildung auf diesem Gebiet in der Bundesrepublik? Entsprach sie in etwa der in der DDR, oder gab es da Unterschiede?

Ameling:
Ich habe da drüben keine direkten Einblicke genommen. Von unserer Ausbildung kann ich jedenfalls sagen, dass sie sehr gründlich, sehr gut war. Das begann damit, dass man Porzellan- und Glasgestaltung überhaupt nicht studieren konnte, ohne vorher in der entsprechenden Industrie gearbeitet zu haben. Und zwar wirklich, auf einer Ebene mit den Arbeitern, indem man auch Formen selbst gebaut und Henkel geschnitzt hat. Und das Ganze hatte auch einen psychologischen Aspekt. Ich habe mich anfangs als junge Designerin im Glaswerk oft darüber aufgeregt, dass die Einträgerinnen, die das Glas in den Ofen bringen, die Gläser schräg gehalten haben. Da läuft dann nämlich doch mal der Boden ein bisschen schief. „Mensch, kann die das nicht gerade halten?", habe ich vor mich hin geschimpft. Dann erinnerte ich mich aber an meine eigene Arbeit in der Produktion: Spätestens um elf, wenn du den halben Tag lang schon diese Gläser in den Ofen gebracht hast, hast du einen Hänger. Ach Gott, wann

Abb. 7

Abb. 8

Abb. 8: Teile aus der Kollektion AVANTGARD, Hersteller: Glasmanufaktur Harzkristall GmbH, 1996 – 98; Design: Marlies Ameling.

ist die Schicht bloß vorbei ... Und dann hältst du eben auch mal das Glas schief. Oder im Porzellanwerk: „So viel Ausschuss! Konnten die das nicht mal besser verputzen?" Ich habe dann selbst Nachtschicht gearbeitet. Die ganze Nacht über immer wieder zwei Teller vom Band runternehmen, immer - klack-klack – zum Verputzen runternehmen. Weißt du, wenn ich nicht hinterhergekommen bin mit dem Tempo, dann habe ich mit der Hand ausgeholt, auf so einen Stapel drauf, und schon war ich wieder im Rhythmus drin. Das mal nachzuvollziehen, wie da gearbeitet wird, ist schon sehr wichtig für den Gestalter. Einmal nur hinzukommen auf die Ofenbühne und den kritischen Künstler geben: „Ach ziehen Sie doch noch mal, und machen Sie doch hier mal einen Faden" – das bringt gar nichts. Sondern einmal den Arbeitsplatz einnehmen, vor dem man als Klugscheißer steht. Und da musst du auch immer mal wieder hin, du kannst die nicht den ganzen Tag sich allein überlassen. Du brauchst die Gewissheit ordentlicher Arbeit, und die brauchen dein Interesse, deine Zuwendung als Gestalterin dessen, was sie da fabrizieren. Dann kommt am Ende des Tages ein vernünftiges Produkt 'raus. Ich denke, in so einer Designer-Haltung kommt schon auch ein Unterschied Ost-West in der Designerausbildung zum Ausdruck. Der ist einfach durch die Plan- und Kommandowirtschaft hier und die Marktwirtschaft dort begründet. Im Westen orientierte man angehende Designer darauf, ständig Neuheiten zu bringen, noch Raffinierteres, tolle Sachen für den Verkauf auf einem gesättigten Markt. Bei uns hier war der Designer im Betrieb der Störfaktor. Der wollte nur *schon wieder was Neues. Dem standen zum Beispiel auch solche „Rationalisierungs-Überlegungen" gegenüber wie der Vorschlag der unsere Hütte beliefernden Kartonfabrik, wir sollten doch nur noch gleich große Gläser machen, die alle in dasselbe Kartonformat passten. Der Designer bei uns musste eine wahnsinnige Durchsetzungskraft haben, um halbwegs etwas von seinen Ideen verwirklichen zu können.*

Höhne:

Das ist doch dann aber Nonsens gewesen: fachlich und künstlerisch erstklassige Designer auszubilden, ihnen eine Anstellung in der Industrie zu garantieren – und ihnen dann nur sehr beschränkten Einfluss zu lassen. Die weniger umfassend, weniger praxis-, aber mehr marketingorientiert ausgebildeten Gestalterinnen und Gestalter im Westen hingegen waren die Erfolgreichen, Angesehenen. Paradox ...

Ameling:

Die waren die Lords, wir hier die Lästigen. Aber eines spricht auch Bände: Meine Kolleginnen und Kollegen, die hier ausgebildet wurden und in den Westen gegangen sind, waren dort alle erfolgreich. Karin Lobedan zum Beispiel, mit der zusammen ich an der Burg studiert habe, ist in die Bundesrepublik übergesiedelt, um dort ihren erkrankten Vater zu pflegen. Sie ist weder aus Unmut noch als Dissidentin gegangen und hat dann bei der Firma Süssmuth gearbeitet. Was die dort auf einmal alles machen konnte, davon habe ich doch nur geträumt. Wie viele Produkte! Und dann bekam die schon wieder problemlos eine neue Eisenform! Wir hier in Derenburg hatten nur Anspruch auf eine einzige im Jahr, aus Weißwasser. Bei uns waren Holzformen das gängige Arbeitsmittel. Und die kriegte eine eiserne nach der anderen ...
Als ich meinen allerersten Praktikumstag als Gestalterin in der Glashütte Derenburg antrat, lief mir über den Hof eine kleine verheulte Frau aus der Schleiferei in die Arme, bisschen wirre Haare: Ilse Decho. Die berühmte Professorin Ilse Decho von der Burg Giebichenstein, meine Lehrerin. Völlig verheult. Sie hatte versucht, ein Muster machen zu lassen in dieser Gravurabteilung. Das waren die Kings dort drin, die Graveure. Die haben ein unwahrscheinliches Geld verdient, und die haben bestimmt, was gemacht wurde und nicht eine Frau Decho, bitteschön. Und die Decho hat zu mir nur gesagt: „Es ist wirklich aussichtslos." Als ich im fünften Studienjahr war, hat sich Ilse Decho das Leben genommen.
Man hat auch Marita Voigt von der Burg nach Derenburg delegiert, von der man wusste, die kann sich durchsetzen, die ist schlagfertig. Marita Voigt hat nach drei Jahren hingeschmissen. Was nämlich an keiner Schule gelehrt wurde, war, wie man sich durchkämpfen muss als Gestalter, welche manchmal klammheimlichen, manchmal auch robusten Mittel man einsetzen muss, um sich zu behaupten. Das hat uns keiner an der Schule beigebracht, woher auch. Wir haben über wirtschaftliche Zusammenhänge, über Technologien Bescheid gewusst, aber doch nicht über die Bösar-

tigkeiten des Alltags und den Widerstand der von der Partei gehätschelten Arbeiteraristokratie in den Betrieben.

Höhne:

Aber war denn Harzkristall Derenburg nicht ein Betrieb der Hochschule für industrielle Formgestaltung, Burg Giebichenstein? Hätte da das Betriebsregime der Glasmanufaktur nicht den Zielen und dem Verlangen der Burg unterliegen müssen? Also auch die dort angestellten Schleifer?

Ameling:

Das war überhaupt nicht so. Die Burg hatte eine Leitung „ihrer" Produktionsbetriebe (das waren ja einige mehr als nur der in Derenburg). Diese Leitung hatte die eigentliche Macht. Die Burg hatte ihre Kontingente in den Betrieben, sie durfte dort mit den Studierenden ihre Ausbildungsziele umsetzen, aber mit den Betriebsprozessen hatte die Leitung der Hochschule überhaupt nichts zu tun. Das Sagen hatte die Produktionsleitung, die mit der Schule nur ihren Sitz gemeinsam hatte. Und wenn die nach Derenburg kamen, dann haben sie zuerst einmal zum Betriebsabgabepreis ihren Satz geschliffener bunter Römer und Kognakschwenker eingesackt. Die hatten doch Autos und brauchten auch Ersatzteile oder wollten beim Fleischer mal unterm Ladentisch einen schönen Schinken zugeschoben bekommen oder im Konsum eine grüne Gurke. Das alles hätten sie für ein Zylinderglas als kleine Gefälligkeit nicht gekriegt. Und als der Gefäßdesigner Hans Merz als einer der Ersten in der Manufaktur ein paar schlichte zylindrische Gefäße gemacht hat, dann hieß es „Schade um das schöne Glasmaterial", und sie landeten als Klobürstenhalter auf den Werks-Toiletten.

Höhne:

Was hat die Wiedervereinigung für dich als ostdeutsche Glasdesignerin gebracht? Befreiung von den geschilderten Altlasten, Auftrieb, noch einmal Durchstarten? Und waren für einen Neuanfang womöglich deine zahlreichen Design-Auszeichnungen und die respektablen Verkaufszahlen von gegen manche Widerstände geschaffenen Glasserien wie MISHA oder ROSALES hilfreich? Du warst eine der kreativsten und erfolgreichsten ostdeutschen Gestalterinnen der Achtzigerjahre.

Ameling:

Das interessierte damals keinen und heute erst recht niemanden mehr. Das muss man ganz nüchtern sehen. Es interessiert, was du an Neuigkeiten zu bieten hast, zu welchen Preisen und ob das im Trend ist, ob das qualitativ in Ordnung ist und ob der Vertrieb funktioniert. Als Designer in der DDR warst du ja trotz aller gelungenen Arbeiten sowieso anonym, schon im Betrieb kaum oder überhaupt nicht bekannt. Das war auch so gewollt. Ich habe das selbst lange als völlig normal betrachtet, bin so vom ersten Schuljahr an erzogen worden: Die Arbeiter sind es, die die Produkte schaffen, das Kollektiv. Der Designer stand da irgendwo ganz hinten in der Hierarchie. Jaja, es gab die staatliche Auszeichnung „Gutes Design". Da wurden im Betrieb zuerst die

Abb. 9

Abb. 10

Arbeiter beglückwünscht und kriegten 'ne Prämie, dann der Betriebsleiter und zum Schluss ich noch etwas. Und da haben die Arbeiter dann noch gesagt: „Wieso denn die? Die hat's doch nicht gemacht! Ohne uns hätte die das gar nicht auf dem Tisch."

Mit der Wende hatten wir ganz andere Sorgen, das waren dann aber richtige. Wir als Gestalter haben kaum bemerkt, dass die Betriebe wirtschaftlich sehr bald am Ende sein würden. Klar, wir haben gewusst, dass jede Menge Zeug von uns in Westdeutschland auf dem Markt ist, genauso anonym, wie wir als Designer arbeiteten. Der Nürnberger Bund hat uns, um ein konkretes Beispiel zu nennen, Glasleuchter mit gedrehten Stielen zum Preis von einsfünfzig Westmark abgenommen, die uns in der Produktion zwanzig DDR-Mark gekostet hatten. Von denen war kaum etwas in den Binnenhandel hier gekommen, und wenn, dann für dreißig DDR-Mark das Stück. Und die gingen dann auch sofort weg wie warme Semmeln. Was aber nun, wenn jetzt mit der Wirtschafts- und Währungsunion im Sommer 1990 „unsere" Leuchter aus dem Westen vom Nürnberger Bund auch in die Noch-DDR-Geschäfte kämen, zum Ladenpreis von vielleicht vier D-Mark? Zuerst haben wir noch gedacht, na da wird es wohl in solchen Fällen einen Importstopp durch die DDR-Übergangsregierung geben. Wie naiv! Plötzlich waren die Geschäfte in Wernigerode voll mit unserem Zeug, das von drüben kam, geliefert vom Nürnberger Bund. Da war an eine Derenburger Weiterproduktion in dem Sortiment nun nicht mehr zu denken.

Höhne:
Was war oder ist der „Nürnberger Bund"?

Ameling:
Ein Glas- und Porzellangroßhandel in den alten Bundesländern. Teile davon gibt es heute noch. Damals hatte der Nürnberger Bund eine dieser vorhin schon erwähnten großen Einkaufs-Quoten inne für DDR-Glas, außer ihm und noch einem weiteren Kunden

Abb. 9: Teller mit eingelegten Fäden, Hersteller: Glasmanufaktur Harzkristall GmbH, 1998; Design: Marlies Ameling.

Abb. 10: Teller blau-weiß, Hersteller: Glasmanufaktur Harzkristall GmbH, 1998; Design: Marlies Ameling.

durfte keiner aus Westdeutschland bei uns einkaufen.

Höhne:
War mundgeblasenes Serienglas aus der DDR nur wohlfeile Handelsware für den Westen oder auch Konkurrent auf dem Weltmarkt?

Ameling:
Nie ein Konkurrent. Für den Nürnberger Bund war das eine Einkaufsmöglichkeit. Die haben das genauso gemacht wie andere Glasfirmen in der alten Bundesrepublik: Sie haben im Osten eingekauft und die Ware umetikettiert beziehungsweise mit dem Auftrag die Etiketten gleich mitgeliefert.

Höhne:
So, wie wir es in den neuen Bundesländern nach der Wende auch mit polnischem Glas gemacht haben ...

Ameling:
... und die Polen inzwischen mit den Chinesen, bei denen wiederum deutsche Glasfirmen mit am Tisch sitzen und die Technologie machen. Mittlerweile bekommt man aus China super Glas. Und wenn man das genau durchschaut, sieht man deutsche Ingenieure, die die Technologie liefern – und so weiter. Du schickst heute eine Zeichnung nach China, und innerhalb einer Woche kannst du dir das Produkt am Flughafen abholen.

Höhne:
Ist es dann nicht auch folgerichtig und verständlich, wenn auch entsetzlich, dass jetzt eine so große ostdeutsche Markenfirma, ein Design-Pionier wie Jenaer Glas, zugemacht hat?

Ameling:
Das wäre nicht notwendig gewesen. Davon bin ich überzeugt. Hier sind wir nämlich im maschinellen Bereich. Und da hat Deutschland durchaus Chancen. Weil wir gute Technologien haben, weil wir sehr sauber arbeiten. Schott ist meines Erachtens aufgrund des sehr schlechten Vertriebs kaputtgegangen. Es sollte noch billiger werden und noch billiger, anstatt den Ruf der Marke auszubauen. Das Produkt kostet dann zwar etwas mehr, aber ich habe es in der begehrten und bewährten Marken-Qualität zu Hause und kann es immer wieder nachkaufen. Stattdessen hat man die Formen nach Ungarn gebracht. Es hat eine unheimliche Menge Geld gekostet, die Produktion in Ungarn aufzubauen, und herausgekommen ist dabei nichts. Keine Qualität mehr. Damit war dann auch der Ruf ruiniert und die Firma weg vom Fenster. Aber nach wie vor sind diese vormals guten Produkte gesucht, sie fehlen heute schmerzlich im Angebot. Hier jedoch kann von China kein Ersatz kommen. Von dort ist kein feuerfestes Glas zu erwarten.

Höhne:
Und was macht Harzkristall Derenburg heute?

Ameling:
Die sind den ganz einfachen Weg gegangen und machen touristische Artikel, „Erlebniswelten", bunte Kugeln, für die man kein gutes Glas benötigt. Und

die Kunden finden das toll, so mit Blasmusik und Kinderspielplatz, endlich auch hier wie in jeder Glashütte in Bayern. Darum ist da auch kein Platz mehr für eine angestellte Designerin. Das ist aber eben sehr kurzfristig gedacht. In einigen Jahren werden hier die handwerklichen Traditionen, die Meisterschaften gänzlich verschwunden sein, die für wenigstens einen noch sichtbaren Teil von Qualitätsglas vonnöten sind. Man wird dann hier nur noch eine Bühnen-Show für Touristen machen und Zugekauftes anbieten – aus. Die Qualitätsmarke Harzkristall, einst bei allen geschilderten Problemen doch auch immer ein Symbol für moderne Experimente im seriellen ostdeutschen Glasdesign, wird einmal gewesen sein.

Höhne:
Warum und wie bist du überhaupt zum Glas gekommen?

Ameling:
Ich habe unruhige Hände, habe schon als Kind gern in einer nahe gelegenen Tongrube gespielt. Ich habe Figuren und kleine Gefäße geformt. Später in der Oberschulzeit habe ich mir eine Drehscheibe zugelegt und aus dem Klumpen einfach eine Teekanne hochgedreht und Ähnliches. Dann habe ich mich an der Burg Giebichenstein fürs Studium beworben, nachdem ich in einer Illustrierten etwas über die Hochschule gelesen und gesehen habe. Dort traf ich auf das Gebiet Industriedesign und war sofort entflammt. Für ein paar reiche Tanten Töpfchen machen – nee. Aber ein Serienprodukt, wo man buchstäblich noch ein bisschen über den Tellerrand hinaus denken muss, ein Produkt, das ganz viele Leute gebrauchen können – das ist es! Das hat mich gepackt. Und wenn ich heute durch die Stadt gehe, sehe ich in den Schaufenstern immer wieder mal noch serielles gutes Glas stehen, das ich gemacht habe. Da kann man wirklich zufrieden sein.

An der Burg gehörte ich zu den ersten Glasleuten, vorher gab es nur die Porzellan-Ausbildung. Nach einem Praktikum in der Glashütte machte ich noch eines im Porzellan, und wir stellten Gipsformen her. Dieser Gips war so staubig, und ehe du überhaupt etwas von dem Ergebnis gesehen hast ... Porzellan dauert ja ewig. Da drehst du es erst mal, dann machst du das und dann dies, ach nee ... Glas hat ein ganz anderes Temperament! Im Glas musst du schnell reagieren und rufen „Halt! Noch mal über die Luft!" oder so; das Produkt ist in drei Minuten fertig. Das passt viel mehr zu mir.

Höhne:
Euer Sohn beschreitet ja längst seinen eigenen, ganz anderen Berufsweg. Aber würdest du heute jungen Leuten noch zu einer Ausbildung als Glasgestalter raten?

Ameling:
Würde ich nicht, ganz ehrlich. In der Industrie von heute und morgen jedenfalls hätten sie keine Chance, glücklich und anerkannt zu werden. Im Handwerk, im Kunsthandwerk vielleicht. Wenn sie nebenbei als Taxifahrer arbeiten oder einen reichen Partner heiraten. Allein davon leben werden aber nur ganz wenige können.

Abb. 11

Abb. 11: Glasfigur im Fenster der Wohnung von Marlies und Lothar Ameling.

Günter Höhne

DEN DECKEL HAB ICH WOHL, ALLEIN ES FEHLT DIE SCHNAUPE

Dies ist die Kurzgeschichte einer geplanten und gescheiterten freundlichen Design-Übernahme, eines ungeplanten erfolgreichen deutsch-deutschen Produktkulturaustauschs auf inoffiziellem Weg und am Ende betrübter Gesichter bei den sächsischen Porzellanmachern in Colditz.

Abb. 1

Ein Gaststättenporzellan beherrschte in der DDR der Siebziger- bis Achtzigerjahre fast ausnahmslos die gesamte Gastronomieszene des Landes. Seinen stapelbaren Portionskännchen, Tassen und Tellern begegnete man regelmäßig, wo viele Menschen zu beköstigen waren: In Hotels, Gaststätten, Werkskantinen, Ferienheimen und Krankenhäusern, aber auch im Ostberliner Haus des Ministerrats (hier mit braunem Dekorand) und in der SED-Leitstelle Zentralkomitee (dort grün gestreift) gehörten sie zur Standardausrüstung. Das staatliche Reise-Versorgungsunternehmen Mitropa hatte sie ganz und gar zu seinem Bedeutungsträger in Sachen Beköstigung gemacht; mochten sich auch Firmenlogo und -typografie zwischen

Abb. 2

Abb. 3

den Siebziger- und Neunzigerjahren verändern – das RATIONELL-Hotelgeschirr aus dem VEB Vereinigte Porzellanwerke Colditz als skulpturhaftes Wiedererkennungsmerkmal auf Schiff und Schiene blieb stets dasselbe. Seinen Werks-Namen RATIONELL kannte aber außer ein paar Design-Eingeweihten kaum jemand sonst, es hieß eben schlicht „das Kantinengeschirr" oder „das Mitropa-Geschirr". Ebenso unbekannt blieben den Nutzern seine Erfinder, die beiden am staatlichen Berliner Formgestaltungsinstitut angestellten Gefäßspezialisten Margarete Jahny und Erich Müller. Abteilungsleiter Müller, so erzählt die heute bei Kamenz lebende sechsundachtzigjährige Margarete Jahny, war in erster Linie „Mann der starken Zweckbezogenheit". Sie selber empfand sich eher als harmonischen Formen verpflichtete Vollblutkeramikerin. Am wohlsten fühlte sie sich ganz allein an der Töpferscheibe, galt aber landesweit als die Fachfrau für industrielle Fertigungsprozesse in der Porzellan- und Keramikindustrie. 1950 war die junge Absolventin der Hochschule für Bildende Künste Dresden, wo sie unter anderem von Marianne Brandt und Rudolf Kaiser unterrichtet wurde, zunächst in die Lausitzer Porzellanindustrie als Industriegestalterin gegangen, bevor sie an das Institut nach Berlin geholt wurde. Das Gespann Müller und Jahny („Wir haben uns manchmal ganz schön zusammenraufen müssen!") wurde hier im Kollegenkreis bald in einem Atemzug, als Doppelname genannt: Müllerjahny.

Beider gestalterische Credos vereinigten sich in jener 1969/70 entstandenen RATIONELL-Gastronomieserie: das Rationale und Rationelle, eindeutig Stapelfähigkeit und Robustizität versprechende „Männliche", gepaart

Abb. 4

Abb. 4: Margarete Jahny 2008 in ihrem Garten.

147

Abb. 5

Abb. 6

Abb. 5–8: RATIONELL- und BAUSCHER-Kaffeekännchen in Zweisamkeit.

mit einer zwar zurückgenommenen, aber immer noch genügend selbstbewusst erscheinenden gewissen „weiblichen" Linie, die besonders an der Silhouette des Schnaupenverlaufs bis hinunter zum leicht abgerundeten Sockel des Kaffeekännchens nachzuverfolgen ist. Alle Geschirrteile hat man als Nutzer perfekt im Griff, ob einzeln beim Servieren oder packenweise beim Ein- und Abdecken. Sowohl die große Kanne als auch das Portions-Kaffeekännchen in ihrer formalen Selbstständigkeit wie auch sicheren und als sehr angenehm zu empfindenden Haptik (und relativen Leichtigkeit für ein Gaststättengeschirr) gelten bis heute in der deutschen Gastronomie-Porzellanbranche als vorbildlich.

Besonderen Ehrgeiz hatten Jahny und Müller auf eine optimale Lösung bei der Ausgestaltung der möglichst tropffreien Schnaupe verwendet – ein Thema, an dem Keramiker und Geschirrhersteller bis heute immer wieder scheitern. Margarete Jahny erinnert sich noch lebhaft:

„Als wir uns damit und auch mit den Erfahrungen anderer Hersteller befassten, fanden wir zu unserer Überraschung heraus, dass soeben das berühmte Bauscher-Patent mit dem Loch abgelaufen war. Der westdeutsche Gastronomiegeschirr-Hersteller hatte mittels eines kleinen raffinierten Durchstichs in der Schnaupenkehle erreicht, dass so das Problem des Nachtropfens gelöst werden konnte. Also wollten wir diesen zur Nachahmung nun freigegebenen Trick übernehmen, ohne dass der Betrieb dafür Patentgebühren in D-Mark hätte bezahlen müssen. Leider wurde daraus aber nichts. Das sei unnötiger zusätzlicher manueller Arbeitsaufwand bei der Großserien-Produktion, wurde von der Colditzer Werkleitung entschieden. Also pusselten wir so lange an der Schnaupe herum, bis sie auch ohne das Löchlein weitgehend (aber eben nicht garantiert) tropffrei war." Ironie der RATIONELL-Designgeschichte: Wenig später profitierte im Gegenteil Bauscher von dem Colditzer Kännchen – und zwar ebenfalls aufgrund eines Patentumstandes: „Erich Müller hatte eine neuartige Deckel-Innenausformung erfunden, die das Ausgießen bis zum letzten Tropfen ohne Festhalten der flachen zylindrischen Kappe ermöglichte", erzählt Margarete Jahny mit einem etwas bitteren Lächeln, „aber noch ehe das in der DDR etwas langwierige Patentverfahren durch und die Anmeldung verbrieft und besiegelt war, geschah etwas selten Dämliches: Voller Stolz präsentierten die Colditzer auf der Leipziger Messe 1969 westdeutschen Handelsvertretern das neue Geschirr mit der sensationellen Deckellösung. Und innerhalb kürzester Zeit wurde die nun von den Bauscher-Leuten für ein eigenes neues Hotelservice umgesetzt, mit einem so passgenau innen ausgeformten Deckel, wie er in dem DDR-Betrieb mit seiner damals veralteten Technologie dermaßen perfekt für die Großserie nicht hinzubekommen war …"

Abb. 7

Abb. 8

Später Trost: Das legendäre Bauscher-Kännchen mit dem Durchstich und der Nachfolger mit dem Deckelprinzip aus der DDR haben als Gastronomiegeschirr die Wende nicht überlebt. Wohl aber bis heute die RATIONELL-Kännchen, Tassen und Tellerchen, die noch an vielen Orten in den neuen Bundesländern allgegenwärtig sind – mit grünem, braunem und auch blauem Rand. Und vom Mitropa-Signet geziert zählen sie zu den begehrtesten Ostkult-Sammelobjekten. Nur echt mit dem Deckel natürlich.

Volker Fischer

AS TIME GOES BY
Beobachtungen zur Wohnkultur der Westdeutschen

Das private Wohnumfeld ist für jeden Menschen mindestens so wichtig wie das Streben nach persönlichem Glück und beruflichem Erfolg. Walter Benjamin nannte in seinem monumentalen „Passagen"-Werk gründerzeitliche Wohnungen „Etuis des Intimen", und Heinrich Zille konstatierte angesichts der dunklen Berliner Hinterhofbleiben um 1910, dass man ebenso wie mit einer Axt auch mit einer Wohnung einen Menschen erschlagen könne.

Nun, beide Extreme gab es so in der westdeutschen Nachkriegsgeschichte nicht, wohl aber rudimentär Vergleichbares. Natürlich waren vor allem die ersten zehn, zwölf Jahre nach Kriegsende von allgemeiner Wohnungsnot gekennzeichnet. Sehr viel Wohnraum war ausgebombt, und wo noch eine große Altbauwohnung unzerstört geblieben war, wurde sie mit Trennwänden für drei, vier Familien aufgeteilt. Gleichzeitig entstand der staatlich geförderte sogenannte „Soziale Wohnungsbau" mit seiner städtebaulich rigiden Zeilenbauweise, ob auf zerstörten innerstädtischen Flächen oder in den Vororten der Städte. Stadträumliche Texturen, die in den Großstädten der Zwanzigerjahre dem Siedlungsbau – ob in Berlin, Frankfurt, Dessau oder Hamburg – urbane Dichte gegeben hatten, erschienen als verzichtbares Beiwerk. So entstanden dann beispielsweise die Siedlungen der „Neuen Heimat" als Flachdach-Kisten für sechs bis acht Wohnparteien, aneinandergereiht, mit Flächengrün dazwischen, welches allenfalls durch Teppichklopfstangen akzentuiert wurde. Die Sozialbauwohnungen selbst waren bescheiden dimensioniert: drei Zimmer, Küche, Bad, Flur, manchmal ein Balkon, alles zusammen auf fünfundfünfzig bis sechzig Quadratmetern.

Die Einrichtung hatte schon aufgrund der begrenzten Größe schlicht und licht zu sein. Im Wohnzimmer eine sogenannte „Couchgarnitur", ein frei

Abb. 1

vor der Wand stehender Schrank für Geschirr und Nippes, oft mit einer Art länglichem Großbullauge als Blickfang, und einem Nierentisch als Couchtisch zwischen zwei Sesseln und einem Sofa. Die Küchen hatten Schränke mit Schiebetüren, frei stehende Herde und statt eines noch seltenen Kühlschrankes oft eine Speisekammer. Ebenso verbreitet wie beliebt waren Eckbänke mit Stauraum unter den Sitzen und Klappbetten, die tagsüber mit einem Vorhang kaschiert wurden, der ebensolche touristischen Sehnsuchtsmotive aufwies wie die meisten Tapeten dieser Zeit: Eiffeltürmchen mit Damen im Petticoat, Rialto-Brücken, Gardasee-Motive, Capri-Sonnenuntergänge. Rudi Schuricke schmachtete „Wenn bei Capri die rote Sonne im Meer versinkt …" und Conny Froboess besang „Zwei kleine Italiener aus Napoli". Die Bäder wiesen unter der Decke offene Spülbehälter für die Toiletten auf. Zwar gab es schon eingebaute Badewannen, aber Duschen waren noch äußerst selten. Freitagabend war Badetag, und zumindest die zwei, drei Kinder der Durchschnittsfamilie badeten nacheinander im gleichen Wasser.

„Licht und leicht" löst Assoziationen an skandinavisches Mobiliar – neben der Nierentischkultur war vor allem helles Holz angesagt. Von heute aus betrachtet ist neben der schweren Musiktruhe mit dem „magischen Auge" vor allem das „String-Regal" des Dänen Nisse Strinning ein Leitfossil der Fünfziger- und Sechzigerjahre, zumal es in zahlreichen Varianten in Deutschland kopiert wurde. Von heute aus eher absurd mutet die Gattung des sogenannten Fernseh-Tonmöbels an, Stilmöbel in Altdeutsch mit Dekorleisten,

Abb. 2

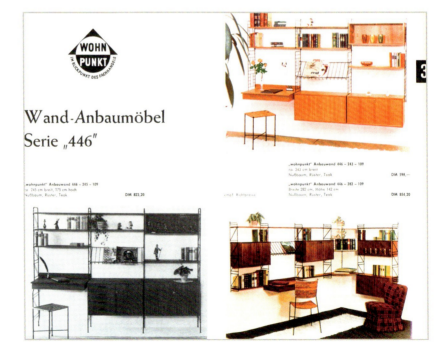

Abb. 3

Abb. 4

etwa in Palisanderholz, hinter dessen Türen das TV-Gerät versteckt wurde. Diese altdeutschen Stilmöbel waren auch als gründerzeitlich groß dimensionierte Schrankwände, Schreibtische und Anrichten beliebt, oft mit architektonischen Kleinmotiven, Kupferbeschlägen und Bleiglas-Butzenscheiben, hinter denen zwölf Simmel-Romane vor sich hin dämmerten. Diese Stilmöbel, ob dürerzeitlich-altdeutsch, gründerzeitlich-wilhelminisch oder beschwingt-rokokohaft, gehörten ebenso zum als gehoben empfundenen Einrichtungsstil wie nachgemachte Perserteppiche, bauchige Keramikvasen mit Dahlien oder dekorierte Blumentöpfe mit „Schwiegermutterzungen". Parvenü-Gehabe, ein Bürgertraum vom Adelsschloss.

Die Fünfzigerjahre waren ein verschreckt-kleinbürgerlicher Neuanfang nach dem Schock des Krieges und der blutleeren, unbeseelten Klassizismus-Nostalgie der Nazis, flankiert von deren biederem Heimatstil. Zwar gab es in Anknüpfung an das Bauhaus im Nachkriegsdeutschland die Ulmer Hochschule, und es gab Firmen wie Braun mit ihren emblematischen neusachlichen Produkten, aber selbst deren berühmtestes Gerät, der „Schneewittchensarg", eine Plattenspieler-Radio-Kombination mit Plexiglasdeckel, wurde in seinen fünf, sechs Versionen insgesamt nur etwa zehntausend Mal verkauft.

Die Mentalität der Besatzungsmächte zeigte sich mehr im öffentlichen Raum als im privaten Wohnbereich. Eisdielen hatten amerikanophile Jukeboxes, Neckermann hatte gleichzeitig die Konkurrenz von Wool-

Abb. 5

worth zu gewärtigen; amerikanische überlange Filterzigaretten wie Pall Mall waren auch für selbstbewusste junge Frauen der Nachkriegsrepublik ein Statussymbol.

Als am Ende der Fünfzigerjahre Fernsehgeräte bundesdeutsche Wohnungen eroberten, versteckten die „besseren Kreise", also Juristen, Architekten, Lehrer, Apotheker, Hochschullehrer, Ärzte etc., diese zunächst noch gern hinter verschlossenen Schranktüren (bevorzugt im Nähzimmer, also beim Gesinde), aber in der prosperierenden Angestelltenkultur sicherte sich die Flimmerkiste alsbald einen prominenten Platz im Wohnzimmer. Hier erzwang das TV-Gerät eine grundlegende Veränderung des üblichen Stubengrundrisses – zwei Sessel gegenüber einer Couch – indem sich diese Anordnung nun zu einem L-förmigen Winkel öffnete. Gegenüber der Couch wurde das TV-Gerät als dominanter Kommunikationspartner platziert. Was sich hier als relativ gebremste Auflösung traditioneller Hierarchien innerhalb des Bürgertums entfaltete, fand gleichzeitig, moderat oder auch extremer, in einer der bunten Pop-Art eines Verner Panton verpflichteten „Wohnlandschafts-Euphorie" Ausdruck. Bürgerliche Polstermöbel-Hersteller favorisierten ganze Gebirge aus modularen, beliebig variierbaren „Elementen", die als grellfarbige Schaumstoffkuben die Wohnräume bevölkerten, oft in die optische Zange genommen von Op-Art- und Pop-Art-Tapeten mit kürbisgroßen Ornamentmotiven, gerne in Bärenbraun, Rosa, Orange oder Türkis. Als Beleuchtung reüssierten hartvolumige Kugeln und Pilze. Man lagerte sich bodennah auf diesen niedrigen Polsterkissen, die zu Liegelandschaften zusammengeschoben wurden und nicht eben selten von Wand zu Wand reichten: eine verschwiemelte, verklemmte Adaption vermuteter Wohngemeinschafts-Promiskuität. Noch der plüschigste Sitzpouf ist phonetisch ans horizontale Gewerbe gekoppelt. Im Übrigen waren die Koteletten der jungen Herren so lang wie der Flokatiteppich, und im Jeans-Käfer fiel kaum auf, wenn man die Denimröhre vergessen hatte anzuziehen. Nun wurden die Normkachel-Bäder in Rosa, Beige oder Oliv exzessiv mit Pril-Blumen verziert, und auch den Alibert verschonte man nicht. Verspiegelte Glühbirnen, in tiefgezogenen Großradien-Kunststoffpaneels eingelassen, versprühten schon im Flur den kalten Charme von Klinikinterieurs.

All dies änderte sich in den Siebzigerjahren. Studentenbewegung, Op- und Pop-Art, futuristischer Optimismus stieß gesellschaftlich wie mental an seine Grenzen. Die ernüchternden ökologischen Erkenntnisse des Club of Rome, das Bewusstsein von der Begrenztheit aller Ressourcen, grünes Denken und grüne Politik blühten auf. Das konnte nicht ohne Einfluss auf Wohnkontexte bleiben. Millefleurstapeten, Rattansessel, Zigeunerlook. Alles, was subkulturell grundiert war, wurde goutiert. Sperrmüllmobiliar atmete das Flair gelebter Authentizität. Nach den glatten, harten Oberflächen der Sixties war nun Patina angesagt, in einem Motivkonglomerat von Technikmisstrauen, Fortschrittsskeptizismus und Eskapismus aus allem Großserien-Industriellem. Im Übrigen ging mit der ökologischen Gesinnung oft eine nostalgische Kulturstimmung einher. Man häkelte wieder gerne, und auf Parteitreffen der Grünen, deren einer Flügel „Fundis" genannt wurde, sah man durchaus neben zahlreichen Frauen auch schon einmal strickende männliche Kollegen. Spitzendeckchen, überhaupt die Kleinteiligkeit des Geklöppelten, eroberten die Wohnungen. Sisalteppiche, Sisaltapeten, Teerituale, Latzhosen, Schrebergartenmentalität. Biedermeier auf dem Fensterbrett, Krabbelstuben, stilverspätete Wohngemeinschaften mit Psycho-Gruppenzwang: „Kai-Uwe, da müssen wir noch mal drüber reden". Der „Generation Golf" der Achtzigerjahre war das alles zu introvertiert, zu versponnen, zu sehr weg aus dem Mainstream der Gesellschaft, in der man doch angekommen sein und sich beweisen wollte. Jetzt war es nicht mehr angesagt, Geld für einen Kindergarten in Nicaragua zu spenden, sondern die Kohle lieber in eine neue Ikea-Einrichtung zu stecken, oder, schon etwas fetter, in eine Hightech-Küche vorzugsweise mit gebürsteten

Abb. 6

Abb. 7

Mattoberflächen in Edelstahl. Gekocht wurde da übrigens nur äußerst selten. Solche Küchen dienten eher der Repräsentation, wie überhaupt die gesamte Wohnung: Sie mutierte zum intimen Schaufenster des eigenen Ego. Die dort Lebenden waren gewissermaßen im Eigenen entfremdet, Freunde und Besucher nahm man als Claqueure wahr. In den Achtzigerjahren emanzipierte sich die Zeilenküche, die ja aus den Zwanzigerjahren stammte, nach und nach zum raumfüllenden offenen „U". Angesagt war jetzt der philosophisch angehauchte Architekt und Planer Otl Aicher, der für die Küchen nun einen mitten im Raum stehenden „Kochblock" aus Massivholz vorschlug, mithin eine Professionalisierung der Speisenzubereitung. Bis heute partizipiert jede der zahlreichen TV-Kochserien von dieser mentalen Nobilitierung des Kochens. Auch die „Wohnküche" seligen Angedenkens der Gründerzeit, die die basis-enthusiasmierten Wohnpoeten der Siebzigerjahre favorisierten, darbte nun dahin oder starb gleich völlig aus. Schick und Glamour waren angesagt, nicht Kleinteiligkeit und selbstvergessene Meditation. Shareholder Value also auch beim Wohnen: Mister Gecko ante portas! Die Wohnung als Portfolio, bis ins Bad und Schlafzimmer hinein.

Plötzlich waren diese Nasszellen vorzeigbar auch für völlig Fremde, ja sie reüssierten zu den bevorzugten „Wohninseln" kommunikativer Kompetenz. Die Sanitärprogramme, ob bei den Keramikteilen oder den Armaturen, explodierten in immer neuen Design-Orgien zu nie geahnter Vielfältigkeit.

Abb. 8

Abb. 9

Es gibt nur einen einzigen weiteren Bereich im häuslichen Ambiente, der ab dem Ende der Achtzigerjahre vergleichbar expandiert ist wie die „Wellnesskultur": das weite Feld der Consumer Electronics mit all seinen Peripherien. Wohl mag es lohnend sein, den steigenden Prozentanteil an Ausgaben des zur Verfügung stehenden Einkommens deutscher Bürger für Handys, Fernsehgeräte, Audio- und Video-, CD- und Mikroanlagen zu analysieren, aber evidenter ist im Kontext des Wohnthemas der Einfluss dieser Gerätescharen auf die Logik der Einrichtungen selbst. Nach den muskulären Lautsprecher-Aufmärschen, um nicht zu sagen Aufrüstungen der Achtzigerjahre, die, wie im Falle der sogenannten Quadrofonie alle Ecken eines Wohnraumes okkupierten und erforderten, sodass der Hörer sich idealerweise möglichst bewegungslos im Schnittfeld all dieser Schallwellen postierte, hat mit den generellen Entwicklungen der Miniaturisierung und Digitalisierung eine weitreichende Relativierung des ehemals durchaus noch bürgerlichen Repräsentationscharakters dieser elektronischen Unterhaltungsgeräte eingesetzt. Aufgrund von Flachbildschirmen löst sich die kompakte bürgerliche Wohnzimmerschrankwand in variabel separierte Einzelelemente auf, die ebenso delikat wie manchmal peinlich um diesen Flachbildschirm herum arrangiert werden. Ein freies Ausponderieren von Volumen auf einer Fläche, der Wand, die man – horribile dictu – fast geneigt ist, De-Stijl-kompatibel zu nennen. Neben der Marginalisierung der kompakten Schrankwand hat die Digitalisierung aber auch Möbel kreiert, die einem computerunkundigen Beobachter, sofern es den überhaupt noch geben sollte, schlicht absurd vorkommen dürften: z. B. den kleinen Computer-Arbeitstisch mit Einteilungen für Bildschirm, herausziehbarem Brettchen für Tastatur und dem vertikalen Feld für den Rechner selbst – mithin Proportionen, die allein für sich betrachtet, ohne diese fixen Bestimmtheiten, schlicht grotesk erscheinen müssen. Noch nie in der Geschichte des Mobiliars war die Evidenz, Ästhetik und Anmutung eines Möbelstückes von seinen externen Auffüllungen so abhängig, sieht man einmal von klassischen Sammlerschränken ab. Aber ein Porzellanschrank des 19. Jahrhunderts behält seine anmutigen Proportionen auch ohne das hineingestellte Porzellan, während ein solches Computermöbel ohne das entsprechende Equipment schlicht sinnlos ist. Andererseits sind diese manchmal bis an die Grenze des Kitsches

Abb. 10

Abb. 11

ausformulierten Computermöbel veritable Nachfolger der in den Siebzigerjahren oft barockisierten Telefonbänkchen, die seinerzeit die Flurgarderoben ergänzten.

In den Neunzigerjahren wurde dann eine gewisse Raumpromiskuität ausgerufen. Warum nicht das Schlafzimmer mit dem Bad kombinieren oder das Bad mit der Küche, diese eventuell mit dem Kinderzimmer, den Flur mit dem Gästezimmer etc.? Alles erschien plötzlich mit allem kombinierbar. Die überkommenen Wohnfunktionen wurden zur Disponibilität gestellt. Sie fragilisierten sich gewissermaßen. Gleichzeitig rüstete die Nasszellenbranche auf, wie man unschwer auf der Frankfurter Sanitärfachmesse sehen kann, die sich selbst als Welt-Leitmesse bezeichnet und von Architekten gerne ironisch als „Interklo" bezeichnet wird. In den „Feuchtgebieten" der Wohnungen etablierten sich „Wohlfühl-Oasen". Garen, Dampfen, Dünsten, ob die Speisen oder den Körper, alles soll dem Genuss dienen! Dies bedeutet nichts weniger als den definitiven Übergang von einer Hardware zu einer Software, also von Mobiliar zu psychischen und physischen Zuständen und Befindlichkeiten. Ich bin satt, ich liege bequem, ich sitze komfortabel, es hat geschmeckt.

Man kann also sagen: Die Werturteile gegenüber den Qualitäten des Wohnens haben sich zunehmend und kontinuierlich verflüssigt. Wohnen ist nicht mehr Passepartout, sondern Agens. Und sollten die neuen „Blob"-Architekten Recht behalten, werden wir in den nächsten Jahrzehnten sowieso immer weniger in rechten Winkeln wohnen, sondern in höhlenartigen Blasen gewissermaßen vor uns hin blubbern. Schöne Aussichten, die sich weder Walter Benjamin noch Heinrich Zille wohl jemals hätten träumen lassen.

Zu den Abbildungen:

Abb. 1–4: Reproduktionen aus dem WOHNPUNKT-Einrichtungskatalog 1967/68 der Möbel-Einkaufs-Zentrale Herbert Bock GmbH, Hamburg.

Abb. 5/7/8/10: Reproduktionen aus „Wohnen geplant" 1970, Verl. Arthur H. F. Seekamp, Bremen.

Abb. 6/9: Reproduktionen aus „Das Buch vom Wohnen" 1977, Tchibo-Frisch-Röst-Kaffee AG, Hamburg.

Abb. 11: Reproduktion einer Printwerbung der hülsta-werke, Stadtlohn, 2009.

Rudolf Horn

MÖBEL IM SYSTEM
Aufbrüche und Rückschläge eines ostdeutschen Gestalters

Die Generation von Gestaltern und Architekten, der ich angehöre, begann ihre Arbeit in den Fünfzigerjahren, kurz nach dem Ende eines Krieges, der nicht nur verheerende materielle Schäden neben allem menschlichen Leid hinterließ, sondern auch unser Denken fehlgeleitet, ja deformiert hatte. Zu den Folgen dieses Krieges zählte aber auch die globale Konfrontation der politischen Interessen zweier sich etablierender und miteinander heftig konkurrierender Gesellschaftssysteme. Sie führte in Europa zur Spaltung Deutschlands. Damit war objektiv ein Prozess eingeleitet, der die kulturelle und soziale Werteordnung in beiden Teilen Deutschlands differenzieren musste. Daraus resultierende tief greifende Wandlungen erfassten alle Bereiche des gesellschaftlichen Lebens und seine materiellen Voraussetzungen.

In den Vierziger- und den frühen Fünfzigerjahren war zunächst jegliches Bemühen, das technisch-ökonomische wie das soziokulturelle, auf die Überwindung des fast allgegenwärtigen Mangels gerichtet. Die gestaltende Arbeit bediente sich deshalb jeder Form gegenständlicher Produktion, der handwerklichen, manufakturellen und industriellen, soweit sie noch oder wieder betrieben werden konnten. Das entscheidende Regulativ war Nützlichkeit. Gänzlich frei von subjektivem Gestaltungswillen konnte das jedoch in dieser frühen Phase nicht sein. Doch bei aller Unterschiedlichkeit der Ergebnisse – ihr Fokus war der Bedarf der Mehrheit. Die soziokulturelle Determination der gestalterischen Arbeit im östlichen Teil Deutschlands hat hier ihre Wurzel.

Nach allem, was wir während des Krieges und in den ersten Nachkriegsjahren erlebt, gesehen, vernommen hatten, war ein sozialistisches Gesellschaftsmodell, in dem Frieden, soziale Sicherheit und ein kultivierter Wohlstand zu erstklassigen Werten für alle deklariert wurden, eine erstrebenswerte Alternative zum faschistischen Deutschland, dem sogenannten Dritten Reich und seinen Hinterlassenschaften. Die Aufgaben

Abb. 1

Abb. 2

dieser frühen Jahre nach dem Krieg stellten sich übersichtlich und einleuchtend, im Wortsinn handgreiflich dar. Etwa sechs Millionen der Wohnungen in Ostdeutschland waren zerstört, eine weitaus größere Zahl schwer beschädigt. Eine Viertelmillion Umsiedlerfamilien waren zusätzlich unterzubringen. Als Ergebnis der Bodenreform entstand darüber hinaus Bedarf an neuen Wohn- und Wirtschaftsgebäuden, der mehrere zehntausend Bauten umfasste. Der Mangel an Wohnraum veränderte tief greifend und latent die gewohnten Nutzungsansprüche an das Wohnen generell, und auch der Ausstattungsbedarf war entsprechend riesig. Für uns, die junge Gestaltergeneration, war dieser Wohnbedarf, der das Leben von Millionen Menschen betraf, eine erstrangige Herausforderung. Wir wollten sie jedoch nicht als einfache Behebung der Schäden und des Mangels, nicht lediglich pragmatisch als Fortsetzung des Gewohnten begreifen, sondern suchten neue Ansätze für eine Synthese zwischen bestehenden und zu erwartenden neuen Bedürfnissen der Bevölkerung. Das noch vorhandene Potenzial der Bau- und Ausstattungsindustrie sowie knappe Werkstoffressourcen bildeten dafür zunächst die beschränkte technische Basis. Es war absehbar, dass sich dieses Potenzial durch neue Fertigungstechnologien und Werkstoffentwicklungen erweitern würde. Ebenso deutlich war, dass rationelle Nutzung der Technik und sparsamer Umgang mit stofflicher Substanz geboten sein würden, wenn der anstehende Bedarf an Wohnungen und Wohnausstattungen wenigstens grundlegend erfüllt werden sollte. Unter den Bedingungen des allgemeinen

Abb. 1: Zu einem Nachttopf umgestalteter Wehrmachts-Stahlhelm, um 1945/46.

Abb. 2: Schöpfbecher und Milchkanne aus Kartuschen (links), rechts Milchkanne aus Wehrmachts-Gasmaskenbehälter, um 1945/46.

Abb. 3

Abb. 3: Pressglasteller, hergestellt 1947 im VEB Glaswerk Fürstenberg (Oder) vor allem als Kantinengeschirr. Entwurf: Erich Müller.

Abb. 4: Stuhl 50642, bestehend aus 29 Lagen verleimten und heißform-gepressten Furnierholzes. Hergestellt 1949/50 in den Deutschen Werkstätten Hellerau (damals VVB Sachsenholz). Entwurf: Erich Menzel und Kollektiv.

Mangels mussten zunächst für das baulich-räumliche und gegenständliche Gestalten Wege gesucht werden, die einerseits den Menschen neue Hoffnung auf die nahe Zukunft eröffneten, und die andererseits aktuell und perspektivisch auch wirtschaftlich tragbar erschienen. Notwendig wurden zeitbezogene Strategien der gestaltenden Arbeit sowie neue Gestaltungsphilosophien, die eine Identifikation des Menschen mit den Dingen und Umständen in dieser Zeit erlaubten, die jedoch auch künftig wachsende materielle Ansprüche bedienen und stützen konnten. Letztendlich waren dafür die gestalterischen Intentionen und gestaltgewordenen Leistungen, die sich wesentlich zwischen den beiden großen Kriegen und besonders in Europa im Spannungsfeld von Utopie und Wirklichkeit entwickelt hatten, in ihrer Vielfalt faszinierende Informationsquellen. Vor Augen standen uns die avantgardistischen Bestrebungen wie des Konstruktivismus (Vladimir Tatlin, El Lissitzky, Alexander Rodtschenko), des Deutschen Werkbundes (Peter Behrens), des Bauhauses (Walter Gropius, Hannes Meyer, Mies van der Rohe), der holländischen Künstlerbewegung De Stijl (Theo van Doesburg, Piet Mondrian) und der Neuen Sachlichkeit (László Moholy-Nagy, Christian Schad).

An diese großartigen Bewegungen, die geleitet waren von sozialer Verantwortung und gerichtet auf eine generelle Erneuerung der künstlerischen und räumlich-gegenständlichen Lebenskultur der Menschen, wollten wir produktiv anknüpfen, wenngleich im Bewusstsein der Gegenwart und mit kritischem Respekt. Es sollte sich jedoch alsbald zeigen, dass so selbstverständlich, wie es sich darstellte, die schöpferische Aneignung des kulturellen Erbes der jüngeren und älteren Geschichte nicht verlief. Dies galt damals wohl für beide Teile Deutschlands.

Abb. 4

Entdeckung der Klassischen Moderne

Die offiziellen politischen sowie kulturellen Bestrebungen der frühen DDR, das daraus resultierende Verhältnis zu jenem Phänomen, das wir heute als Klassische Moderne fassen sowie der Sachverhalt, dass wir Jungen von deren Theorien und praktischen Gestaltungen nach der Zeit des Faschismus wenig wussten, erschwerten unsere Standpunktorientierung. Hinzu kam, dass im Zusammenhang mit der sogenannten Formalismusdebatte der frühen Fünfzigerjahre die Leistungen der Klassischen Moderne besonders auf den Gebieten der Wohnung und des Möbels als formalistisch diffamiert wurden: „Die Armseligkeit der materiellen Kultur dieser Wohnungen im Vergleich zu den vorhandenen Möglichkeiten wurde durch die Ideologen, Ästheten und Architekten des Monopolkapitalismus und durch die Fach- und Tagespresse zu einem zu erfüllenden kulturellen Bedürfnis der Wohnungssuchenden umgedeutet, die sich angeblich diese Armseligkeit als Verwirklichung des Prinzips der ‚NEUEN SACHLICHKEIT' wünschten". (Hillenhagen 1955, S.14)

Aus heutiger Sicht ist es gewiss einfach, zu solchen Positionen Distanz herzustellen. Damals, inmitten der vehement geführten kulturpolitischen Auseinandersetzungen, brauchten wir dafür Zeit. Erst langsam erschlossen wir uns deshalb nach und nach den kulturellen Reichtum und die Gestaltungsleistungen, vor allem des Werkbundes und des Bauhauses, aber auch der russischen Konstruktivisten und der De-Stijl-Gruppe, des tschechischen Funktionalismus und anderer progressiver Bewegungen. Besonders von deren sozialreformerischen Bestrebungen versprachen wir uns Antworten auf drängende Gegenwartsfragen. Literatur hierzu war in den Bibliotheken nach den Aussonderungen und den Bücherverbrennungen durch die Nationalsozialisten kaum noch zu finden. Veröffentlichungen, die uns mehr oder weniger zufällig zur Verfügung standen, kamen vorwiegend aus privatem Besitz oder waren uns erst nach langen Recherchen zugänglich. So wie beispielsweise 1955, als ich mich während der Ausstellung „DDR im Aufbau" in Moskau aufhielt und in der deutsch-russischen Buchhandlung eine Veröffentlichung von L. Pazitnov, *Das schöpferische Erbe des Bauhauses 1919–1933,* fand. Welch ein Glücksfall für mich in der damaligen Zeit!

Was uns solcher Art sehr lückenhaft zugängig wurde, formte demzufolge nur schleppend die Vorstellung vom Rang dieser europäischen Neuerungsbestrebungen und davon, was daraus für uns zu entnehmen war und Orientierung sein könnte. Die Diskussionen darüber wurden zunehmend bereichert und klärend beeinflusst durch Zeitzeugen, die in Deutschland überlebt hatten oder aus der Emigration zu uns in die DDR kamen. Sie

waren, teils vom Werkbund oder vom Bauhaus kommend, in den Zwanziger- und Dreißigerjahren aktiv beteiligt an dem politischen, sozialen und kulturellen Geschehen auf den Gebieten der Architektur und Gestaltung. Ich nenne hier in alphabethischer Folge Franz Ehrlich, Friedrich Engemann, Walter Funkat, Horst Michel, Selman Selmanagic und Mart Stam. Funkat und Engemann, denen ich für persönliche Förderung danke, lehrten damals an der Kunstschule Burg Giebichenstein in Halle, die, bevor sie von den Nazis liquidiert wurde, neben dem Bauhaus zu den bedeutenden Zentren der deutschen Reformbewegung gehörte. Beide kamen vom Bauhaus Dessau. Engemann war dort zuletzt Assistent bei Mies van der Rohe.
Unser Weg gewann in der Gemeinschaft mit diesen Persönlichkeiten, die uns zu Lehrern und Vorbildern wurden, langsam Konturen. Besonders beeindruckten uns auch Reden und Aufsätze von Hannes Meyer, die wir in Veröffentlichungen aus den Jahren 1929 – 30 fanden, sowie die Schriften von Lu Märten. Sie festigten drei Grundüberzeugungen, die für viele von uns, so auch für mich, handlungsbestimmend blieben bis heute. Es waren dies:

1. Architektur und Gestaltung sind soziale und kulturelle Manifestationen. Ihr Gelingen oder ihr Scheitern ist unlösbar verbunden mit den jeweiligen sozialökonomischen Gesellschaftsverhältnissen. Das Scheitern der Reformbewegungen an den Strukturen der spätbürgerlichen Gesellschaft war uns damals Beweis genug für diese These. Wir ahnten nicht, dass das Scheitern des sogenannten realen Sozialismus und damit unserer Arbeit in der DDR diesen Zusammenhang erneut und für uns bitter bestätigen würde.

2. Architektur und Gestaltung sind keine individuellen Affekthandlungen, sondern Leistungen in der Gemeinschaft für die Gemeinschaft. Es waren besonders die Produkte eines individualistisch-orthodoxen Funktionalismus bestimmter Entwicklungsphasen des Bauhauses vor dem Direktorat von Hannes Meyer, die uns erkennen ließen, dass wir, um Funktionalität und formale Eigenart unserer Entwürfe zu signalisieren, keines vordergründig aufgesetzten Vokabulars von Formen und Zeichen bedurften. Die Verkehrung der Prioritäten im Verhältnis von Form und Funktion wäre sonst wohl unvermeidlich gewesen. Die kritische Sicht auf solche Tendenzen durch den zweiten Direktor des Bauhauses, Hannes Meyer, hat uns damals nachhaltig beeindruckt. Er schrieb 1930: „Was fand ich bei meiner Berufung vor? Ein Bauhaus, dessen Leistungsfähigkeit von seinem Ruf um das Mehrfache übertroffen wurde und mit dem eine beispiellose Reklame getrieben wurde. Eine ‚Hochschule für Gestaltung',

in welcher aus jedem Teeglas ein problematisch-konstruktivistelndes Gebilde gemacht wurde. Eine ‚Kathedrale des Sozialismus', in welcher ein mittelalterlicher Kult getrieben wurde mit den Revolutionären der Vorkriegskunst unter Assistenz einer Jugend, die nach links schielte und gleichzeitig hoffte, im gleichen Tempel dermaleinst heilig gesprochen zu werden. Inzüchtige Theorien versperrten jeden Zugang zu lebensrichtiger Gestaltung: Der Würfel war Trumpf, und seine Seiten waren gelb, rot, blau, weiß, grau, schwarz. Diesen Bauhauswürfel gab man dem Kind zum Spielen und dem Bauhaus-Snob zur Spielerei. Das Quadrat war rot. Der Kreis war blau. Das Dreieck war gelb. Man saß und schlief auf der farbigen Geometrie der Möbel. Man bewohnte die gefärbten Plastiken der Häuser. Auf deren Fußböden lagen als Teppiche die seelischen Komplexe junger Mädchen …" (Meyer 1930, S.1307)

Derart kritische Bewertungen waren für mich Ende der Fünfzigerjahre neu, weil gegen eine autoritäre Diktion gerichtet, somit befreiend und eigener Kreativität den Weg weisend. Sie blieben bis heute eines der Regulative für mein Tun als Gestalter und Lehrer. Andererseits schmälerte Meyers Kritik die historischen Leistungen des Bauhauses nicht. Sie lieferte allerdings im Formalismusstreit der Fünfziger- und Sechzigerjahre jenen Argumente, die prinzipiell gegen eine funktionale Architektur und Produktgestaltung als Formalismus Position bezogen, also eine Gestaltung missverstanden, deren eigentliches Ziel Volksbedarf statt Luxusbedarf war. Heute weiß ich, dass diese These nicht statisch interpretiert werden darf, sondern als dynamisches zeitbezogenes Verhältnis beider Kategorien zu begreifen ist.

3. Architektur und Gestaltung sollen zu Produkten führen, die sich dem schöpferischen Zugriff derer öffnen, für die sie gedacht und hergestellt sind. Architektur und Gestaltung sind so gesehen eine kollektive, eine öffentliche Angelegenheit. Wir waren der Überzeugung, dass die Dinge, die wir gestalten wollten, sich als lebensdienlich erweisen sollten und daher nicht starr, nur für die Anwendung auf gleichbleibenden Situationen geeignet sein durften. Dieser Aspekt der Veränderung, der Varianz bei der Nutzung räumlich-gegenständlicher Umwelt blieb in den Jahrzehnten meiner Gestaltungsarbeit ein zentrales Handlungs- und Entscheidungsregulativ. Finalist sollte, wenn es um das Wohnen geht, der Nutzer sein, nicht der Gestalter, nicht der Hersteller, nicht der Handel. Auch wir träumten, wie Hannes Meyer zu seiner Zeit, von einer Zukunft, wo alles – der Mensch, die Wohnumwelt, die Arbeit, die Freizeit – sich harmonisch ergänzen sollten. Gelenkt von diesen Grundüberzeugungen ist uns manches gelungen, aber vieles blieb Vision.

Auf unserer Wegsuche, die von solchen ästhetischen und sozialen Wertvorstellungen geleitet wurde, befanden wir uns sehr schnell inmitten des Funktionalismusstreites, dessen Auswirkungen in die Sechzigerjahre reichten und mit Härte und Heftigkeit geführt wurden. [...] Es wiederholte sich damals in der DDR der gleiche Streit, der in der Sowjetunion in den Dreißigerjahren unter dem Druck stalinistischer Kulturpolitik zwischen den modernen Reformern und den Vertretern einer eklektizistischen Architektur und Gestaltung stattfand. Andrej A. Shdanow setzte seinerzeit das „Formengut" des Sozialistischen Realismus den Leistungen der sowjetischen Avantgarde entgegen. Eklektizismus bestimmte folglich über einen langen Zeitraum besonders die sowjetische Architektur.

Auch in der DDR standen sich zwei divergierende Gestaltungsstrategien gegenüber. An einem Pol die Vertreter einer sozial determinierten, funktionsbetonten Gestaltung, die den Ideen der Reformer der Zwanzigerjahre verbunden waren. Sie orientierten sich unter dem Eindruck der Kriegsfolgen an einer Gestaltung, die den Notwendigkeiten industrieller Fertigung und sparsamer Materialverwendung entspricht. Diese Forderung begründete sich nicht allein aus der Not, sondern sie war in ihrem Grundverständnis eine Tugend. Ihre Positionen galten, wie sich bisher zeigen ließ, als formalistisch, einem „kalten Funktionalismus" verbunden, wurden als kunstfeindlich, als Ausdruck des Verfalls, im Kern als volksfeindlich definiert. Das öffentliche Bekenntnis zu dieser Gestaltungsstrategie und ihren Ergebnissen in Architektur und Produktgestaltung blieb gelegentlich nicht ohne persönliche Konsequenzen.

Am anderen Pol die Vertreter einer, wenn auch sehr ambivalenten, Gestaltungsstrategie, die es für möglich hielten, mit Mitteln industrieller Fertigung Dekorationen und Zierformen zu schaffen, die früher in aufwendiger und kostspieliger Handarbeit ausgeführt wurden. Die serielle Vorfertigung von Profilleisten und Schmuckelementen stellte sich ihnen dabei als denkbare Möglichkeit dar. Begleitet und gestützt von den ästhetischen Theorien der frühen Fünfzigerjahre, die das Produkt nicht als Gebrauchsgegenstand, sondern als Objekt der Anschauung und des Anspruchs begriffen, sahen sie sich als Förderer einer sogenannten realistischen volksnahen Wohnkultur. Das Formengut des klassischen nationalen Kulturerbes, einschließlich der reichen Ornamentik der Volkskunst, bot scheinbar für die Ideenfindung eine anschauliche und für die Entnahme von Formelementen eine praktische Basis. So benannte Kurt Liebknecht, damals Präsident der Deutschen Bauakademie, auf der Innenarchitekturkonferenz in Leipzig 1953 die ihm dafür wesentlich erscheinenden Stilepochen: Renaissance, Barock, Rokoko, Chippendale, Klassizismus und unter Vorbehalt das Biedermeier wegen seiner gelegentlich bewusst unterstrichenen

Abb. 5

Abb. 5–8: Teile der Einzelmöbel-Typensatzserie 602 des VEB Deutsche Werkstätten Hellerau, 1956. Entwurf: Franz Ehrlich (nach dem Prinzip der sogenannten „Additionsmöbel").

stilistischen Bescheidenheit. Begründet wurde dies ausschließlich formalästhetisch und zudem emotional. Von der gesellschaftlichen Genese dieser historischen Stilepochen war erstaunlicherweise nicht die Rede. Mit Blick auf Möbel vertrat man die Auffassung, dass stilähnlich behandelte kräftige Möbel mit mehr Glanz und Schmuck den einfachen, vor allem jedoch den sogenannten Additionsmöbeln der Zwanzigerjahre vorzuziehen wären. [...]

Die Schlussfolgerungen, die das Institut für Innenarchitektur der Deutschen Bauakademie – im offiziellen Auftrag und inmitten der Auseinandersetzungen der Fünfzigerjahre – für die zukünftige Gestaltung von Möbeln zog, mündeten in demonstrativer Ablehnung aller Möbel, die in den Zwanzigerjahren und im ersten Jahrzehnt nach dem Zweiten Weltkrieg dem An- und Aufbauprinzip folgend entworfen und gefertigt wurden. Man bezeichnete sie zusammenfassend als Additionsmöbel. „Die Forderung nach einer realistischen Innenarchitektur, die als einen sehr wichtigen Bestandteil auch Möbel einschließt, zwingt hinsichtlich der Additionsmöbel zu einer klaren Stellungnahme. Additionsmöbel sind nach der Methode des Sozialistischen Realismus nicht gestaltungsfähig." Und weiter: „Das bedeutet, dass diese Möbel für Wohnzwecke in Mittel- und Großserien nicht mehr hergestellt werden sollten." (Deutsche Bauakademie 1955, S. 23)

Abb. 6

Abb. 7

Abb. 8

Solche Folgerungen versperrten uns zunächst jeglichen Zugang zu den Ergebnissen sozial und wirtschaftlich motivierter Raum- und Produktgestaltung, die sich bewusst und konsequent von der Überlagerung des Gebrauchsgutes mit repräsentativem Zierrat distanzierten. Die Gestaltung einer neuen Gegenstandskultur wurde auf eine eklektizistische Zusammenführung von Bedürfnissen der Zeit mit gewohnten Repräsentationsbestrebungen der Vergangenheit verengt.

Richtungsentscheidung

So anachronistisch und dogmatisch diese Auseinandersetzungen wie überhaupt der gesamte kulturpolitische Richtungsstreit, der ja in allen Bereichen der Kunst und Kultur geführt wurde, heute erscheinen mag, damals zwang er jeden Beteiligten, der gestaltend tätig war oder sein wollte, zu einer Entscheidung. Im Wissen um das sozialpolitische Programm der frühen DDR (zwischen 1951 und 1955 war der Neubau von 245 000 Wohnungen mit einer Gesamtwohnfläche von zehn Millionen Quadratmetern beschlossen) fanden wir unsere gestalterischen und sozialen Ambitionen in der These von Hannes Meyer „Volksbedarf statt Luxusbedarf" am überzeugendsten manifestiert. Diese These betonte den Rang des Bedarfs der großen Mehrheit der Menschen. Das war inzwischen nicht nur uns wichtiger als der Streit um formalästhetische Probleme. Die gestaltkonstituierenden Faktoren waren weniger theoretischer als vielmehr praktischer Natur. Sie ergaben sich aus

- dem zukünftig absehbaren Lebens-, Wohn- und Gebrauchsverhalten,
- den Werkstoff- und Technologieentwicklungen der Industrie,
- den Formen der Distribution,
- den allgemeinen kulturell-künstlerischen Bewegungen.

Die Kapazitätsentwicklung des wirtschaftlichen Potenzials, das durch die Kriegsfolgen ohnehin dezimiert war, durfte durch eine falsche Produktstrategie nicht gebremst, die Roh- und Werkstoffressourcen nicht durch ungerechtfertigten Aufwand in Anspruch genommen werden. Damit war uns klar, dass eine, wenn auch offiziell unterstützte, Gestaltungsstrategie zum Scheitern verurteilt sein würde, die den anstehenden Massenbedarf nach Wohnungen, Möbeln usw. durch schmuck-, profil- und ornamentbeladene Erzeugnisse erfüllen wollte. Ohne den Verlust an Produktivität moderner Technologie und ohne entsprechend erhöhten Materialaufwand wäre dies nicht möglich gewesen. Die erheblichen Aufwendungen für den Bau der Stalinallee in Berlin in den Jahren 1952/53 waren dafür Beweis genug. Schließlich war auch klar, dass Bauen und Gestalten nach den geschilderten ideologischen Klischees nicht der Weg sein konnte, der zu einer wirklich neuen kulturellen Identität führt.
Was wir damals erstrebten, war keine formalästhetisch bestimmte Gegenbewegung, sondern eine Gegenstandskultur, deren Schönheit durch Brauchbarkeit konstituiert wird. Obwohl der ideologisch geführte und politisch gewollte Richtungsstreit zu Tempoverlusten und Diskontinuitäten in der Architektur und Produktgestaltung geführt hatte, die noch lange Zeit nachwirkten, wurde er im Verlauf der Sechzigerjahre zugunsten einer zukunftsorientierten Gestaltung räumlich-gegenständlicher Wohnumwelt entschieden. Sachliche Notwendigkeiten und absehbare praktische und ästhetische Bedürfnisse der gesellschaftlichen Mehrheit wurden respektiert.
Es war wohl die sanfte Gewalt der Vernunft, die auch in der politischen Führung die notwendige Einsicht erzwang. Eine Korrektur der kulturpolitischen Zielsetzungen unter Walter Ulbricht, ausgerichtet auf die Verwirklichung eines Gestaltbildes, das Wohnarchitektur, Innenraum und Möbel, orientiert an historischen Vorbildern, reicher und repräsentativer wirken

lassen sollte, erfolgte jedoch offiziell nicht. Unbeschadet dessen reagierte die Öffentlichkeit ausgesprochen positiv auf die neuen Wohnausstattungen, die wir bei Einbeziehung aller milieubildenden Teile einer Wohnausstattung im räumlichen Ensemble vor allem während der Leipziger Konsumgütermessen vorstellten.

Die Leipziger Messen waren öffentliche Veranstaltungen, sie wurden als Schaufenster des Fortschrittes bezeichnet. Ihre orientierende Wirkung, noch verstärkt durch die Presse, war erheblich, denn sie wurden von Tausenden Menschen aus allen Landesteilen besucht. Die Möbelindustrie und der Handel, die unter dem Einfluss der kontroversen Diskussionen anfangs noch an den gewohnt konservativen Erzeugnissen festhielten, erkannten, dass die neuen zweckmäßigen, schlichten und mit vernünftigem Werkstoffeinsatz herstellbaren Modelle nicht nur von den meisten Menschen gewollt waren, sondern die Rentabilität der modernen Technik begünstigten und wirtschaftliche Vorteile versprachen. Das Produktionsvolumen der neuen Möbel und ihr Export nahmen sprunghaft zu. Ungeachtet dessen verzichteten Mitglieder der politischen Führung, besonders Walter Ulbricht, bis in die Sechzigerjahre hinein nicht darauf, die Ergebnisse moderner Produktgestaltung für die Industrie öffentlich zu attackieren. So auf den Leipziger Messen wie auch während der V. und VI. Deutschen Kunstausstellung in Dresden. Allerdings wurde inzwischen solchen Angriffen auch in den Medien, von Seiten der Ausstellungsbesucher ohnehin, sachlich widersprochen.

Das MDW-Programm – Der Nutzer als Finalist

Mitte der Sechzigerjahre stellten sich unausweichlich zwei Forderungen, die auf Lösungen drängten:

1. zunehmend sich differenzierende Wohnbedürfnisse
    - Individualisierung
2. wirtschaftliche Großserienfertigung
    - Industrialisierung

Es wurde absehbar, dass einerseits hoch industrialisierte Serienfertigung neue Produktkonzeptionen erforderte, die eine ungebremste Nutzung modernster Fertigungstechnologie ermöglichten und die andererseits zugleich geeignet waren, das Gestaltbild und die Funktionsbreite eines Erzeugnisprogramms im Interesse individueller Ansprüche zukünftiger Nutzer wesentlich zu erweitern. Die neuen Technologien waren ja mit erheblicher

Abb. 9

Zunahme des Produktionsvolumens verbunden. Das Prinzip, die Varianz der Möbel durch Aufgliederung in an- und aufbaufähige Teile zu vergrößern, hatte sich als eine erfolgreiche und bis heute genutzte Möglichkeit erwiesen.

Mich faszinierte jedoch die totale Auflösung eines Programms in an sich nicht nutzungsfähige Elemente, die erst durch Montage unterschiedliche funktionstüchtige Strukturen ergeben. Der fertigungstechnische und vertriebstechnische Gestaltungsspielraum für Produktion und Handel sowie der praktische und ästhetische Gestaltungsspielraum für den Konsumenten sollten sich so im Verhältnis zu den Anbaumöbeln, und schon gänzlich zu den kompletten Garnituren, sprunghaft erweitern.

Die konsequente Lösung sah ich darin, die Finalisierung des Programms in die Sphäre der Konsumtion zu verlegen und so ein individuelles Produkt zu ermöglichen. Die Entwicklung eines universellen Bauteilsystems, durch das die unvermeidliche Vorbestimmung von Form und Funktion für den zukünftigen Nutzer so klein wie möglich gehalten werden konnte, war die logische Konsequenz.

Abb. 9: Aus einem Werbeprospekt zum MDW-Programm des VEB Deutsche Werkstätten Hellerau von 1967. Gestalter des Montageprogramms: Rudolf Horn, Eberhard Wüstner, Helmut Kesselring, Erhard Schumann.

Abb. 10

Abb. 11

Im konstruktiven und mäßlichen Ordnungsrahmen dieses Systems sollte sich die individuelle Gestalt des Möbels erst während des Kaufvorganges formieren, nicht als etwas von außen Herangetragenes, sondern als das Ergebnis der aus vielen Bedingungen sich ergebenden praktischen und ästhetischen Bedürfnisse des Käufers. Der Nutzer als Finalist, als Koproduzent, das war meine These, die sich in der späteren Praxis bestätigte.

Als Entwicklungsziel und Kriterien für die gestalterische Lösung galten:
• systematische Elementarisierung,
• funktionale Komplexität,
• verlustarme Anpassbarkeit an gegebene Stellstrecken,
• Bildung von Raum im Raum,
• Veränderbarkeit der Möblierung bei veränderten Nutzungsanforderungen,
• einfache Montage,
• wirtschaftlicher und gestalterisch anspruchsvoller Einsatz von Furnieren und Werkstoffen.

Unter diesen Voraussetzungen entstand in den Jahren 1965/66 für den VEB Deutsche Werkstätten Hellerau ein sehr komplexes System von Bauteilen, das MDW-Programm (MDW für Montageprogramm Deutsche Werkstätten). Dieses erste Vollmontageprogramm für alle Bereiche des Wohnens, ausgenommen Küche und Sanitärbereich, umfasste

Abb. 10: Aus einem Werbeprospekt zum MDW-Programm des VEB Deutsche Werkstätten Hellerau von 1967. Gestalter des Montageprogramms: Rudolf Horn, Eberhard Wüstner, Helmut Kesselring, Erhard Schumann.

Abb. 11: Aufkleber zu einer MDW-Baugruppe.

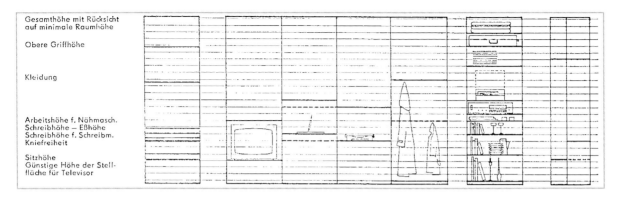

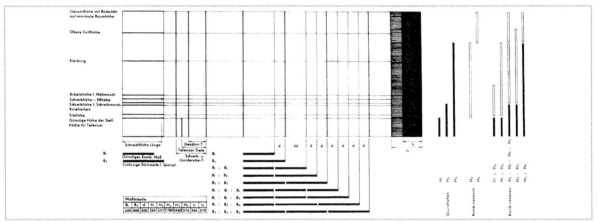

Abb. 12 u. 13

Abb. 12: MDW-System-Darstellung als Ergebnis von Untersuchungen, dass die Addition eines minimalen Bohrabstandes von 32 mm zu einem Maßrhythmus von 98 mm die günstigsten Voraussetzungen bot, um die funktionsbedingten Höhen- und Tiefenmaße aufzunehmen.

Abb. 13: Untersuchungen des Zentralinstituts für Holztechnologie Dresden ermöglichten eine exakte Bestimmung der Stützweiten für die jeweiligen Belastungsfälle. Für das ermittelte Breitenraster von 800 mm wurde als günstigstes Kombinationsmaß 600 mm ermittelt. Die Differenz für jede beliebige Stellstrecke über 1200 mm Länge kann danach einen maximalen Wert von 200 mm nicht überschreiten.

- Behältnismöbel,
- Möbel für Schreib- und Arbeitsplatz,
- Kleinmöbel, Einzelmöbel,
- Liegemöbel, Sitzmöbel.

Wir wollten die Bauelemente dieses Systems der Maschine anvertrauen, die, wenn sie sorgfältig programmiert ist, billig, sauber und präzise produziert. Die erstmalige Ausstellung des Programms auf der Leipziger Frühjahrsmesse 1967 brachte einen unerwartet großen Erfolg. Seine Produktion in den VEB Deutschen Werkstätten war vorbereitet und begann im gleichen Jahr.

Auf Wunsch des Vorbereitungskomitees der VI. Deutschen Kunstausstellung in Dresden wurde das MDW-Programm im Herbst 1967 im Bereich Kunsthandwerk und Industrieform sehr informativ im Zusammenspiel von bewegtem Bild, gegenständlichem Produkt und praktischer Demonstration seiner Montage vorgestellt.

Abb. 14, 15, 16, 17 u. 18

Abb. 14–18: Private Fotoaufnahmen aus Wohnungen von MDW-60-Nutzern, 1970 bis 2009.

Mit Blick auf die Präsentation erinnerte ich mich an die im Stil eines kategorischen Imperativs 1955 in einer Veröffentlichung vorgetragene Erkenntnis des Instituts für Innenarchitektur der Deutschen Bauakademie: „Gerade bei den Montagemöbeln tritt die Unmöglichkeit, zu gestalten, in Erscheinung. Sie zeigen unverhüllt die Abkehr von jeglichen künstlerischen Prinzipien zugunsten ‚origineller' und ‚neuester' Lösungen. Zusammenfassend lässt sich feststellen, dass der Versuch, die Additionsmöbel künstlerisch zu gestalten weder theoretisch begründet noch praktisch bewiesen werden kann. Die Entwicklung dieser Möbel vom An- und Aufbaumöbel über das Baukasten- zum Montagemöbel ist die Widerspiegelung des unaufhaltsamen Verfallsprozesses der bürgerlichen Gesellschaft." (Hillenhagen 1955, S. 23)

Diese bannfluchartige Folgerung hatten wir nun also, gemeinsam mit den Deutschen Werkstätten, einfach ignoriert! Das konnte nicht ohne Folgen bleiben. Der eingangs geschilderte Formalismusstreit war zu diesem Zeitpunkt zwar entschieden, aber noch nicht abgeklungen. So fühlte sich der Vorsitzende des Staatsrates der DDR, Walter Ulbricht, denn auch beim Besuch der VI. Kunstausstellung von der Präsentation des MDW-Programms durch die Deutschen Werkstätten brüskiert. Entsprechend heftig waren seine Reaktionen, die aber den Beginn der Produktion nicht verhindern konnten. In einer Studie der Philosophischen Fakultät der Humboldt Universität zu Berlin, 1995/96 unter dem Titel *Revolution aus Tradition – Das*

Abb. 19: MDW-60-Teile in einer DDR-Designausstellung 2003/04 im Grassi-Museum für Angewandte Kunst Leipzig.

Abb. 20–24: Nutzer-Varianten der Serie MDW 100, Ende der Achtzigerjahre.

Abb. 19

Abb. 20, 21, 22, 23, u. 24

Montageprogramm MDW veröffentlicht, ist dieser Vorgang unter anderem festgehalten: „Das neuartige Möbelprogramm erhielt auf der Internationalen Frühjahrsmesse 1967 eine Goldmedaille als Erzeugnis von hervorragender Qualität; wogegen in Dresden auf der VI. Deutschen Kunstausstellung der gelernte Tischler Walter Ulbricht ‚nur Bretter' zu sehen vermeinte".

Das Gestaltbild des MDW-Programms widersprach wohl unüberbrückbar seinen Vorstellungen von Möbeln, wie sie dem Wunsch der Werktätigen nach Schönheit, Repräsentanz und Gebrauchstüchtigkeit entsprechen sollten. Dies blieb auf dem Gebiet von Kunst, Architektur und Produktgestaltung nicht sein einziger Irrtum.

Das Programm überdauerte unbeschadet fünfundzwanzig Jahre. In diesem Zeitraum haben wir natürlich immer wieder daran gearbeitet, allerdings ohne sein Grundkonzept infrage zu stellen. Zunehmende Devisenknappheit in der DDR hatte dazu geführt, dass anstelle von Import-Furnier nunmehr Holzimitate verarbeitet wurden. Das war nicht zu tolerieren.

Für die Gestaltungsvariante MDW-100 haben wir deshalb ein freies grafisches Dekor entworfen und zur Anwendung gebracht sowie eine vertikal betonte Struktur geschaffen, die das freie Dekor fasste und unterstrich. Helle oder dunkelbraune Seiten, Böden und Rückwände sowie die betont vertikale Gliederung vereinten sich mit dem grafischen Dekor der Frontpartien zu einem neuen Erscheinungsbild des Programms.

Raumaufnahmen, nach dem Zufallsprinzip in Nutzerwohnungen fotografiert, belegen, wie fantasievoll die Nutzer mit dem MDW-Programm umgegangen sind. Zuletzt sogar im Büro. Sie bestätigen, dass größtmögliche Variabilität und Gebrauchsvielfalt allein deshalb unverzichtbar sind, weil die differenzierenden Erfordernisse des Wohnens, die immer individuell bestimmt werden, nicht vorhersehbar erscheinen. Die Bildbeispiele verdeutlichen ein Weiteres: Erst im räumliche Ensemble mit allen Ausstattungselementen nahm das MDW-Programm einen spezifischen Gestaltausdruck an und erfuhr seine soziokulturelle Codierung.

In diesen Räumen findet sich keine ‚entmenschlichte Leere', sondern Vielfalt und Individualität. Die Form der Möbel tritt zurück und wird doch zum entscheidenden Nebenbei der Wohnung als gestalteter Lebensraum. Für zukünftige Erzeugnisse, die nicht elitäre Nischen zu füllen suchen, sondern sich breiter öffnen, wären diese Eigenschaften von Belang. Das MDW-Programm wurde zweieinhalb Jahrzehnte im Wertumfang von etwa siebenhundertfünfzig Millionen Mark gefertigt, in verschiedene Länder exportiert, national und international vielfach ausgezeichnet und gehört wohl zu den dauerhaftesten Möbelsystemen in Europa. Seine Produktion wurde 1993 beendet.

Variables Wohnen – Hoffnungen und Niederlage

Der fantasievolle Umgang der Nutzer mit variablen Möbelprogrammen bekräftigte meine Überzeugung, dass Variabilität und Nutzungsvielfalt nicht auf die mobile Wohnungsausstattung begrenzt bleiben durfte, sondern auch auf die Wohnung als bauliche Hülle auszudehnen war. Angesichts des Wohnungsbauprogramms, das mit einem geplanten Investitionsvolumen von über zweihundert Milliarden Mark im Zeitraum von 1979 bis 1990 Wohnen als soziales Problem in der DDR lösen sollte, vertrat ich gemeinsam mit meinen Kollegen Wilfried Stallknecht, Joachim Felz und Herbert Kuschi, die damals in der Deutschen Bauakademie wirkten, die Auffassung, dass wenigstens ein Teil als offene Wohnstrukturen realisiert werden müsste. Gedacht war dabei an eine bauseitig zunächst innenwandfreie Raumhülle. Die Anforderungen an die Wohnung hatten ja in gesellschaftlicher Dimension seit Langem die Schwelle elementarer Bedürfnisse überschritten. Der Wunsch nach differenzierter Ausprägung der Gebrauchseigenschaften und des Erscheinungsbildes der Wohnung war evident. Wir nannten dieses Projekt „Die variable innenwandfreie Wohnung".

Die technologische Entwicklung im seriellen Wohnungsbau ermöglichte inzwischen den Einsatz frei gespannter Decken mit Stützweiten von 6 und 7,2 Metern. Damit waren tragende Innenwände überflüssig, die baugeschichtlich das Kammersystem, also die unveränderliche Raumstruktur, begründeten.

Das Projekt zielte darauf, dem Wohnungsnutzer einen individuellen Entscheidungsspielraum für die Funktionsgliederung seiner Wohnung, für die Bestimmung der Raumgrößen und Raumlagen innerhalb der Raumhülle zu gewähren. Festgelegt war lediglich aus bautechnischen und wirtschaftlichen Erwägungen die Lage des Installationskernes.

In Gestalt von zwei Musterwohnungen, in denen die Möglichkeiten des variablen Wohnens eindrucksvoll dargestellt waren, wurde das Projekt 1969 der Staatsführung vorgestellt und fand Zustimmung. Wir erhielten die Mittel, unsere Konzeption mit über zweihundert Familien aus allen sozialen Schichten in Berlin, Rostock und Dresden in eigens dafür vorgesehenen Bauvorhaben zu erproben.

Ein erster Experimentalbau wurde in Rostock vom dortigen Wohnungsbaukombinat ausgeführt. Die am Versuchsobjekt beteiligten Familien spiegelten die soziale Struktur der Rostocker Bevölkerung. Es war ein Grundanliegen unserer Arbeit, die unmittelbare und möglichst weitgehende Mitwirkung der zukünftigen Bewohner an der Wohnplanung zu garantieren.

Zum Zeitpunkt der Vorbereitung des Experimentalbaus hatten wir nur sehr allgemeine Kenntnisse von den Wohnvorstellungen der Beteiligten. Wir wollten jedoch durch eine zielgerichtete Befragungsstudie faktisches Wissen darüber erlangen. Gemeinsam mit Soziologen der Universität Rostock wurde die Untersuchung vorbereitet und durchgeführt. Die Antworten spiegelten traditionelles Wohndenken wider. Die von den Befragten später selbst gestalteten Wohnungen entsprachen dem in Vielem nicht mehr. Es zeigte sich, dass der ungehinderte schöpferische Umgang mit einer innenwandfreien Wohnhülle, in der nur Wohnungseingang und Nassbereich festlagen, sowie einem sehr variablen Ausstattungssystem zu wesentlich anderen, sehr viel unkonventionelleren Ergebnissen führte. Mit den damals verfügbaren Möbeln und Ausstattungsteilen waren allerdings die gesamte Wohnung übergreifende Lösungen nicht realisierbar. Um dies zu ermöglichen, entwickelten wir das komplexe Ausstattungssystem AM 20. Konstruktiv und modular vernetzbare Teile des Systems waren:

- Variable, raumhohe Innenwände unterschiedlicher Breite, die zwischen Decke und Fußboden verspannt werden konnten. Dazu Dreh- und Falttüren.
- Raumhohe Behältnismöbel entsprechender Tiefe und Breite, untereinander und mit den Innenwänden zu kombinieren.
- Böden und Behältnisse, die in beliebiger Zahl, Größe und Höhe – ohne oder mit Bodenberührung – in die Verbindungsbeschläge der Innenwände eingehangen werden konnten.
- Liegemöbel, Sitzmöbel und Tische, die der Maßordnung des Systems entsprachen.

Die gesamte Vorbereitung der zukünftigen Wohnungsnutzer auf die Planung ihrer Wohnung, die von der Raumaufteilung bis zur Raumausstattung reichte, war darauf orientiert, deren Mitwirkung sachlich zu fundieren und als eine eigenständige Leistung zu sichern. Sie sollte auf genauer Kenntnis eigener individueller und familiärer Bedürfnisse und Lebensgewohnheiten beruhen.

Diesem Ziel dienten Vorträge über inhaltliche und methodische Probleme des Wohnens und der Wohnungsplanung, die von Ärzten, Soziologen und uns als Gestaltern angeboten wurden. Jede beteiligte Familie erhielt den Wohnungsplan mit Maßraster und einen Ausschneidebogen gleichen Maßstabes, auf dem alle Einrichtungsgegenstände in ihrem Grundriss dargestellt waren. So konnten Varianten zur Raumlage, Raumgröße und Raumausstattung untersucht und Bewegungsabläufe, Raumöffnungen etc. nach eigenem Ermessen in die Raumgestaltung eingebracht werden.

Abb. 26: Variables Wohnen: Experimentalbau Rostock, Grundrisse von Nutzerwohnungen.

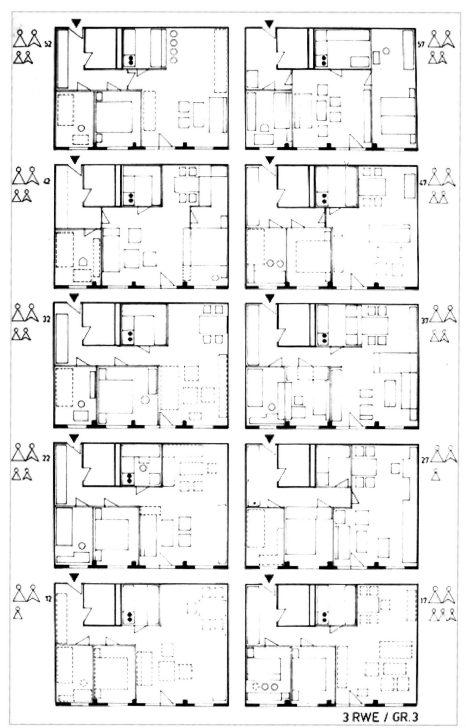

3 RWE / GR.3

Abb. 26

Abb. 27

Abb. 27: Variables Wohnen: Eingangsbereich.

Natürlich war freigestellt, auch vorhandenes Mobiliar einzubeziehen. Infolge dieser Vorbereitungen kamen nach angemessener Zeit etwa fünfundsiebzig Prozent der zukünftigen Bewohner des Experimentalbaues mit gefestigten Vorstellungen von ihren Wohnungen zum Beratungsgespräch. Nur in wenigen Fällen mussten wir zu grundsätzlichen Änderungen dieser Planungen raten. Er war überraschend und beeindruckend, mit wie viel Überlegung und Selbstbewusstsein eigene Bedürfnisse und praktische Erfordernisse zur Begründung der vorgestellten Wohnungsgestaltung dargelegt wurden.

Von den hundertvier im Experimentalbau später ausgeführten Wohnungen gleicht keine der anderen. Dabei waren die Ausgangsbedingungen für alle Beteiligten doch annähernd die gleichen, von der Familiengröße einmal abgesehen. Für mich bestätigte sich die Überzeugung, dass es selbst professionell arbeitenden Gestaltern nicht möglich ist, eine solche Vielfalt räumlicher Gliederung und Ausstattung als wählbares „Standardangebot" zu entwickeln. Über dafür notwendige Detailkenntnis verfügt eben nur der Wohnungsnutzer selbst. Die Prinzipien der als „variables Wohnen" bezeichneten Formen bedürfnisgerechter Wohngestaltung erwiesen sich als richtig.

Unsere Experimente waren begleitet von notwendigen Randbedingungen. Dazu gehörte neben der bevorzugten Bereitstellung aller Ausstattungsteile und spezieller Dienstleistungen auch das Angebot eines Kreditsystems durch die damalige Deutsche Notenbank, die allen am Versuchsprojekt Beteiligten eine Mitwirkung ohne finanzielle Überforderung ermöglichte. Nach sechsjähriger Nutzung des Experimentalbaues durch die Bewohner fand eine umfassende Rückbefragung statt. In deren Ergebnis erklärten achtzig Prozent der Befragten, dass sie sich wieder für eine solche variable Wohnform entscheiden würden.

Die Einführung der Ergebnisse dieser für mich wohl interessantesten und erkenntnisreichsten Arbeit in die Praxis scheiterte an der geringen Bereitschaft zu koordiniertem Zusammenwirken von kommunalen Wohnungsämtern, Bauwesen, Industrie und Handel unter den Bedingungen einer gewachsenen Wohnungsnachfrage. Sie scheiterte ferner an dem partiellen ökonomischen Denken jedes beteiligten Bereiches und im Handel besonders am notwendigen Aufbau von Dienstleistungsbetrieben.

Wir mussten erkennen, dass die zuständigen politischen und wirtschaftsleitenden Organe, im Wissen um die große Wohnungsnachfrage, der durch Neubau noch nicht entsprochen werden konnte, keine Veranlassung sahen, die anstehenden Probleme, die gewiss eine Herausforderung darstellten, zu klären. Deshalb suchten wir nach einer Lösung, welche die erstrebte Variabilität nicht aufhob, wohl aber eingrenzte. Wir entwickelten ein Konzept, nach dem die Hauptfunktionsgliederung einer Wohnung in zwei Funktionszonen durch raumhohen, kompakten Schrankraum erfolgte. Er war von beiden Raumbereichen aus, je nach Bedarf, zu nutzen. Die Funktionsbestimmung und die weitere räumliche Gliederung dieser entstehenden Bereiche blieben dem zukünftigen Bewohner vorbehalten. Auch diese, in einem neuen Experimentalbau der Stadt Dresden vorgestellte Variante variabler Wohnungsnutzung, die sehr viel geringeren Dienstleistungs- und Koordinierungsaufwand erforderte, war nicht zu verwirklichen. Die in Produktion, Handel und Wohnungswirtschaft ohnehin gering entwickelte Bereitschaft, „bewährte" Produktions-, Handels- und Vergabepraktiken aufzugeben und sich neuen Erfordernissen anzupassen, schwand gänzlich.

In Kenntnis der damals gegebenen technischen und ökonomischen Möglichkeiten des industriellen Wohnungsbaus der DDR sowie nach den Erfahrungen und Erkenntnissen, die wir aus unseren Versuchs- und Experimentalbauten gewonnen hatten, sah ich keinen Bedarf nach weiteren oder gar weitergehenden Vorschlägen zur Flexibilisierung der Neubauwohnungen. Unsere sehr detaillierten Entwürfe lagen auf Abruf bereit. Sie enthielten zugleich Gestaltungsvorschläge, die mit Studierenden der Hochschule für industrielle Formgestaltung Halle, Burg Giebichenstein für Gemeinschaftseinrichtungen in Neubaugebieten ausgearbeitet und beispielhaft ausgeführt wurden. Ein Rückgriff auf diese Entwürfe und Erfahrungen seitens der politischen Führung und der Bau- und Ausstattungsindustrie erfolgte nie.

Ein vorläufiges Fazit

Die wichtigste Leistung, die der Gestalter im Dienst des sozialen, kulturellen, also gesellschaftlichen Fortschritts zu erbringen hatte, ist gute Gestaltung. Denn bevor ein Möbel, ein Raum, ein Haus, ein Gegenstand schlechthin menschlichem Leben dienlich sein kann, muss er gedacht, entworfen, produziert werden. Solches Entwerfen setzt diesen Zielen verpflichtete hohe Motivation voraus. Sie bestimmt den soziokulturellen Anspruch eines Entwurfes, macht ihn bewertbar. Derart motiviertes Gestalten ist immer wieder von den großen Utopien der Zeit angefacht und bereichert worden. Die Ergebnisse, so scheint es, markieren Etappen des Fortschrittes und des Scheiterns. Immer jedoch hinterlassen sie neue Herausforderungen. Die bewusste Gestaltung gegenständlicher Umwelt wird also auch in Zukunft nicht ohne Utopien und Visionen auskommen. Eine sozial gerechte, kultivierte Gesellschaft und ein dazugehöriger Mensch, der maßvolle Einfachheit liebt und dem Haufen überzogener hohler Dinge durch Vernunft widersteht, ist eine solche Vision und gewiss nicht nur die meine.

Aus dieser Sicht waren drei Kriterien für mein Tun bedeutsam:

Offenheit

Sie meint nicht nur den Raum ohne Tür mit Aussicht nach vorn, nicht nur den Gegenstand, der offen ist für möglichst vielfältigen Gebrauch, sondern vor allem eine Gegenstandswelt, die offen ist für die sozialen und kulturellen Sequenzen einer Zeit, also Verfügbarkeit ohne soziale Begrenzung, offen für individuellen Zugriff auf Raum und Gegenstand. Ergänzt durch den Anspruch, wirtschaftlich zu sein, wirtschaftlich für den Hersteller eines Dinges und für seinen Nutzer, sind dies wohl Substanz bildende Kriterien für das, was wir Kultur des Gestaltens nennen.

Nützlichkeit

Auch sie ist keine unveränderliche, sondern eine wandelbare Eigenschaft der Gegenstände. Nützlichkeit ändert sich jedoch mit den gesellschaftlichen und durch diese mit den individuellen Bedürfnissen. Die Variabilität eines Dinges ist z. B. eine nützliche Eigenschaft, denn sie ermöglicht Anpassung an wechselnde Bedingungen oder veränderte Gebrauchsformen. Dabei zeigen sich weitere, Nützlichkeit konstituierende Eigenschaften. Nützlichkeit ist somit eine conditio sine qua non für den erfolgreichen Aneignungsprozess der dinglichen Welt durch den Menschen. Sie steht für die Brauchbarkeit eines Produktes und erfüllt die Forderungen nach Festigkeit und Widerstandsfähigkeit, nach zeitlichem Bestand und nach Wohlbehagen.

Einfachheit

Sie war mir nie ein Zweck an sich. Ich habe sie verstanden wie Frank Lloyd Wright als anmutige Schönheit, als Lauterkeit, aus der jede Unstimmigkeit, alles Bedeutungslose getilgt wurde. Sie war folglich auch Anspruch an Konstruktion und Fertigung.

Schließlich dies: Das Streben, in der Wohnung persönliche Wertvorstellungen und ein selbstbestimmtes Anspruchsniveau darzustellen, gehört zu den normalen, in kultureller Hinsicht sogar zu den wichtigen Daseinsäußerungen. Natürlich kann ein Gestalter nicht alle ästhetischen Sehnsüchte gesellschaftlicher Gruppen erfüllen. Schon deshalb nicht, weil eine deutlich verbreitete individuelle Strategie bestimmter Gruppen darin besteht, als Mittel zu diesem Zweck Möbel und weitere milieubildende Gegenstände zu nutzen, die historische Stilmuster imitieren. Dieser Rückgriff auf vergangene Gestaltbilder ist kulturgeschichtlich kein neues Phänomen. Auch die jüngere Zeitgeschichte ist dafür erneut Beleg.

In ästhetischer, wohl auch sozialer Sicht bleibt diese rückwärtsgewandte Codierung der individuellen Lebenswelt jedoch fragwürdig. Die Aufhellung solcher sozialen und kulturellen Codes in der Produkt- und Wohnkultur ist vielfach versucht worden, in letzter Konsequenz jedoch noch nicht gelungen. Es darf einerseits sicher nicht nur vermutet werden, dass globale Gefährdungen, die rationale Durchdringung und Kontrolle des Lebensumfeldes sowie des Lebens selbst, die Idealisierung von Verhaltensmustern wie Dynamik, Mobilität, Jugendlichkeit, Individualität etc. dafür in Betracht kommen. Auf der anderen Seite ist es soziale Spaltung als das Ergebnis monetärer Diktatur mit ihren Folgeerscheinungen wie Verhaltenheit, soziale Verunsicherung, existenzielle Bedrohung, Abschirmung nach außen, die als Indikatoren für soziokulturelle Markierungen des gegenständlichen Lebensumfeldes, also auch der Wohnung, wahrzunehmen sind.

Aber auch dies erschöpft noch nicht den ganzen Zusammenhang. Übergreifend ist es auch der uns umgebende dingliche Überfluss in seiner Maßlosigkeit, der das Bewusstsein des Notwendigen, des Einfachen betäubt und das Handeln für Verschwendung, für das Anschaffen von unnötigem Putz frei macht. All dies führt zu differenzierten Veränderungen des ästhetischen Verhältnisses zur Gegenstandswelt, sucht sich entsprechende visuelle Reize, die sowohl durch die jeweils modischen als auch rückwärts greifende Gestaltmuster erfüllt werden können. Beide sind Gestaltmuster, die heute modern erscheinen und morgen in den Mülleimer der Kulturgeschichte wandern. Vielleicht sollte man sie aus Pappmaschee herstellen, um sie mit wenig Schaden zu beseitigen oder der nächsten Mode mit nur geringem Aufwand anpassen zu können. Aber das Gegenteil ist der Fall. Mit übersteigertem Raffinement, oft unangemessenem Material- und Technologieaufwand sowie aufdringlicher Formensprache entfernen sich die Dinge meist weit von ihrem praktischen Zweck und unterliegen frühzeitigem moralischen Verschleiß. Dies ist eine gehobene, eine nur getarnte Form der Vermüllung, aber Vermüllung bleibt es. Da verkommt Design zu entbehrlicher Kosmetik und widerspiegelt zugleich einen unerfreulichen Sachverhalt. Umsatz soll durch Manipulation des Kaufverhaltens mittels sinnlicher Verführung gesteigert werden. „So verlangt das mit kapitalistischer Marktbehauptung einhergehende Profitstreben unabhängig vom tatsächlichen Bedarf und Verbrauch ständige Steigerungsraten des Konsums, Konsum um jeden Preis. Für die notwendige ‚Überredung' des Konsumenten hat das Design mit zu sorgen. Styling, Manipulation durch Werbung, unhaltbare Gebrauchswertversprechungen bis hin zur Kumulation ökologischer Probleme sind nur einige Erscheinungen asozialen Designs bzw. dessen Umfeldes." (Schreiber 1990, S. 7)

Aber mit diesem „Putz" kann man träumen, er ist gegenständliches Zeugnis für Sein-Wollen. Die Trennung der Form von der praktischen Funktion hat da ihren Ursprung und begründet die Macht des Äußerlichen, dokumentiert Zugehörigkeit, Status, Anspruch. Ist es also die Konsum-, Spaß- und Wegwerfgesellschaft, die über Besitzgrenzen hinweg alle authentischen und vernunftregulierten Bedürfnisse deformiert oder gänzlich erstickt? Gestaltung, die sich rekrutieren lässt in das Heer jener, die solcherart Ansprüche bedienen, sei es aus Profitsucht, arroganter Anmaßung oder borniert Marktgläubigkeit, hilft nicht nur, die Müllberge um uns zu vergrößern, sondern trägt dazu bei, dass Gestaltung ihre Bedeutung als eines der soziokulturellen Regulative in der Gesellschaft verliert. Nutzerorientierte Gestaltung, die sich tatsächlich notwendigen Bedürfnissen verpflichtet sieht, darf solche Veränderungen der Bedürfnisstrukturen weder ignorieren noch ihnen konzeptionslos folgen. Es bleibt die Verpflichtung, Strategien mit zu entwickeln, welche die Anpassung der räumlich-gegenständlichen Umwelt des Menschen an unterschiedliche Lebensbedürfnisse kultiviert ermöglicht. Dieser Anspruch an gestalterische Arbeit ist geschichtlich fundiert und auch in der Gegenwart als gesamtgesellschaftliche oder, falls Wirtschafts- und Sozialsysteme gegenläufige Kräfte freisetzen, als individuelle Zielsetzung unverzichtbar. Was wir brauchen, ist eine Manifestation des Einfachen, eine „Bewegung" die sich dieser Manifestation kompromisslos verpflichtet, die ohne Dogmatismus, aber mit größter Wachheit unserer dinglichen Umwelt beispielhaft Gestalt gibt nach dem Maß menschlicher Bedürftigkeit und Vernunft. Zukünftiges Gestalten, will es ernst genommen werden, wird nicht umhinkommen, Erscheinungen und Formen des Überflusses, die auf einer Ästhetik der Verschwendung beruhen, infrage zu stellen und eine Ästhetik des Einfachen, der Haltbarkeit und Dauer zu konstituieren. Dann jedoch ist Gestaltung für das Eine oder Andere keine private Entscheidung mehr, sondern eine soziale, denn sie betrifft die ganze Gesellschaft. Wo sie es nicht schon tut, muss sich Gestaltung wohl wieder darauf besinnen, die Dinge in erster Linie für den Gebrauch und nicht für den Verkauf zu entwerfen.

Vielleicht wird aber auch der Zwang der Umstände, die bedrohliche weltweite ökologische und klimatische Situation dem Gestalten und Produzieren für gedankenlosen Konsum, dem Verschwenden und Wegwerfen Grenzen setzen, noch dazu da die Ressourcen des Globus absehbar endlich sind und die soziale Balance dieser Welt unausgeglichen ist. Wie unsere gestaltende Arbeit und ihre Ergebnisse die ethischen und ästhetischen Ansprüche erfüllen konnten, die das fokussierten, werden kommende Generationen zu beurteilen haben. Wir waren bemüht.

Hillenhagen, G.: *Aufbau – Baukasten – Montagemöbel, kritische Betrachtung von Architekt Gerhard Hillenhagen*, in: *Anbaumöbel: Anbau-, Aufbau, Baukasten- und Montagemöbel*, hg. v. d. Deutschen Bauakademie, Berlin 1955.
Meyer, H.: *Bauen und Gesellschaft. Schriften, Briefe, Projekte*, Dresden 1980.
Schreiber, D.: *Gestalterisches und menschliches Maß – eine Kontroverse mit der Vernunft?*, in: *Materialien des 14. designwissenschaftlichen Kolloquiums der HKD*, Halle 1990.

(Der Text ist ein autorisierter Manuskript-Auszug zum demnächst beim form+zweck Verlag in Berlin, erscheinenden autobiografischen Buch von Rudolf Horn Jahre der Gestaltung. Offene Produkte – Offene Räume – Offener Gebrauch. Die Mehrzahl der Abbildungen folgt ebenfalls dem Publikations-Konzept.)

Günter Höhne

DIE BESTEN FÜR DEN WESTEN
DDR-Design trifft auf Kunden drüben

Um 1950 gibt die Hochschule für Bildende Künste Dresden, an der im Bereich Industrielle Formgebung auch die Bauhäusler Marianne Brandt und Mart Stam lehren, ein doppelseitig bedrucktes Poster heraus, in dem erste Arbeiten der dort Studierenden gezeigt und der Studiengang vorgestellt werden. Auf der Vorderseite prangt die Losung „Das Beste für den Werktätigen", ein selbstbewusstes, optimistisches Ansinnen der Lehrenden und Studierenden, deren Weg zur Hochschule noch von hohen Trümmerbergen gesäumt ist.
Sechsunddreißig Jahre später proklamiert die SED-Führung auf ihrem XI. Parteitag „Alles für das Wohl des Volkes", aber da haben Ironiker in

Abb. 1: Poster der Hochschule für Bildende Künste Dresden von 1950.

Abb. 2

Abb. 3

der DDR-Designerschaft die alte Dresdner Losung längst verändert in: „Das Beste für den Westen – die Reste für den Werktätigen". Das spiegelt nicht nur ihre Erfahrungen als Konsumentenvolk, sondern sarkastisch gerade auch jene als Produktemacher, als Gestalter wider. Es gehört zu ihrem Alltag, mit anzusehen, wie viele der besten Entwürfe aus ihren Ateliers bildlich gesprochen schon am Ende des Fließbandes in Westexportkisten landen und oft nur solche Produkte in die DDR-Geschäfte gelangen, die mit Finish-Qualitätsmacken behaftet sind. „Zweite" oder „Dritte Wahl" heißen sie dann, als hätte der Kunde je eine gehabt. Er nimmt, was er kriegt.

Haupt-Westexportkunde der DDR ist seit jeher die Bundesrepublik Deutschland. Die vierzigjährige Geschichte des innerdeutschen Handels harrt noch ihrer umfassenden Aufarbeitung, aber so viel ist allgemein bekannt: Was den Industriegüterverkehr betrifft, so kommt der bereits in der Zeit der Aufteilung des Landes in Besatzungszonen der Alliierten in Fluss. Nach Vertragsabschlüssen auf den ersten Nachkriegs-Mustermessen in Leipzig erfolgen Lieferungen auch schon von technischem Gerät aus der Sowjetischen Besatzungszone und jungen DDR in den Westen, wie etwa aus dem Suhler MEWA-Werk, dem späteren VEB Fahrzeug- und Jagdwaffenwerk „Ernst Thälmann". Damals, Ende der Vierziger- bis Mitte der Fünfzigerjahre, ist dort der Werksingenieur Ernst Fischer beschäftigt, ein genialer Tüftler und Erfinder, später auch mit dem Staatstitel „Verdienter Techniker des Volkes" ausgezeichnet. Er entwickelt zwischen 1946 und 1948 zwei elektrische Koffernähmaschinen, die zusammenklappbare METALL-KOMA im Holzgehäuse und die in einem flachen Duroplastkoffer, der auch als Arbeitsplatte dienen kann, untergebrachte Freiarm-Maschine

Abb. 2 u. 3: Ernst Fischers Nähmaschine KOMA, entworfen 1946.

Abb. 4 u. 5: Die legendäre FREIA von 1948.

Abb. 4

Abb. 5

FREIA, ein technisches wie gestalterisches Spitzenprodukt seiner Zeit. Die FREIA wird ab Anfang der Fünfzigerjahre auch auf dem ostdeutschen Binnenmarkt verkauft, die Vorgängerin KOMA hingegen nur sehr selten. Sie geht fast ausschließlich an westdeutsche Händler, die sich um sie reißen. Wer heute im Internet das Glück hat, eine zu ersteigern, wird sie mit hoher Wahrscheinlichkeit von einem Besitzer aus den west- und süddeutschen Bundesländern geschickt bekommen.

Ernst Fischer erinnert sich im Jahr 2003 in einem Interview zu seinem Lebens- und Schaffensweg (er stirbt 2005, wenige Tage nach seinem fünfundneunzigsten Geburtstag) schmunzelnd einer anderen deutsch-deutschen Handelsepisode besonderer Art:

„In der Ära des Kalten Krieges gab es ja immer mal wieder ein neues Bonner Handels-Embargo gegen die DDR. Und eines Tages, so Mitte der Fünfzigerjahre, sperrte die Adenauer-Regierung die Lieferung von medizinischen Operationsnadeln an uns. Das waren sehr diffizile Produkte, deren Feinheiten und bestimmte Krümmungen nur in Handarbeit zu machen waren. Die Arbeitsplatzkapazitäten dafür hatten wir überhaupt nicht. Ich habe nun innerhalb kurzer Zeit im Auftrag der Industrievereinigung EBM – das stand für Eisen-, Blech- und Metallwaren – zwei Angelhaken-Vollautomaten entwickelt, absolute Weltneuheiten damals, durch deren Einsatz die an diesen Erzeugnissen bislang pusselig-manuell arbeitenden Frauen nun in die OP-Nadelproduktion umgesetzt werden konnten. Als ich 1998 ganz überraschend (ich weiß wirklich nicht richtig, wofür) das Bundesverdienstkreuz verliehen bekam, dachte ich so bei mir: Na, wenn die wüssten, wie oft ich dem Adenauer mit meinen Erfindungen eins ausgewischt habe!"

Mit der wachsenden Wirtschaftskraft der DDR ab den Sechzigerjahren nehmen deren Möglichkeiten zu, sich in den Welthandel einzubringen. Auch ostdeutsche Produkte gelten wieder als zuverlässig und ansehnlich. Für die Produktgestalter in den Betrieben und Kombinaten eine oft durchaus zwiespältige Angelegenheit: Dürfen, ja sollen sie bei Export-Investitionsgütern wie Werkzeug- oder Druckmaschinen, Krananlagen oder Baumaschinen, im Schienenfahrzeug- und Schiffbau schon eher mal „in die Vollen" gehen, etwa bei der Gestaltung optimal ergonomischer Steuerpulte, Bedienelemente und Fahrersitze oder bei der Verwendung schicker Oberflächenmaterialien und Farben, so haben entsprechende Produkte für den Binnenmarkt nach wie vor in der Regel das Nachsehen, muss hier auf Anordnung mehr improvisiert als innovativ-gestalterisch investiert werden. Die „Rohstoff- und Materialdecke" ist zu knapp, der Zukauf von Technik, Fertig- und Halbfertigteilen aus dem Westen kommt weitgehend nur für Exportaufträge infrage.

Abb. 6

In der Konsumgüterindustrie wiederum sind – von elektrischen Haushaltgeräten über Wohnraumausstattungen, Büro- und Rundfunktechnik oder auch Uhren und Spielwaren bis hin zu Glas- und Keramikerzeugnissen – hauptsächlich zwei Exportartikel-Designstrategien im Sinne einer quasi „geteilten Form" zu befolgen: Zum einen sollen von der allgemeinen Inlands-Version zum Teil erheblich abweichende, technologisch und materialaufwendig oft anspruchsvollere Sonderlösungen für die Westkundschaft entworfen werden; zum anderen sind hochwertige DDR-Erzeugnisse mit anderen Markennamen zu versehen und bei Verleugnung der DDR-Herkunft entsprechend kosmetisch „umzumodeln".
Eine dritte und für die ostdeutschen Designer die widerlichste Variante erzwungener Selbstkastration ist schließlich die, auf Verlangen der Einkäufer aus dem Westen in Fabrikate, die als funktionell und ästhetisch langlebige Produkte entworfen wurden, „Sollbruchstellen" einzubauen. So geschehen etwa auf einer internationalen Möbelmesse Mitte der Achtzigerjahre, als dort die Designer des VEB Polstermöbelkombinat Oelsa-Rabenau bei Dresden eine neue Sitzgarnitur offerieren, auf deren hochmodische und strapazierfähige Textilbezüge sie besonders stolz sind. Der zunächst sehr interessierte westdeutsche Importeur schlägt beim näheren Besehen jedoch die Hände überm Kopf zusammen: „Das ist Wahnsinn! Das hält ja ewig! Macht uns bloß billigere Stoffe drauf. Das Zeug muss in drei, vier Jahren verschlissen sein." Dass die anständige Polstervariante nun anschließend auf den DDR-Markt gekommen wäre, darf aber eher bezweifelt werden.

Abb. 6: Was an „Luxusartikeln" (im Verständnis der DDR-Wirtschaftslenker) für den Binnenmarkt produziert wurde, aber lediglich für sehr viel Geld und bei guten „Beziehungen" oder wie bei Automobilen nur nach jahrelangen Wartezeiten erhältlich war, konnten Bürger des Arbeiter-und-Bauern-Staates sich bei Westverwandten per GENEX-Katalog innerhalb kurzer Zeit schenken lassen. Hier der Blick in eine dänische Ausgabe von 1976. Sonderausstattungen wie bei dem Wartburg waren so gut wie nur auf diesem Wege zu bekommen.

Abb. 7

Abb. 8

Abb. 7–9: Wittenberger VERITAS-Nähmaschinen wie diese perfekt-praktisch gestaltete aus den Achtzigerjahren gingen massenhaft in den Westexport. Ihr Antriebsprinzip konstruierte ebenfalls der Suhler Erfinder Ernst Fischer.

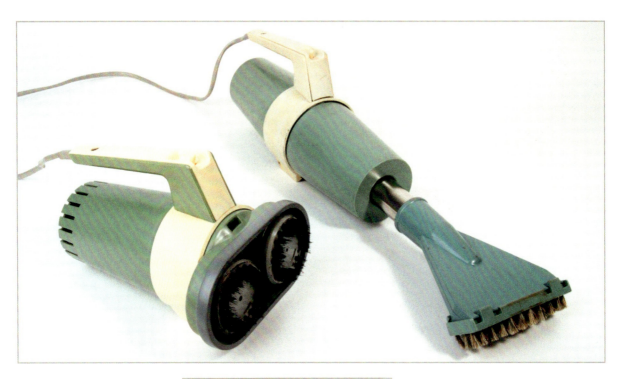

Abb. 10–12

Abb. 10–12: Dieser praktische multifunktionale Kleinstaubsauger der Marke Omega aus Altenburg in Thüringen, 1962 von dem selbst ein Multitalent darstellenden Industrieformgestalter Wolfgang Dyroff entworfen, war ein ausgesprochener Westexport-Schlager. Für die Benelux-Länder wurde er von einer Rotterdamer Firma vertrieben; keiner der Käufer erfuhr je, dass das Gerät aus Ostdeutschland kam.

Abb. 13: Der Handstaubsauger OMEGA CONTUR aus den Achtzigerjahren wurde bei Quelle in Westdeutschland unter der Marke Privileg gehandelt und ist als ostdeutsches Omega-Original heute noch in Produktion. Sein besonderer Vorteil wie bei allen Omega-Staubsaugern: kompatibel mit dem Zubehör aller Altenburger Firmenmodelle über Jahrzehnte hinweg sowie durchweg leicht zu reparieren.

Abb. 13

Abb. 14–18: Elektrische Haartrockner und Frisierhilfen wurden von den Herstellern in der DDR „Luftduschen" oder „Heißluftduschen" genannt. Ihre je nach Modell verschiedenen weiblichen Vornamen verloren sie als „Westreisende" meist und passierten unerkannt die innerdeutsche Staatsgrenze.

Abb. 14–18

Abb. 19

Abb. 19 u. 20: Der formschöne handliche 8-mm-Schmalfilmprojektor WEIMAR 3 von 1957 aus dem VEB Feingerätewerk Weimar, der auch von Neckermann vertrieben wurde, durfte erstaunlicherweise sein VEB-Firmenschild behalten, ging aber mit einer Gebrauchsanweisung des Versandhauses auf Reisen.

Abb. 21 u. 22: Der Stereo-Plattenspieler ZIPHONA COMBO, hergestellt 1979 im VEB Phonotechnik Zittau-Pirna, wurde in einer gestalterisch optimierten Form parallel als BRUNS JOKER für den Export in die BRD gefertigt.

Abb. 20

Abb. 21 u. 22

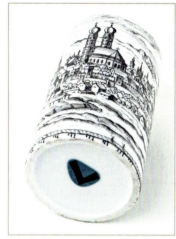

Abb. 25

Abb. 23 u. 24

Abb. 23 u. 24: Leuchten des VEB Metalldrücker Halle/Saale waren seit den Siebzigerjahren ständig im Sortiment großer westdeutscher Kauf- und Versandhäuser vertreten, in der DDR aber nur selten zu haben.

Abb. 25: Eine besonders pikante Geschichte steht hinter dieser Vase aus der Thüringer Porzellanfabrik Lichte der frühen Sechzigerjahre: Ursprünglich als glattweißes, undekoriertes Porzellan nach Entwürfen des Hallenser Designers Hubert Petras produziert, wurde dies von der SED-Parteiführung als „dekadente" westliche Mode scharf verurteilt. Daraufhin mussten die Produkte mit Bilddarstellungen „verziert" werden und gingen – wie dieses Exemplar – massenhaft ins Westexportgeschäft.

Abb. 26: 1982 kam in der DDR in vielen Dekorvarianten das elegante Porzellangeschirr TONIKA aus dem VEB Vereinigte Porzellanwerke Kahla in die Geschäfte, entworfen von den Werks-Designern Heidi Rosemann und Günther Pucher. Glattweiß war es nie zu ergattern, diese anspruchsvolle Ausführung wurde als No-Name-Produkt und ohne Bodenmarkung in den Westen exportiert.

Abb. 26

Ab. 27: Die Schach-Uhr GARDE aus dem VEB Uhrenwerke Ruhla von 1960 war und ist zuweilen auch noch Standardbegleiter bei Turnieren im In- und Ausland. Sie wird in der heutigen Gardé Uhren und Feinmechanik GmbH Ruhla nun auch als Blinden-Schachuhr hergestellt.

Abb. 27

Abb. 28: Quarzgesteuerte Wecker der Achtzigerjahre des VEB Uhrenwerke Ruhla: links für das Inlands-Angebot, rechts als EUROCHRON für den Westexport.

Abb. 28

Abb. 29: Ruhlaer Armbanduhren mit Fantasie-Markennamen aus dem Exportprogramm für die BRD, Siebziger- und Achtzigerjahre.

Abb. 29

Abb. 30

Abb. 30: Spielzeug-Autos aus der DDR (Werksentwurf der Achtzigerjahre aus dem VEB Plasticart Annaberg-Buchholz). Schon die Beschriftung weist auf die „Exportfähigkeit" der Erzeugnisse hin.

Im Gespräch: Lutz Brandt

AUS DER REIHE GETANZT
Spuren eines Wanderers zwischen den Welten

Abb. 1

Abb. 2

Abb. 3

Abb. 1 – 3: U-Bahnhof Wittenbergplatz mit Werbetafeln von Lutz Brandt, Zustand 2009.

Günter Höhne:
Du stehst vor deinem Umzug vom Schöneberger Wittenbergplatz in die Charlottenburger Kantstraße, weil das Wohnhaus, in dem du zur Miete lebst, saniert wird, hast doch aber hier dicke Wurzeln geschlagen. Die U-Bahnstation dort vor deinem Fenster war dein allererster künstlerischer Wirkungsort in Westberlin. Der Wohnungswechsel jetzt, tut der nicht ein bisschen weh?

Lutz Brandt:
Ja, schon ein wenig, ich bin hier seit 1984 zu Hause, nachdem ich aus Ostberlin weg bin. Und das – du sagst es – hatte eben auch mit dem U-Bahnhof Wittenbergplatz zu tun. Hier bin ich nun fünfundzwanzig Jahre hängen geblieben. Aber die Kantstraße ist ja nicht weit weg.

Höhne:
Anfang der Achtzigerjahre hattest du über den Verband Bildender Künstler der DDR den Auftrag bekommen, sozusagen als devisenbringender „Gastarbeiter" für Westberliner öffentliche Gebäude Kunst am Bau zu realisieren. Auch hier in der U-Bahnstation. Wie muss man sich das konkret vorstellen?

Brandt:
Den ersten Auftrag habe ich mir „konspirativ" selbst besorgt, in Absprache mit einem ehemaligen Klassenkameraden, der als Architekt schon lange in Westberlin lebte. Der hatte 1982 den U-Bahnhof Wittenbergplatz zu rekonstruieren, und die im Stil der vorigen Jahrhundertwende erhaltene Kassenhalle sollte mit künstlerischer Werbegrafik nach historischen Vorbildern für Westberliner Firmen und Geschäfte ausgestattet werden. Mein Freund meldete sich nun beim staatlichen Kunsthandel der DDR, der für Ost-West-Transfers von bildender Kunst zuständig war, und fragte an, ob es möglich wäre, dass ich diesen Auftrag übernähme, ihm seien Herrn Brandts Arbeiten im öffentlichen Raum Ostberlins wohl bekannt und er schätze deren grafische Kultur außerordentlich – na, und dergleichen Lobhudelei mehr. Der Kunsthandel, devisengeil wie er nun einmal war, schlug ein. Ich begann zu Hause mit der Arbeit an zwölf kleinen und drei großen Werbeflächen, war aber ziemlich sauer, dass

mir verwehrt wurde, deren Montage in Westberlin zu begleiten, hierbei Regie zu führen und am Ende zu sehen, wie meine Werke dort hängen. Dazu erboste mich das Honorar, das mir vom Staat zugestanden wurde: durchweg nur DDR-Mark, und davon gingen neben den üblichen zwanzig Prozent Einkommensteuer auch noch zwanzig Prozent Vermittlungsgebühr an den Kunsthandel ab – der natürlich auch „seine" Westmark überwiesen bekommen hatte. Ein unglaublicher Beschiss!

Höhne:
Wie ich weiß, hättest Du aber bald unversehens Gelegenheit gehabt, dem Beschiss-Staat den Rücken zu kehren, hast sie aber nicht wahrgenommen ...

Brandt:
Dieser Entschluss war noch nicht reif genug, ich war ziemlich euphorisiert von den völlig irreal anmutenden Ost-West-Ost-Wandermöglichkeiten, die sich für mich plötzlich eröffneten. Das begann damit, dass ich nämlich doch noch an den Wittenbergplatz fahren „musste": An einer bereits montierten Werbetafel waren Korrekturen nötig geworden, weil ein Handlauf an der Treppe ausgerechnet die Telefonnummer der beworbenen Firma verdeckte. Und da saß ich nun dreimal einen Tag lang auf den Stufen der Kassenhalle und änderte die Tafel und war mir sicher, die vorbeieilenden Leute sehen mir an der Nasenspitze an, dass ich aus dem Osten komme.

Ich wusste aber auch schon, dass „mein" Architekt noch Weiteres mit mir vorhatte, und meine getreuliche Rückkehr von den Tagesausflügen nach drüben war den Ostberliner Entscheidungsträgern nun wohl genügend Vertrauensvorschuss, seinem nächsten Begehr zuzustimmen: einem Auftrag an mich für eine Wandgestaltung mit keramischer Malerei sowie sieben großen Keramik-Reliefs in Westberlin. Dazu war 1983 auch noch ein mehrwöchiger Arbeitsaufenthalt in der niederrheinischen Keramikfabrik von Emmerich notwendig und anschließend die Überwachung der Montage auf der Baustelle. Alles zusammen ein Honorarvolumen von 40 000 D-Mark. Da konnte der staatliche Kunsthandel nicht Nein sagen, und ich erhielt ein Dauervisum. So war ich mehrere Monate Wanderer

Abb. 4: Tagebucheintragung 1982 von Lutz Brandt.

Abb. 5: Giebelmalerei in der Warschauer Straße, Aufnahme von 1979.

Abb. 6: Giebelmalerei in der Warschauer Straße, Aufnahme von 2009.

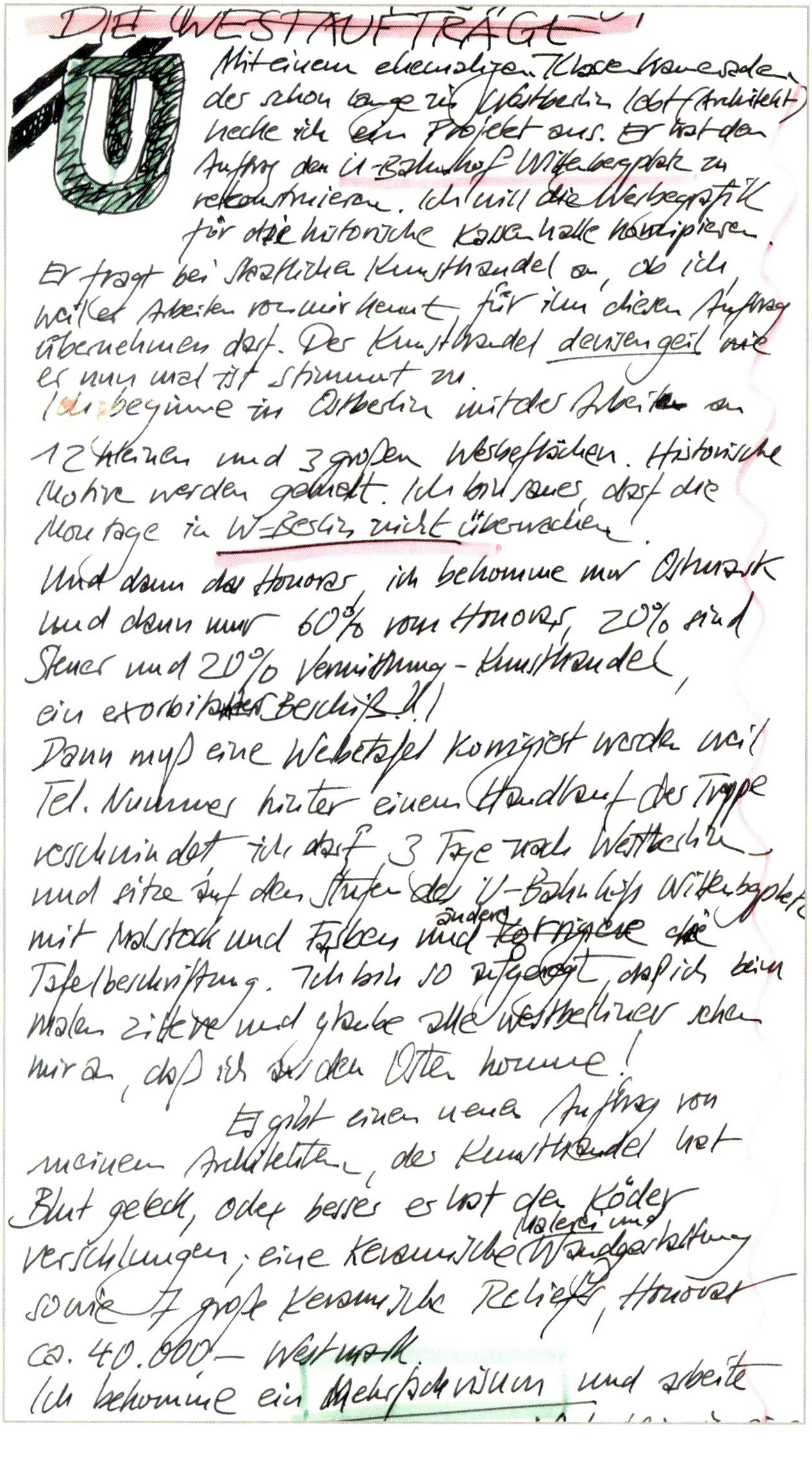

zwischen zwei Welten und fand das amüsant, aufregend und irgendwie irre, aber auch anstrengend, die vielen Bestellungen der Freunde abzuarbeiten – Turnschuhe, Ersatzteile für dieses und jenes, Kosmetik etc.

Höhne:

In Ostberlin hattest du ja ein durchaus respektables Aus- und Einkommen. Schon als Student an der Kunsthochschule in Berlin-Weißensee galtest du als ein gefragter ideenreicher Mann, die legendären Hochschul-Faschingsfeiern in den Siebzigerjahren wurden von dir ausgestaltet, dann warst du künstlerischer Lehrbeauftragter für Perspektive, schließlich Meisterschüler bei Walter Womacka. Du hast hier Architektur, Malerei und Produktgestaltung studiert und dann intensiv im zentralen Künstlerkollektiv für die komplexe Umweltgestaltung des neuen Großplattenbau-Stadtbezirks Berlin-Marzahn mitgearbeitet, eine ganze Reihe von Giebelwandbemalungen und anderen Werken der baugebundenen Kunst in Ostberlin stammt von dir. Du warst Illustrator für namhafte Wochen- und Publikumszeitschriften der DDR, auch als Plakat- und Posterkünstler sehr erfolgreich, Gemälde von dir hingen in den großen Kunstausstellungen der DDR – warum bist du dann 1984 drüben geblieben?

Brandt:

Das war am Ende ein spontaner Entschluss, der allerdings tief im Inneren, zunächst ganz unbewusst, reifte. Marie von Ebner-Eschenbach beschrieb das einmal so: „Der Gedanke mit dem dunklen Kern begann zu leuchten und Helligkeit zu verbreiten." Der Knackpunkt war zum einen, dass ich es dann doch satt hatte mit der verkrusteten DDR und ihr als Künstler und Devisenbringer zu dienen ohne angemessenen Anteil am Erarbeiteten. Der konkrete Auslöser für meine Entscheidung war aber, dass mich 1984 eines Tages im Kulturministerium, wo ich täglich meinen Reisepass abzugeben und anderntags wieder abzuholen hatte, ein freundlicher Herr erwartete und mir antrug, dem mich doch so großzügig reisen lassenden Staat ab und zu einen Gegendienst in Westberlin zu erweisen. Da stand für mich fest: Deinen sechsundvierzigsten Geburtstag feierst du im Westen, und den großen Auftrag beendest du auf eigene Rechnung. Weg hier! Am 4. August 1984 bin ich abends nicht mehr zurück gefahren.

Höhne:

Was weißt du darüber, was deine Kollegen und Freunde in Ostberlin dazu gesagt haben, dass du, ein sicher auch beneideter Exote, am Ende im Westen geblieben bist?

Brandt:

Arno Fischer, einer meiner besten Freunde und als Fotograf mir ein künstlerischer Ziehvater, war erst mal stinksauer auf mich. Das hat mich schon sehr berührt. Und dann gab es natürlich auch eine Menge Gerüchte. Die einen verbreiteten, ich sei bei der Stasi und nun drüben hoppgenommen worden, andere wollten wissen, ich hätte mich in eine schöne Fabrikantentochter verliebt und sei deshalb da geblieben. Das

Abb. 7

Abb. 8

Abb. 7 u. 8: Zwei Motive aus einer Posterserie mit „Trabant-Fantasien" von 1977.

Abb. 9

Abb. 9: „Landschaft mit Baum", Öl auf Leinwand, 1978.

Abb. 10

Abb. 11

Abb. 10 u.11: Sonnensegel-Konstruktion am Fuß des Berliner Fernsehturms, 1979.

mit Arno Fischer hat sich mit der Zeit dann wieder eingerenkt, worüber ich sehr glücklich war. Auch das Verhältnis zu anderen guten Freunden hat die Zeit bis zum Mauerfall und bis heute überdauert. Dem habe ich übrigens auch zu verdanken, dass viele meiner Entwurfszeichnungen und Dokumente aus den DDR-Jahren vor dem Zugriff der staatlichen Behörden nach meinem Weggang bewahrt blieben.

Höhne:
Bis 1984 warst du ja als DDR-Künstler, als Grafiker, Maler und Stadtumweltgestalter auf vielerlei Art und Weise engagiert, engagiert durchaus auch im zweifachen Wortsinn. An welche deiner Projekte in Ostberlin erinnerst du dich besonders gern?

Brandt:
An jene, die ein wenig oder manchmal auch total aus der Reihe tanzten, die auch zuweilen etwas Abenteuerliches an sich hatten. Zum Beispiel eine ziemlich gewagte Freiluft-Installation anlässlich einer Ausstellung am Berliner Fernsehturm zum dreißigjährigen Bestehen der Kunsthochschule Berlin-Weißensee 1979. Womacka hatte zu mir gesagt: „Brandt, machen Sie da mal was richtig Ausgefallenes, dass die Leute schon von Weitem angelockt werden, etwas was irgendwie den Blick runterlenkt zum Fuß des Fernsehturms." Da hab ich dann auf der Terrasse des Fernsehturms einen knapp zehn Meter großen dreieckigen Stahlmast aufgestellt mit Drahtseilverspannungen und textilen Sonnensegeln dran. Das Stahlteil hat Womacka über seine Parteibeziehungen von einem Baukombinat besorgt, die statischen Berechnungen machte mir eine Mitarbeiterin der Bauakademie, Doris Greiner-Mai. Die war die Einzige in der DDR, die sich mit der Statik von großen textilen Flächen im offenen Raum auskannte. Ja, und dann setzten wir das Gebilde auf ziemlich unverfrorene Weise und ohne irgendwelche Sondergenehmigungen hin: sind einfach bei Nacht und Nebel mit dem Mast in den Boden 'rein,

Abb. 12

Abb. 13

haben auch in einen Eisenträger des Fernsehturm-Pavillons einen starken Eisenhaken hineingebohrt, wo wir eine Befestigungsmöglichkeit für die Verseilung brauchten, und fertig. Als früh aufgeregte Leute von der SED-Kreisleitung Mitte angetanzt kamen, hatten die für diese Feinheiten unserer Nachtarbeit aber gar keine Augen. Denen war gemeldet worden: „Da haben welche am Fernsehturm ein Riesen-Zelt gebaut!" Man war sehr erleichtert, dass sich das nur als Sonnensegel der Kunsthochschule entpuppte. Auch etwa um diese Zeit herum entstand meine erste große Giebelwandmalerei in der Warschauer Straße, nahe dem Frankfurter Tor, die ja bis heute überlebt hat. – Und dann war da sechs Jahre davor, zu den Berliner Jugend-Weltfestspielen 1973, mein Entwurf einer gewaltigen dreidimensionalen Stahlskelett-Konstruktion für dem Alexanderplatz, an der die Fahnen aller beteiligten Länder-Delegationen flattern sollten. Ist zwar nicht errichtet worden, aber wenigstens vom mir als Modell gebaut.

Höhne:
Noch komplexer war dann, was deine Beteiligung an urbanen Gestaltungskonzepten betraf.

Brandt:
Ja, ich habe Mitte der Siebzigerjahre etwa drei Jahre lang in der zentralen Arbeitsgruppe zur künstlerischen Ausgestaltung des neuen Stadtbezirks Berlin-Marzahn mitgearbeitet. Das Interessante hier war, dass wir nicht ästhetische Feuerwehr gespielt, sondern das Ganze systematisch wie ein Drehbuch aufgezogen haben. Es gab da drei „Gestaltungsebenen". Die Ebene eins waren die natürlichen Gegebenheiten und der architektonische Entwurf, auf die wir keinen Einfluss nehmen konnten. Die zweite war urbanes Design wie visuelle Kommunikation, Stadtmöbel und so weiter, und die dritte Ebene die Kunst, also Skulpturen, Wandmalereien. Aber leider sind viele unserer Entwürfe – Architekten, Garten- und Landschafts-Spezialisten, Farbberater, Gebrauchsgrafiker, Maler, Keramiker, Bildhauer

Abb. 12: Holzmodell des stählernen Fahnengerüsts.

Abb. 13: Lutz Brandt im Atelier 1973 mit Zeichnung und Modell zur geplanten Stahlskelett-Konstruktion auf dem Alexanderplatz sowie Plakatentwürfen für die X. Weltfestspiele der Jugend und Studenten.

Günter Höhne im Gespräch mit Lutz Brandt

Abb. 14

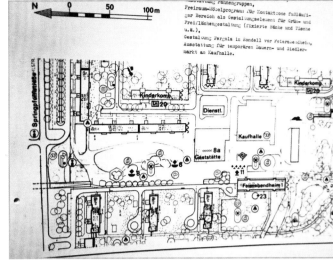
Abb. 15

Abb. 14: Tuschezeichnung zur Gestaltung des Marx-Engels-Platzes vor dem Palast der Republik, 1975.

Abb. 15: Entwürfe aus der Zeit in der zentralen Arbeitsgruppe zur künstlerischen Ausgestaltung von Berlin-Marzahn.

und Soziologen waren daran beteiligt – nicht oder nur sehr reduziert verwirklicht worden.

Höhne:
Wenn ich so dein Mappenwerk durchblättere, kommen immer mal wieder auch recht staatstragend anmutende Entwürfe zum Vorschein: Konzeptionen für die Gestaltung des Marx-Engels-Platzes (heute Schlossplatz) vor dem Palast der Republik, Hauptstadt-Begrüßungs-Obelisken an den großen Zufahrtstraßen aus der Provinz nach Ostberlin und sogar – das haut mich ja um – eine Reihe Skizzen zu großen Beton-Stelen mit dem DDR-Hoheitssymbol an den Grenzübergangsstellen nach Westberlin und Westdeutschland. Wie bist du denn dazu gekommen!

Brandt:
Erst mal noch kurz zum Palast der Republik: Matthias Frotscher und ich – der Palast war noch im Bau – hatten 1975 den Auftrag bekommen, die Platzgestaltung zu bearbeiten. Damals ging man noch davon aus, dass hier die großen Maiparaden vorbeiziehen würden, abgenommen von der Partei- und Staatsführung auf der Tribünen-Empore des Gebäudes. Damit der Marx-Engels-Platz ansonsten nicht von gähnender Leere sein sollte (an ihn als Abstellfläche für parkende Autos dachte damals niemand), entwickelten wir einen großen „Park mit beweglichem Grün", bestehend aus Bäumen in riesigen beweglichen Kübeln, die zu Gelegenheiten wie Aufmärschen oder großen Kongressen im Palast den Platz räumen konnten, etwa auch für die Aufstellung von Fahnenmeeren oder temporären Bauten. Durch die hohlen Fahnenmasten planten wir Pressluft zu leiten und so durch Düsen die Fahnen zum Flattern zu bringen. 1975! Übrigens sollte damals auch das Marx-Engels-Forum, das sich heute am gegenüberliegenden Spreeufer befindet, auf diesem Platz errichtet werden.
Aber nun zu den Grenz-Stelen: Einer meiner Entwürfe dafür ist auch realisiert worden, allerdings nicht mein

Abb. 16: Kohlezeichnung zum ursprünglichen Entwurf, das Marx-Engels-Forum in Berlin-Mitte auf dem Marx-Engels-Platz zwischen Palast der Republik und dem Außenministerium (beide repräsentative DDR-Bauten, heute abgerissen) zu errichten. Tatsächlich entstand es dann aber in Nachbarschaft zum Roten Rathaus am gegenüberliegenden Spreeufer.

etwas avantgardistischer Wunschkandidat, und meine Idee von einem sehr verknappten, stilisierten DDR-Staatswappen in Edelstahl fiel auch durch. Du kennst doch diese Doppelstelen zum Beispiel in Marienborn und Berlin-Dreilinden; die stammen von mir. Stehen ja immer noch dort als Mahnmal, allerdings jetzt ohne Hammer, Zirkel und Ährenkranz ...
Das Ganze lief als Zuarbeit für die DEWAG, die in Parteibesitz befindliche staatliche Werbeagentur. Den Auftrag dazu hatte ich 1974 wieder von Walter Womacka übermittelt bekommen, der wohl meinte, ich hätte das Zeug und den Witz dafür, so eine kitzlige Sache zu machen. Und es ging dabei nicht nur um so ein paar Landmarken, sondern um eine gesamtheitliche „künstlerische Ausgestaltung der GÜST". GÜST war das Kurzwort für die „Grenzübergangsstellen der DDR". Dieses Unternehmen „Kunst für die GÜST" nahm für mich sehr skurrile Züge an: Nachdem wir als „die Genossen Künstler von der DEWAG" (ich war gar nicht in der Partei) hinaus an die Grenzübergangsstelle Drewitz/Dreilinden gefahren und vom Kommandeur in Empfang genommen worden waren, machten wir erst einmal eine optische Bestandsaufnahme von dem Gelände und den Bauten. Und zwar eine foto-optische! Ich hatte meine Nikon mit und 'ne Minox, der andere seine Praktika, und wir haben alles dort aufgenommen. Das brauchten wir ja, um dann am Zeichentisch auf dieser Grundlage unsere Ideen zu entwerfen. Wir also dann auch bis fast an die rote Linie 'ran, immer natürlich in Begleitung eines Grenzers mit Kalaschnikow an der Hüfte, und ich sagte da zu dem Kommandeur: Also wenn wir das gestalten sollen, dann ist

Abb. 17: Gipsmodell zur einer Grenz-Stele.

Abb. 18

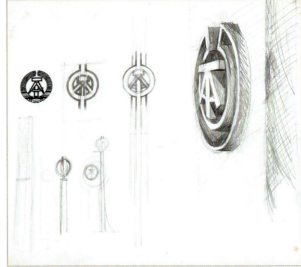
Abb. 19

Abb. 20

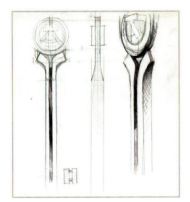
Abb. 21

Abb. 18–21: Entwurfszeichnungen zu „Begrüßungs-Stelen" an den Grenzübergangsstellen der DDR zur Bundesrepublik und zu Westberlin, 1974.

das doch auch im Hinblick auf die Einreisenden aus dem Westen zu bedenken, oder? Es soll doch auch nett aussehen, nicht? – Jaja, natürlich, natürlich, bestätigte er. Ich: Aber da müsste ich auch ein wenig Einblick von drüben aus bekommen, wie das von der Westseite her aussieht ... – Jaja, machen Sie nur, war die Antwort ...

Also habe ich auch direkt vom roten Strich aus fotografiert, der Genosse mit der Kalaschnikow immer neben mir, wie ein aufmerksamer Linienrichter beim Fußball, und ich merkte, wie mir das Herz im Hals klopfte. Dann später, zurück wieder mitten in der Buden- und Barrierensituation der GÜST, erste Überlegungen: Was kannste überhaupt mit dem gebauten Zeug hier machen? Die Buden rot streichen oder was? Und die brutalen Böschungen da links und rechts bei der Einfahrt für die Lkws und Busse, braun und weiß zugeschissen von Vögeln, könnte man da nicht wenigstens Grünzeug drauf pflanzen? Wie das aussieht! Da kriegen die doch gleich Angst und Ekel, die von drüben zu uns kommen ... Als ich das dem GÜST-Kommandeur vortrug, schüttelte der nur den Kopf und sagte kurz und knapp: „Wir brauchen Schussfeld." Wir sollten zu allen GÜST der DDR zu solchen Bestandsaufnahmen fahren, aber ich hatte keine Lust mehr. Das war für mich künstlerisch wie menschlich eine Sackgasse, ich bin dann ausgestiegen.

Höhne:

Dass du dich überhaupt darauf eingelassen hast ...

Brandt:

Ach weißt du, das war wie in einem toten Winkel. Heute fragst du dich natürlich selbst: Unrechtssystem, Mauer, Schießbefehl, Mauertote – was hast du dir damals eigentlich gedacht? Aber du musst überlegen, das war so eine verrückte Aufgabe, das musste ich einfach mal probieren. Für mich war das damals nur schrill und bizarr. Erst als wir dann auf der GÜST herumspaziert sind, wurde einem klar, wozu man da eigentlich eingespannt wird.

Abb. 22: Von der DEWAG „abgemagerte" und realisierte Grenz-Stele an der GÜST Potsdam-Drewitz/ Dreilinden, hier mit demontiertem DDR-Staatswappen; Aufnahme von 1991.

Bernhard E. Bürdek

HINGUCKER: THEORIE & METHODIK
Anmerkungen zu einem reich bestellten und weitgehend unbekannten ostdeutschen Wissenschaftsfeld

Anfang der Siebzigerjahre veröffentlichte der an der Halleschen Burg Giebichenstein lehrende Designtheoretiker Horst Oehlke in der Ostberliner Zeitschrift *form+zweck* einige Bemerkungen zu meiner Diplomarbeit an der ehemaligen Hochschule für Gestaltung Ulm: *Design – Theorie – Methodische und systematische Verfahren im Industrial Design*, die ich im Selbstverlag (Stuttgart 1971) herausgegeben hatte und die auf eine breite Resonanz stieß. Zu der damaligen Zeit herrschte nämlich ein eklatantes Defizit an deutschsprachiger Literatur zu Fragen der Designmethodologie, alldieweil nahezu sämtliche Publikationen aus dem angloamerikanischen Raum stammten. Meine Diplomarbeit war – im Nachhinein gesehen – ein Abschluss der Überlegungen, die in den Sechzigerjahren an der HfG Ulm zur Designmethodologie angestellt wurden. Auf die Bedeutung, die diese hatte, habe ich in jüngster Zeit noch einmal in zwei Beiträgen[1] ausführlich hingewiesen.

In den Siebzigerjahre nahm ich dann zu Horst Oehlke persönlich Kontakt auf – was sich ja bekanntermaßen als nicht einfach darstellte. Nach einigen zögerlichen Briefwechseln suchte er bei den DDR-Behörden um eine Genehmigung für den Austausch wissenschaftlichen Schrifttums nach, was ihm auch genehmigt wurde und unseren Kontakt durchaus verbesserte. So konnte ich Horst Oehlke in unregelmäßigen Abständen Publikationen aus Westdeutschland zukommen lassen, die für ihn durchaus bedeutsam waren. Dass sich über unseren Schriftwechsel natürlich auch Unterlagen in den sogenannten Stasi-Akten befanden, erfuhr ich erst durch Heinz Hirdina, der mir darüber auf einem Kolloquium in Halle/Saale Anfang der Neunzigerjahre berichtete, als auch uns Westlern – nach der Wende und Wiedervereinigung – Besuche und die Teilnahme dort möglich waren.

Alle intensiven Bemühungen von Horst Oehlke, mich zu DDR-Zeiten nach

Halle zu den Kolloquien einladen zu dürfen, blieben ohne Erfolg. Über die Versagungsgründe kann man nur spekulieren.

So war es mir eigentlich nur möglich, mich bei meinen sporadischen Besuchen in Westberlin mit ihm im Ostteil der Stadt zu treffen, inklusive des damals obligatorischen Zwangsumtauschs von fünfundzwanzig Westmark in Ostmark am legendären Bahnhof Friedrichstraße, der ja auch als Tränenpalast bezeichnet wurde, denn dort trennten sich die Familien, Freunde usw. Ich persönlich nutzte meine Ostmark für den Erwerb von DDR-Literatur (auch über Design) und vermehrt Schallplatten mit klassischer Musik, denn dazu gab es in Ostberlin ein wahrlich exzellentes Angebot.

Dank dieser persönlichen Beziehung zu Horst Oehlke gelangte ich sodann über einen Zeitraum von zwanzig Jahre hinweg in den Besitz einer respektablen Sammlung von Fachpublikationen, die in Westdeutschland weitestgehend unbekannt waren. Mir persönlich eröffnete sich dadurch doch ein genauerer Blick in die Designlehre, insbesondere an der Burg Giebichenstein in Halle an der Saale, die sich ja in gewissem Sinne über lange Zeit hinweg als eine Nachfolgeinstitution des Bauhauses in Weimar und Dessau verstand.

Die dort durchgeführten Kolloquien standen unter jeweils verschiedenen Themenkreisen, die kurz zu referieren ich heute immer noch für aufschlussreich und anregend halte, da diese für die Diskurse um das Design und seine Theorie weiterhin bedeutsam sind.

1. Kolloquium zu Fragen der Theorie und Methodik der industriellen Formgestaltung, 20./21. Oktober 1977

Beim ersten Kolloquium ging es darum, den interdisziplinären Gedankenaustausch aller an dieser gesellschaftlich so bedeutungsvollen Problematik Interessierten zu fördern und Standpunkte, Ansätze sowie Ergebnisse entsprechender Forschungen zur Diskussion zu stellen (aus der Vorbemerkung, S. 3). Bemerkenswert war, dass Horst Oehlke in seinem Beitrag *Zur Funktionsbestimmung der industriellen Formgestaltung – Versuch einer Beschreibung der Aufgabe der industriellen Formgestaltung* kategorial drei Dimensionen benannte, mit denen sich die Gestalt (von Produkten) interpretieren ließe: die wahrnehmungsbedingten Phänomene, die Informationsfunktion der Produkte (Handhabung, Bedienung und Wirkungsweise) sowie die Kommunikationsfunktion, d. h. Produkte seien Träger von Bedeutungen, mittels derer sich soziale und ethische Wertbezüge zuordnen ließen.

1   Bürdeck, B. E.: *Zur Methodologie an der HfG Ulm und deren Folgen*, in: *Ulmer Modelle – Modelle nach Ulm, Hochschule für Gestaltung Ulm 1953 –1968*, hg. v. D. Rinker, Ostfildern-Ruit 2003.
Ders.: *HfG Ulm – ein erster Rückblick. Von Ulm über Kassel nach Offenbach*, in: *HfG Ulm: Die Abteilung Produktgestaltung. 39 Rückblicke*, hg. v. K.-A. Czemper, Dortmund 2008.

2. Kolloquium zu Fragen der Theorie und Methodik der industriellen Formgestaltung, 16./17. November 1978

Horst Oehlke entwickelte dabei seine Gedanken über den Funktionsbegriff in der industriellen Formgestaltung weiter, Karin Hirdina referierte über „Ästhetische Aneignung und gesellschaftliches Produzieren" und Rolf Frick (damals Dozent in der Abteilung Theorie und Methodik an der Hochschule für industrielle Formgestaltung in Halle) skizzierte erste Ansätze zu einer „Fachmethodik für die industrielle Formgestaltung", die durch ihre starke Mathematisierung und Operationalisierung durchaus Anklänge an die angloamerikanischen Designmethoden der Sechzigerjahre zeigten.

3. Kolloquium zu Fragen der Theorie und Methodik der industriellen Formgestaltung, 8./9. November 1979

Auch hier war es wiederum Horst Oehlke, der mit seinem Beitrag „Funktion – Gestalt – Bedeutung" (Zur Semantik der Produkterscheinung) schon sehr früh auf einen Themenkreis hinwies, der die rigide, funktional geprägte Methodendiskussion der Sechziger- und Siebzigerjahre zu überwinden begann. Mit seinem Hinweis, dass Formen mehrdeutig seien (S. 18), verwies er bereits auf ein Phänomen, das eigentlich erst in den Achtzigerjahren – also dem Beginn der Postmoderne – virulent wurde. Rolf Frick begann einige Gedanken „für eine geschlossene methodologische Darstellung des gestalterischen Entwicklungsprozesses (GEP)" zu skizzieren, in der er beispielsweise Arbeiten des HfG Ulm-Dozenten Gui Bonsiepe zitierte, die für die Erarbeitung von Lösungsvarianten für Besteckentwürfe (S. 85) herangezogen wurden.

4. Kolloquium zu Fragen der Theorie und Methodik der industriellen Formgestaltung, 6./7. November 1980

Zum ersten Mal gab es 1980 einen expliziten thematischen Schwerpunkt – die Problematik der Bewertung von Design-Objekten. Alfred Hückler, damals Dozent an der Kunsthochschule Berlin-Weißensee, Fachgebiet Formgestaltung, stellte ein Modell formwirksamer Faktoren vor und zeigte deren gegenseitigen Bestimmungszwang auf. Hückler verwies darauf, dass das sozial engagierte Design, und das sozialistische erst recht, immer den ersten Schritt in der Erzeugnisgestaltung darin erblickt, Hand mit an die Aufgabenstellung zu legen, ja sogar am Bestimmen des

Inhalts mitzuwirken (S. 83). Formgestaltung in der DDR bedeutete also immer, Problemstellungen ganzheitlich zu durchdenken und dafür praktisch-funktionale und ästhetische Ausdrucksformen zu finden.

5. Kolloquium zu Fragen der Theorie und Methodik der industriellen Formgestaltung, 19./20. November 1981

Im Mittelpunkt standen diesmal Fragen zur Geschichte der industriellen Formgestaltung. Johann Skerl, Fachhochschule für angewandte Kunst Heiligendamm, referierte über den Funktionsbegriff in den Designtheorien des 19. Jahrhunderts und beschrieb die Quellen des Industrial Design: Kunsthandwerk wie auch Architektur. Wesentlichen Einfluss auf die Designtheorien hatten dabei die Kunstphilosophie des Klassizismus, Winckelmann, Goethe, Hegel und Schelling. Heinz Hirdina vom Amt für industrielle Formgestaltung Berlin beschrieb die Anfänge des DDR-Designs in den Jahren 1945 bis 1949, indem er festhielt, dass das frühe DDR-Design sich als ein sozial und funktional orientierter Neubeginn darstellte, der aber lang anhaltende Gültigkeit bewies.

6. Kolloquium zu Fragen der Theorie und Methodik der industriellen Formgestaltung, 21./22. Oktober 1982

Horst Oehlke lieferte einen umfangreichen Beitrag zu Fragen der Design-Ästhetik und zur Design-Semiotik, in dem er sich auf durchaus ähnliche Quellen bezog, wie sie zur Herausbildung der Offenbacher „Theorie der Produktsprache"[2] verwendet wurden: die Sprachtheorie Bühlers, Jan Mukarovský und Umberto Eco, Roland Barthes u. a. Einen zweiten Beitrag widmete Horst Oehlke dem Thema „Gegenstand und Sprache", indem er explizit auf den Segal'schen Ansatz einer „Sprache der Gegenstände" und im engeren Sinne auf Gert Selles Begriff der „Produktsprache" verwies. Die Parallelität dieser beiden wohl bedeutsamsten theoretischen Schulen ost- und westdeutschen Designs wurde bei diesem Kolloquium sehr deutlich.

7. Kolloquium zu Fragen der Theorie und Methodik der industriellen Formgestaltung, 26. bis 28. Oktober 1983

Bei dieser Veranstaltung stand die Design-Pädagogik im Vordergrund.

2 Bürdeck, B. E.: *Design: Geschichte, Theorie und Praxis der Produktgestaltung,* Köln 1991, 3. erw. Auflage Basel/Boston/Berlin 2005.

Zum ersten Mal wurde dabei auch der Einsatz von Computern in der industriellen Formgestaltung thematisiert, was sich damals durchaus auch als ein paralleles Phänomen in Ost- wie in Westdeutschland darstellte. Wie dogmatisch die Designausbildung in der DDR war, zeigte sich beispielsweise am Beitrag von Janis Schmelzer, Hochschule Halle, Burg Giebichenstein (Abt. Marxismus-Leninismus) als er schrieb: „Es erscheint bedenklich, wenn der international anerkannte Design-Wissenschaftler Bernhard E. Bürdek, Professor für Industrial Design, Designmethodologie und Produktplanung, Leiter des Fachbereichs Produktgestaltung an der Hochschule für Gestaltung Offenbach/M., sich auf Alvin Toffler und Herbert Marcuse stützt, um Produktgestaltung im Kapitalismus von heute

Abb. 1

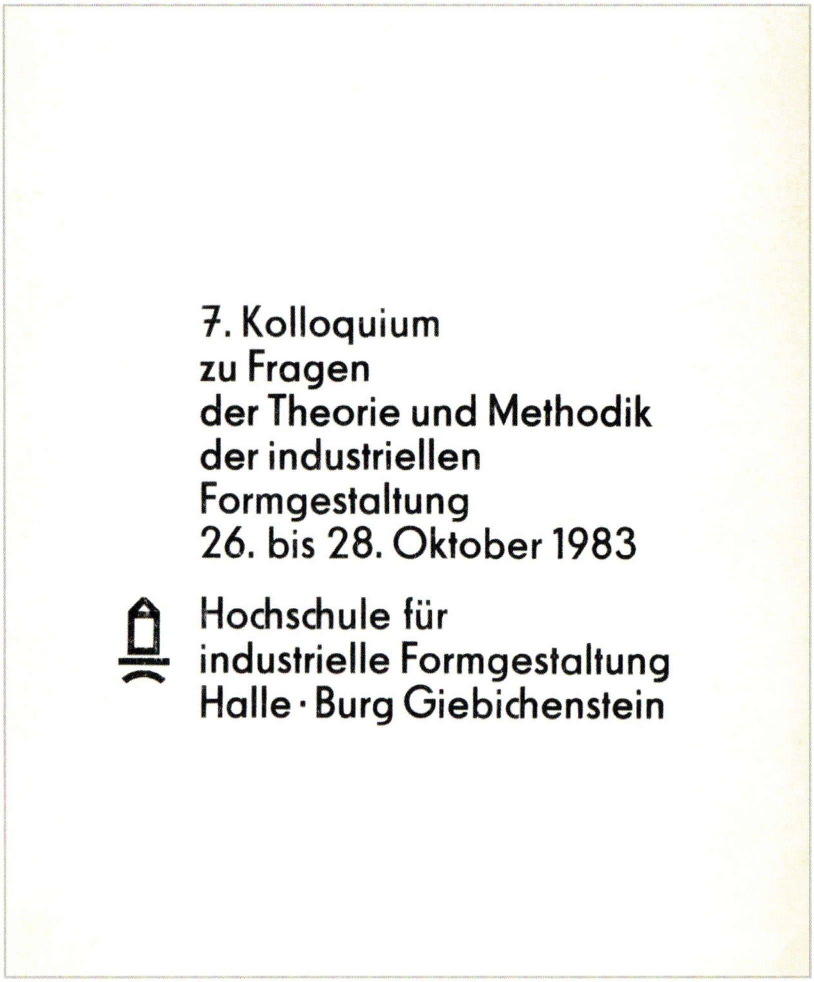

7. Kolloquium zu Fragen der Theorie und Methodik der industriellen Formgestaltung 26. bis 28. Oktober 1983

Hochschule für industrielle Formgestaltung Halle · Burg Giebichenstein

‚wissenschaftlich' zu untermauern" (S. 153) Und weiter: „selbst bürgerliche Historiker vor Marx waren objektiver als Toffler und Bürdek" (S. 158). Nun ja, so möchte ich heute sagen, so waren sie halt – die Zeiten.

8. Designtheoretisches Kolloquium 5./6. Dezember 1984

Bemerkenswert ist zunächst einmal, dass man sich nunmehr ausschließlich auf „designtheoretische" Fragen konzentrierte – war die Methodik nunmehr abgeschlossen? Schwerpunktthema dieser Tagung, die erstmals mit dem Verband Bildender Künstler der DDR, Sektion Formgestaltung/Kunsthandwerk, Arbeitsgruppe Designtheorie, durchgeführt wurde, war die Frage nach der Wertorientierung und Konzeptionsbildung im Design. Und dass man sich dabei eng an die Vorgaben der SED zu halten hatte, zeigte beispielsweise der Beitrag von Lothar Ameling, Hochschule Halle, Burg Giebichenstein (Sektion V, Wissenschaftsbereich Theorie und Geschichte): „Die Anwendung der Veredelung und der Formgestaltung ist ein grundsätzlicher Weg zur Erhöhung volkswirtschaftlicher Effekte", und weiter: „Auf der 9. Tagung des ZK der SED hob Erich Honecker diese Aspekte noch einmal hervor: In den nächsten Jahren gilt es, einen qualitativ neuen Schritt zur höheren Veredlung der Produktion zu tun. Dabei müssen die eigenen Rohstoffressourcen noch mehr zum Ausgangspunkt dieses Prozesses genommen, neueste Technologien und modernste Verfahren angewandt werden, um zu Erzeugnissen von hoher Qualität zu gelangen. Davon hängt der weitere Zuwachs des Nationaleinkommens entscheidend ab." (S. 122)

9. Designwissenschaftliches Kolloquium 14./15. November 1985

Die feine semantische Differenzierung von der „Designtheorie" hin zur „Designwissenschaft", wie sie sich im Untertitel dieser Veranstaltung nun zeigt, erschließt sich mir als Außenstehendem auch heute immer noch nicht. Die Veranstaltung stand zwar unter dem Generalmotto „Design und Rationalisierung", hatte aber doch wieder eine starke designmethodologische Ausrichtung. Rolf Frick von der Burg Giebichenstein, Wissenschaftsbereichsleiter Designmethodik, verwies beispielsweise auf die Schwierigkeiten von Absolventen der Designschulen, sich in polydisziplinären Entwicklungskollektiven zu behaupten. Aber auch der Fortschritt in den sogenannten CAD/CAM Technologien – z. B. im Automobilbau – war ein wichtiges Thema dieser Veranstaltung.

10. Designwissenschaftliches Kolloquium 12. November 1986

„Wahrnehmung – Handlung – Kommunikation. Psychologische und sozial-wissenschaftliche Zugänge zu Design und Kunst", so das Thema dieses nur eintägigen Kolloquiums in Halle. Bernhard Wittwer von der Fachschule für Werbung und Gestaltung Berlin formulierte dort ein Plädoyer für eine „Designwissenschaft" und dass es in ihrer Praxis darum gehen müsse, Aufgabe und Ziel des Designs zu präzisieren: „Dabei ist zu beachten, daß der Gegenstand des Designs der psychische Aspekt des Nutzer-Erzeugnis-Verhältnisses ist. Aufgabe des Designs ist es, psychische Wirkungen bei einer festgelegten Gruppe von Nutzern auszulösen, davon ausgehend die wesentlichen Merkmale des herzustellenden Erzeugnisses und die für die Auslösung der psychischen Wirkung notwendigen ästhetischen Mittel unter der Berücksichtigung der Gesamtheit der Anforderungen an das Erzeugnis zu bestimmen". Und weiter „die psychische Wirkung umfasst also Wahrnehmbarkeit, Handhabung (im Sinne von Umgang) und Erlebbarkeit, welche zwar individuelle Leistungen sind, aber in einem gesellschaftlich-historischen Zusammenhang erlernt und ausgeführt werden." (S. 142)

11. Designtheoretisches Kolloquium 25./26. November 1987

Dieses stand unter dem Motto „Gestalt und Ausdruck. Funktionale Gestaltung und Semiotik", den Tagungsband zierte übrigens zum ersten Mal ein farbiges Cover. Rainer Funke, Burg Giebichenstein, Abt. Designwissenschaft, Wissenschaftsbereich Systematische Designtheorie, widmete sich intensiv der „Handlungstheoretischen Erklärung der Bildung von Gegenstandsbedeutungen". Auch bei ihm standen Aspekte der Wahrnehmungstheorie sowie der Semiotik im Mittelpunkt seiner Überlegungen: „Die Semiotisierung von Produktgestalten ist elementarer Bestandteil der allgemeinen Zeichenbildung" (S. 126). Seine Grundhypothese war, dass ohne die Semantizität der Produkte schlechthin weder der sachgerechte Umgang mit den Produkten – also schließlich praktische Aneignung von Welt überhaupt – noch soziale Ordnung und Dynamik möglich wären (S.127). Wie dicht er dabei an der produktsprachlichen oder produktsemantischen Theoriebildung war, zeigt seine damalige Aussage: „Eine wesentliche Bedingung für Semiotizität ist die Kontext-Situation. Gegenstände werden nur dann als Zeichen interpretiert, wenn sie in einer Umgebung wahrgenommen werden, die eine bestimmte Interpretation nahe legt." (S. 128)

12. Designtheoretisches Kolloquium 18./19. Oktober 1988

Entwicklungstendenzen in Lehre und Forschung waren das Thema. Die bisher mit Schreibmaschine getippten Texte wurden erstmals mit einem Textverarbeitungssystem generiert, und ein farbiges Cover kam auch noch dazu. Klarer Schwerpunkt der Referenten war wieder die zunehmende Computerisierung des Designs und seiner Ausbildung. Dass sich die Hochschule in Halle gerade auf diesem Gebiet heute als eine führende Institution in Deutschland darstellt, hat so gesehen durchaus historische Gründe: Die Kontinuität dieser Thematik wurde meines Erachtens intelligent genutzt.

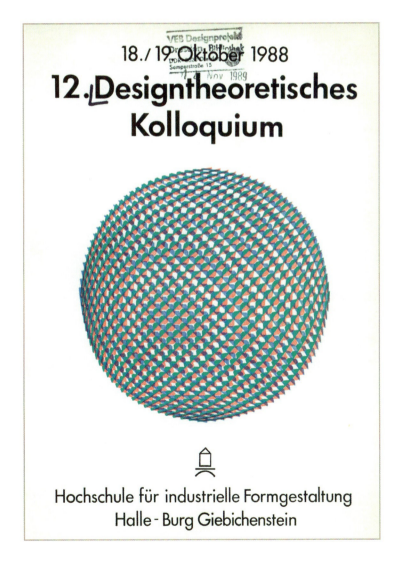

Abb. 2

13. Designwissenschaftliches Kolloquium 19. Oktober 1989

Dabei ging es – so kurz vor der Wende am 9. November 1989 – um die interdisziplinäre Verständigung über nutzerorientiertes Design. Michael Suckow, Hochschule Halle, Burg Giebichenstein (Abt. Designwissenschaften) zog dabei doch ein recht negatives Resümee über seine Erfahrungen in der DDR: „Design/Gestaltung ist heute bei uns das letzte, was man unseren Gebrauchsdingen/Lebensbedingungen angedeihen läßt – nachdem sie nach ökonomischen, technischen und politischen Prämissen bestimmt wurden. Und es ist auch das erste, was im Falle einer Mangelsituation wieder verlustig geht – ein hübscher Luxus. Im allgemeinen Verständnis ist Gestaltung eine quasi künstlerische Verschönung der Hüllen. Die Dimension der direkten (Mit-)Bestimmung der sozial-kulturellen Qualität der alltäglichen Handlungen der Menschen durch Gestaltung wird ignoriert." (S. 53)

Welch eine bittere Bilanz über das Design in der DDR, die ich jedoch so apodiktisch nicht teilen kann, denn die vielfältigen Beispiele der Produktgestaltung und damit auch der realisierten Produkte sah doch wahrlich anders aus.

Ein Resümee

Es gab meines Wissens keine andere Designhochschule im Osten wie im Westen Deutschlands, an der mit solch einer Intensität und Kontinuität die Fragen von Theorie und Methodik thematisiert wurden. Erwähnenswert ist insbesondere, dass in der designtheoretischen Community der DDR selbstverständlich auch die westdeutschen und internationalen Fachbeiträge zu diesem Themenkreis rezipiert wurden, was man aus westdeutscher Sicht umgekehrt wahrlich nicht konstatieren kann. Hier schielte man – insbesondere seit Beginn der Achtzigerjahre (also mit Beginn der Postmoderne) permanent nach Italien und begeisterte sich an den schrillschrägen Möbel- und Objektentwürfen, beispielsweise der Gruppe Memphis und später dann des „Neuen deutschen Designs"[3].

Meine Gedanken hierzu können nur peripheren Charakter haben, eine vollständige, designwissenschaftliche Aufarbeitung ist noch völlig offen. Ich wünschte mir, dass dies einmal im Zuge der zaghaft beginnenden Promotionen an deutschen Designhochschulen erfolgen würde – Stoff und Themen gibt es wahrlich genug.

Die Dissertation von Horst Oehlke

Wie erwähnt war Horst Oehlke, der in Halle, Burg Giebichenstein gelehrt hat, der Mentor der von mir reflektierten designtheoretischen Veranstaltungsreihe. Er selbst (geb. 1931) studierte in den Fünfzigerjahren textile Flächengestaltung in Chemnitz und Wismar/Heiligendamm, arbeitete in der Bekleidungsindustrie und studierte danach Industriedesign an der Hochschule für Bildende und Angewandte Kunst in Berlin-Weißensee. Danach war er als Designer in der Industrie tätig, wurde 1967/68 Lehrbeauftragter an der Kunsthochschule in Berlin und war von 1968 bis 1997 als Dozent und Professor an der Hochschule für industrielle Formgestaltung Halle, Burg Giebichenstein tätig[4]. Aus meiner Sicht war er der bedeutendste Repräsentant von Theorie und Methodik in der DDR.

1982 promovierte Horst Oehlke an der gesellschaftswissenschaftlichen Fakultät des wissenschaftlichen Rates der Humboldt-Universität zu Berlin. Und er war schon sichtlich stolz, als er mir 1983 bei einem meiner erwähnten Besuche in Ostberlin seine Dissertation zeigte. Er wollte mir ein persönliches Exemplar mitgeben, wurde aber dann doch an jenem berühmt-berüchtigten Bahnhof Berlin-Friedrichstraße sehr zögerlich und meinte, falls ich an der Grenze zwischen Ost- und Westberlin kontrolliert werden würde, bekäme ich wie auch er womöglich erhebliche Schwierigkeiten. Und so erhielt ich seine Dissertation einige Woche später – ganz regulär und genehmigt – auf dem Postweg. Der Charme und der Geruch dieser mit der Schreibmaschine erstellten Arbeit fasziniert mich noch heute. Ob sie auch mit einem jener legendären Design-Klassiker[5], einer Erika-Reiseschreibmaschine getippt wurde, entzieht sich meiner Kenntnis, und wird wohl auch nicht mehr zu rekonstruieren sein.

Produkterscheinung / Produktbild / Produktleitbild – ein Beitrag zur Bestimmung des Gegenstandes von industriellem Design, so der Titel seines rund zweihundertseitigen Werkes. Ausgangspunkt seiner Arbeit war die zunehmende Relevanz von Design in der DDR und den sozialistischen Staaten überhaupt und dabei insbesondere die Rolle, die das Design in der Gesellschaft spielt. In einer zunehmend komplexer werdenden Welt kommen dem Design bestimmte Aufgaben zu, die Horst Oehlke so beschrieb: „Gestaltung ist nicht nur, aber vor allem Visualisierung und sinnlich erfassbare Umsetzung funktioneller und struktureller Sachverhalte von Gebrauchswertkomplexen, wie sie Produkte darstellen. Sie ist für die sinnliche und soziale Wahrnehmung vermittelte Interpretation und Bedeutungsgabe. Und das sowohl auf der Seite der generierenden und formierenden, wie der aktiv konsumierenden Tätigkeit". (S. 6) In seinem Grundansatz formulierte er: „Ein Produkt existiert als materieller und als

3 siehe dazu: z. B. Albus, V. (Hrsg.): *Wohnen von Sinnen: Gefühlscollagen,* Köln 1986.
4 siehe dazu: Höhne, G.: *Das große Lexikon DDR-Design,* Köln 2007, S. 254.
5 siehe dazu: Höhne, G.: *Penti, Erika und Bebo Sher. Klassiker des DDR-Designs,* Berlin 2001.

ideeller Gegenstand" (S. 13), womit er im Prinzip einen ähnlichen Ausgangspunkt benennt, wie er in der *Theorie der Produktsprache*[6] formuliert wurde: die Funktionen eines Produktes können mit den praktische Funktionen sowie den produktsprachlichen Funktionen beschrieben werden. Ihm ging es zunächst einmal darum, Design zu definieren: „Gegenstand der industriellen Formgestaltung (Design) sind die Beziehungen der Individuen und der Gesellschaft zu den materiell-gegenständlichen Mitteln ihrer Lebenstätigkeit unter den Bedingungen der industriellen Produktion und die Art und Weise, wie diese Beziehungen in der sinnlichen Erscheinung der Gegenstände zum Ausdruck kommen" (S. 18). Ziel seiner Arbeit war es auch, durch die intensive Diskussion der Bedeutungen von Produkten einen Weg zu skizzieren, der von den Erscheinungen derselben zum Wesen der Gegenstände vordringen sollte (S. 58). Damit knüpfte Horst Oehlke durchaus positiv an die große Tradition von Walter Gropius an, denn auch diesem ging es im Kern ja um eine „Wesensforschung"[7] der Gegenstände: „Die Bedeutung eines Produkts ist der Sinn, der durch seine Erscheinung ausgedrückt wird." (S. 84)

Auf eine Absurdität der Nachwende-Zeit möchte ich aber in diesem Zusammenhang auch noch zu sprechen kommen. In den Neunzigerjahren wurden die Stellen an der Hochschule in Halle, Burg Giebichenstein allesamt neu ausgeschrieben. Horst Oehlke war sichtlich befremdet, dass er sich nunmehr auf seine eigene Stelle wieder bewerben sollte. Ich bestärkte ihn darin massiv, indem ich ihm etwas über die Mechanismen westdeutscher Hochschulgepflogenheiten nahebringen konnte. Es war schon ein Wechsel von Welten, den die ehemaligen Lehrenden der DDR überstehen mussten. Und für mich war es auch selbstverständlich, für ihn nach seiner (erfolgreichen) Bewerbung ein Gutachten erstellen zu dürfen, denn für wen sonst hätte ich mich ohne Wenn und Aber engagieren sollen? Und so wurde er wieder auf seine ehemalige Stelle berufen, die er dann bis 1997 innehatte.

Die Lehrbriefe zur Methodik der industriellen Formgestaltung

Eine wenig bekannte Tatsache aus der Zeit der DDR war, dass man sich dort in einem Fernstudium zum Diplom-Formgestalter weiterbilden konnte. Dazu gab es eine Reihe von „Lehrbriefen", ebenfalls herausgegeben von der Hochschule für industrielle Formgestaltung Halle, Burg Giebichenstein. In einem ähnlichen Layout und im Charme der Siebziger- und Achtzigerjahre gelangte ich über den eingangs erwähnten Schriftentausch in den

6 Bürdeck, B. E.: *Design: Geschichte, Theorie und Praxis ...*, a.a.O., 1. Aufl., S. 182.
7 Ebd.: S. 34.

Besitz einiger Lehrbriefe, die wahrlich zu den Raritäten des DDR-Designs gehören. Dazu gehören u. a. Broschüren zu folgenden Themen:

- Aufbereitung von Gestaltungsaufgaben (1977)
- Informationsbeschaffung für den Gestaltungsprozess (1977)
- Struktur des interdisziplinären Produkt-Entwicklungsprozesses (1978)
- Methoden zur Ermittlung von Funktionsforderungen (1979)
- Methoden zur Klassifizierung von Funktionsforderungen (1979)
- Grundlagen der EDV-Anwendung für Konstruktion und Design (1981)
- Anmeldung von Schutzrechten für Gestaltungsergebnisse (1981)
- Methoden zum Systematischen Suchen nach gestalterischen Prinziplösungen (1981)
- Technische Systeme für das Computerdesign (1982)
- Zur Konzeptionsbildung im industriellen Design unter den Bedingungen der intensiv erweiterten Reproduktion – Beiträge zur Funktionalismusdiskussion (1987)

Abb. 3

Abb. 4

```
Literaturhinweise

[1] Altschuller, G.S.    "Wissenschaftliche Organisation des er-
                        finderischen Schaffens"
                        ZIS-Mitteilungen, 16(1974)3, S.310-318

[2] Archer, B.L.         "The structure of design processes"
                        Royal College of Art, London, 1968

[3] Asimov, M.           "Introduction to design"
                        Prentice-Hall, 1962

[4] Autorenkollektiv     "Zielplanung in Forschung und Entwicklung"
                        VEB Verlag Die Wirtschaft, Berlin, 1973

[5] Becker, E.           "Schaffung eines Programmsystems A 3 -
                        Teilen von Aufgabenstellungen"
                        DA, Hochschule für Ökonomie, Berlin, 1971

[6] Bürdek, B.E.         "Design-Theorien, Design-Methoden -
                        10 methodische und systematische Ver-
                        fahren für den Design-Prozeß"
                        form, Opladen, (1971)56, S. 9-14

[7] Bürdek, B.E.         "Einführung in die Design-Methodologie"
                        Designtheorie, Hamburg, 1975
```

Abb. 5–7

Diese Lehrbriefe standen allesamt in engem Zusammenhang mit den Lehr- und Forschungsaktivitäten an der Hochschule für industrielle Formgestaltung Halle, Burg Giebichenstein (so ihre offizielle Bezeichnung). Die Themen der Lehrbriefe korrespondierten durchaus mit den jeweils durchgeführten Kolloquien, sodass dabei eine hohe Übereinstimmung von Lehre, Forschung und Weiterbildung erreicht wurde. Eine ausführliche wissenschaftliche Würdigung dieser Lehrbriefe steht ebenfalls noch aus.

Ein gewichtiges Buch zur Designmethodik

Rolf Frick, Professor Dr. sc. techn. an der Burg Giebichenstein, veröffentlichte 1982 ein Buch, das mir besonders erwähnenswert scheint: *Designmethodik – eine Einführung für Studierende.* Bemerkenswert nicht nur deshalb, weil es in redigierter Fassung auch in einer russischen Übersetzung im Hochschulverlag Charkow/UdSSR erschien, sondern vielmehr weil es, besonders didaktisch angelegt, zu einem Standardwerk in der DDR-Designliteratur gehörte. So stellt der Autor eingangs drei Fragen an den Leser:

Abb. 8

- Wollen Sie sich mit den theoretischen Grundlagen der Designmethodik vertraut machen?
  Dann studieren Sie Kapitel 1
- Wollen Sie an Beispielen demonstrierte rationelle Arbeitsmethoden des Gestaltens erlernen?
  Dann benutzen Sie die entsprechenden Abschnitte im Kapitel 2
- Beherrschen Sie die Designmethoden schon und suchen nur nach einer kurzen Zusammenfassung?
  Dann schlagen Sie nach im Kapitel 3

Was dann folgte, war eine akribisch aufbereitet Abhandlung zur Geschichte der Methoden, deren Funktionen, Struktur und Organisation. Sodann eine Methodensammlung, die mich doch sehr an die Gedankengebäude der angloamerikanischen Methodologen, die Arbeiten an der HfG Ulm und nicht zuletzt an meine eingangs erwähnte Diplomarbeit erinnerte. Die Dominanz von funktionalen Lösungsentwicklungen in Fricks Buch entsprach jedoch in breitem Maße der damaligen gesellschaftlichen Realität von Produktgestaltung und Produktentwicklung in der DDR – wohingegen sich in Westdeutschland viele junge Gestalter aufmachten, die durch die Postmoderne gewonnenen schöpferischen Freiheiten zu erobern.

Nach der Wende

Umbrüche, Evaluierungen, Neuprofilierungen oder auch „Abwicklungen" allerorten an den ostdeutschen Gestaltungshochschulen – umso sensationeller, dass an der Hallenser „Burg" mit der Tradition der Designtheoretischen Kolloquien nicht gebrochen wurde. Waren es allerdings bis 1989 immer nur Gäste aus den sozialistischen Staaten, die hier referieren durften, so veränderte sich dies nach der Wende. Das 14. Designwissenschaftliche Kolloquium (3. – 5. Oktober 1990) stand unter dem Motto „Vernunft im Design". So konnten dort erstmals auch westdeutsche Referenten ihre Beiträge vorstellen: Bernd Meurer (Darmstadt), Gerhard Cordes (Stuttgart), Norbert Hammer (Essen), Heinrich Jüptner (Hannover) und ich selbst. Dabei erinnere ich noch immer die Fahrt mit dem Zug von Frankfurt a.M. nach Halle/Saale, als ich am späten Abend die gespenstischen Industriekomplexe von Leuna passierte, die sich mir als Bilder fest einprägten. Im Hauptbahnhof von Halle angekommen befremdete mich nachhaltig die durch die Verfeuerung von Braunkohle geschwängerte Luft – auch Städte haben ihre eigenen Gerüche, oder war das in der ganzen DDR vielleicht so?
Das Kolloquium durfte auf behördliche Weisung hin dann gar nicht am 3. Oktober beginnen, denn dies war nun der offizielle Feiertag der Wiedervereinigung. So verbrachte ich den späten Abend des 2. Oktober auf dem Marktplatz in Halle, inmitten von Tausenden Hallensern, deren Jubel wirklich unbeschreiblich war. Am 3. Oktober 1990 machten wir eine Stadtrundfahrt mit Horst Oehlke, besonders eindrucksvoll war hier für mich Halle-Neustadt, eine Trabantenstadt, in der bereits zu Beginn der Siebzigerjahre über 50 000 Menschen wohnten, zu Beginn der Achtzigerjahre waren es dann über 90 000 Bewohner. Dort wurde die Plattenbauweise der DDR bis zum Exzess realisiert.

Am 4. Oktober dann das Kolloquium, aber nicht an der Hochschule, denn die zahlreichen Besucher hätten da nicht Platz gefunden. Und so kamen wir in einem Saal in der Stadt zusammen, in dem bis dato wohl die Partei oder der Rat der Stadt Halle tagte – mit sämtlichen Hoheitszeichen der sich auflösenden DDR. Und es war schon ein reichlich merkwürdiges Gefühl, an jenem Rednerpult zu stehen, wo bis dato die Politgrößen gesprochen oder agitiert haben, und ich zum Thema „Elektronik und Vernunft – Zur Debatte um die Entmaterialisierung im Design"[8] sprechen durfte.

Das 15. Designtheoretische Kolloquium zum Thema „Ethik und Design" verteilte sich von Ende 1993 bis Anfang 1994 über mehrere von Pausen unterbrochene Tage, auch dazu waren wiederum Referenten aus Ost- und Westdeutschland geladen. Das 16. Kolloquium vom 19. bis 21. Oktober 1995 widmete sich dem Thema „Virtualität contra Realität". Wolfgang Welsch, damals an der Universität Magdeburg lehrend, sprach über „Immaterialisierung und Rematerialisierung – Zu den Aufgaben des Designs in einer Welt der elektronischen Medien". Sein Plädoyer, die Designer mögen sich verstärkt dem „Schnittstellen-Design" oder „Interface-Design" widmen, war hoch aktuell. In Bezug auf die ja heute noch verbreiteter vorhandenen Produkte, deren Benutzung auf die Oberflächen wandert, sagte er: „Prinzipiell muß man die Geräteform, da sie nicht mehr von innen her entwickelt werden kann, von außen her definieren, und das heißt im weitesten Sinn: vom Menschen, vom Benutzer her." (S. 235)

Das 17. Designwissenschaftliche Kolloquium vom 28. bis 30. November 1996 galt dem Thema „Objekt – Prozess". Mit Siegfried Maser, Holger van den Boom, Gudrun Scholz, Wolfgang Jonas, Harald Hullmann, Walter Bauer-Wabnegg, mir selbst u. a. waren durchaus wichtige Repräsentanten einer designtheoretischen Community eingeladen worden, die einen wirklich übergreifenden Diskurs inszenierten. Und es sollte auch nicht der letzte sein. Nach dem Eintreten in den Ruhestand von Horst Oehlke (1997) und der danach erfolgten Neubesetzung der Stelle in Halle, Burg Giebichenstein wurde die Tradition fortgesetzt, deren Einmaligkeit und Bedeutsamkeit nicht hoch genug geschätzt werden kann. Denn wo sonst wurden und werden in dieser Dichte, Kontinuität und auf höchstem Niveau in Deutschland (Ost wie West) die Diskurse um Theorie und Methodik im Design geführt? Darauf respektvoll zu verweisen, ist mir ein persönliches Anliegen – auch als Zeichen meiner Verbundenheit mit dem Kollegen Horst Oehlke, der inzwischen bedauerlicherweise erkrankt ist. Seine Verdienste um „Theorie und Methodik" im deutschen Design sind nicht hoch genug einzuschätzen.

Abb. 9

8   siehe dazu auch: Bürdeck, B. E. (Hrsg.): *Der digitale Wahn*, Frankfurt a.M. 2001

(Anmerkung des Herausgebers: Designtheoretische Symposien finden an der heutigen Burg Giebichenstein, Hochschule für Kunst und Design Halle, immer noch statt; das mittlerweile zwanzigste wurde im Jahr 2008 zum Thema „Thesen zum Ausstellen" veranstaltet.)

Heinz Hirdina

OFFENE STRUKTUREN, GESCHLOSSENE FORMEN
Design in der DDR und der BRD – ein Vergleich

Rückblickend sagt Hans Gugelot 1963, die Firma Wohnbedarf in Zürich habe ihn unterstützt, „[…] obwohl sie sich […] kaum ein Bild machen konnte, was [er] mit all diesen Brettchen und Stängelchen anfangen wollte"[1], aus denen bis 1953 das Möbelsystem M I 25 entsteht. Als historisch erstes Möbelsystem aus Elementen verändert es das Verhältnis zwischen den Intentionen des Gestalters, der Potenzialität des Objekts und der Realität des Gebrauchs[2]. Im Raum herrscht der Benutzer, in den Platten und im Stabwerk der Gestalter. 1949 oder 1950[3] beginnt Gugelot, an diesem Möbelsystem zu arbeiten, 1965 geht es bei der Firma Bofinger in Serie.

1949 erscheint im ostdeutschen Pößneck Gustav Hassenpflugs Buch *Baukastenmöbel*, aber in den frühen Fünfzigerjahren wird in der DDR eine ganz andere Strategie des Möbelentwurfs propagiert. 1953 – das M I 25 ist erstmals öffentlich zu sehen[4] – findet in Ostberlin eine Innenarchitekturkonferenz statt. Ihr Träger ist die Deutsche Bauakademie und ihr Thema der „Meinungsstreit über die Frage des Realismus und Formalismus in der Innenarchitektur und der Möbelkunst"[5]. Der Meinungsstreit fällt aus, weil die Formalisten, das heißt die Funktionalisten, die vom Bauhaus kommen, nicht zugelassen sind. So bleibt der Funktionalismus als Feindbild und der an der Komposition orientierte Realismus als Orientierung. Die von Rudolf Schwarz im gleichen Jahr in der Zeitschrift *Baukunst und Werkform* angezettelte Bauhausdebatte lässt wenigstens noch die Anhänger des Bauhauses zu Wort kommen. In Ostberlin wird nicht debattiert, sondern dekretiert.

Kurt Liebknecht, Präsident der Bauakademie, hält auf dieser Konferenz das Referat, in dem es heißt: „Sie bauen nach wie vor einfache, glatte, kastenartige Möbel sowie Anbaumöbel." Und: „Sie bauen Möbel, die weder einen unteren noch einen oberen Abschluss besitzen und kaum profiliert sind, die also noch formalistisch sind."[6] Damit waren die Deut-

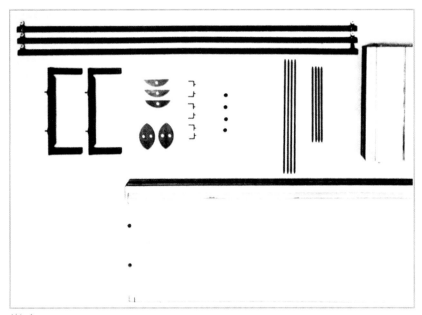

Abb.1: Vom Programm architektonischer Vorfertigung zum Entwurf elementarisierter Möbel – Möbelsystem M 125, ab 1950 (Entwurf: Hans Gugelot).

schen Werkstätten Hellerau gemeint, die damals unter anderem noch Möbel von Bruno Paul (Wachsende Wohnung, 1935) anboten. Warum kümmert sich der Präsident um Profile, Gesimse und Kastenmöbel? Weil – so die damalige Überzeugung in den Kreisen der herrschenden Funktionäre – ein linearer Zusammenhang zwischen Politik und Ästhetik existiert. Die von Liebknecht geforderten Qualitäten stehen neben anderen für die Geschlossenheit einer Komposition. Das Hervorbringen von Kompositionen ist Sache des Künstlers, er wird in der Rolle eines Erziehers gesehen, der sich realistischer, das heißt nicht form- sondern inhaltzentrierter Mittel bedient. Inhalte sind natürlich weder die Funktionen des Sitzens oder Verstauens noch die Socken oder Hemden, die zu verstauen sind, sondern es sind Ideen, auch solche, in denen die Vergangenheit auf eine besondere Weise mit der Zukunft verbunden ist: „Die Befreiung des Menschen vom kapitalistischen Joch führte auch zur Befreiung der Künstler, zur Aufhebung der Beschränkung der Kunst auf Luxusartikel und Ziergegenstände für einige wenige."[7] Nicht die Befreiung von Luxus und Zierrat ist damit gemeint, sondern die Befreiung von deren bisher privilegierter Verfügbarkeit. Geblieben ist damit die Ästhetik von handwerklichem Luxus und Dekoration, aber neu sind die Adressaten.

Während sich, so Marx sinngemäß im 18. Brumaire, die Revolutionäre anschicken, eine bisher nie gesehene Welt zu gestalten, behängen sie sich mit den Kostümen der alten. Das erklärt sich weder ökonomisch

1 Zitiert nach Wichmann, H.: *System-Design, Bahnbrecher: Hans Gugelot, 1920 – 1965*, München 1984, S. 67.
2 Vgl. Trieb, M.: *Stadtgestaltung, Theorie und Praxis*, Braunschweig 1977.
3 Vgl. Wichmann, H.: *System-Design ...*, a.a.O., S. 11; S. 64.
4 Nämlich auf der Baseler Mustermesse, vgl. ebd., S. 67.
5 Deutsche Bauakademie und Ministerium für Leichtindustrie (Hrsg.): *Besser leben – schöner wohnen! Raum und Möbel*, Leipzig 1954, S. 3.
6 Ebd., S. 45/46.
7 Institut für angewandte Kunst (Hrsg.): *Deutsche angewandte Kunst*, Berlin 1954, o. S.

noch kulturell, sondern politisch. Die Politik – und deren Primat ist gegenüber der Ökonomie in der DDR ständig betont worden – verfolgt in den frühen Fünfzigerjahren doppelt integrative Ziele: innenpolitisch mit einer Vorform der späteren sozialistischen Menschengemeinschaft, außenpolitisch mit der Einheit Deutschlands, die damals vom Osten gewollt worden ist. So erklären sich nicht nur die vom Nutzer unantastbaren Kompositionen aus Erziehungsabsichten, sondern auch die Formen der kompositionellen Geschlossenheit aus dem Streben nach einer deutschen Einheit. Sie soll sich handwerklich schmücken. Die propagierten Formen zwischen Barock und Biedermeier stehen für eine deutsche Nationalkultur – die es bis 1871 gar nicht geben konnte – vor dem Einbruch der Dekadenz. Und vor dem des Kosmopolitismus in der Gegenwart der Bundesrepublik Deutschland. So heißt es 1954: „Auch in [Ornament, Dekor und Webmuster, H. H.] dokumentiert sich die psychische Eigenart eines Volkes. Sie sind neben der Sprache ein wichtiges Mittel der nationalen Differenzierung. Die Tendenz zur Ornament- und Dekorlosigkeit kann zweifellos diese Differenzierung hemmen und dadurch dem Kosmopolitismus Vorschub leisten, dessen Hauptvertreter im Lager des amerikanischen Monopolkapitalismus sitzen. Sie wünschen sich für ihre Weltherrschaftspläne nichts dringender als eine Angleichung aller Kulturen an den sogenannten amerikanischen ‚Lebensstil'."[8]

So sind Möbel nicht „Werkzeuge für das Leben" (Richard Sapper), sondern Zeugnisse einer nationalen Identität beziehungsweise Instrumente zur Veranschaulichung einer bedrohten nationalen Identität, die mit der Vormoderne wiedergewonnen werden soll. Man könnte von einem ins Idealistische gewendeten Materialismus sprechen, dem die Gebrauchsgegenstände nicht als Träger praktischer Funktionen, sondern als Sprache, als Zeichen wichtig sind, in denen sich Machtverhältnisse ausdrücken und mit denen Integrationsstrategien verfolgt werden.

Das reicht bis zum Verständnis von Architektur. Als Dresdner Architekten in dieser Zeit behaupten, der Inhalt eines Getreidesilos bestehe aus Körnern, antwortet ihnen ein gewisser Leo Stegmann: „Beim gesellschaftlichen Inhalt eines Getreidesilos wird u. a. die Zusammenarbeit von Stadt und Land, das Bündnis zwischen Arbeitern und Bauern, der Kampf um ein besseres und schöneres Leben durch Vergrößerung des materiellen Wohlstandes, schließlich auch die Entwicklung unserer Landwirtschaft, das Neue auf dem Dorf und die Sorge unserer Gesellschaftsordnung um den Menschen berührt. Als Bau unseres Staates verkörpert er dessen Kraft, die Sicherheit und Perspektive unserer Entwicklung, Freundschaft und friedliche Zusammenarbeit mit allen Völkern. […] funktionelle Aspekte widerspiegeln nicht die Wirklichkeit, sie schließen sie aus."[9]

Abb. 2

Abb. 2: Möbelbeschläge von Wolfgang Dyroff, Institut für Innengestaltung Weimar, 1954. Der Versuch, dem geforderten traditionellen Beschlag eine modernisierte Form zu geben.

So scheint sich aufs Schönste zu bestätigen, was man zu wissen glaubt: Die Agitationstexte aus dem Osten gehen von einem Menschenbild aus, in dem das Individuelle dem Gesellschaftlichen untergeordnet ist, so wie Stephan Hermlin einst gestanden hat, er habe bei Marx gelesen, die Freiheit aller sei die Voraussetzung für die Freiheit des Einzelnen, während Marx schreibt, die Freiheit des Einzelnen sei die Voraussetzung für die Freiheit aller. Gugelots Gestalten hat seine Voraussetzungen in der demokratischen Verfasstheit jener Verhältnisse, die dem Einzelnen seine individuelle Freiheit lassen. Nun kommt sie mit industriell produzierten Elementen im individuell gestaltbaren Raum an. Gugelot steht aber nicht für die Produktkultur der frühen Fünfzigerjahre in der BRD. Nicht nur im Osten, sondern auch im Westen geht man eher auf Distanz zur historischen Avantgarde, die als ebenso extrem angesehen wird wie der mit ihr nicht zu vereinbarende Faschismus.[10]

Im anderen Deutschland sind Liebknecht und weitere Herolde der realistischen Kunst am Widerspruch zwischen einer handwerklichen Ästhetik und den Produktionskosten gescheitert. Deren Höhe hat sie spätestens um die Mitte der Fünfzigerjahre ad absurdum geführt. In der Zeit davor antwortet ihnen – bis auf Ausnahmen – das Schweigen der Gestalter. Entgegensetzungen von Marktwirtschaft und Planwirtschaft, Kapitalismus und Sozialismus, individuellen Spielräumen und Integrationsmechanismen, der schnelle Vergleich zwischen Ost und West sind Fallen für ein

8 Institut für angewandte Kunst (Hrsg.): *Schöne Industriewaren*, Berlin 1954, o. S.
9 Hefter Senat Studium, undatiert (Archiv der Kunsthochschule Berlin-Weißensee).
10 Vgl. z. B. Ziegenfuß, W.: *Die Überwindung des Geschmacks*, Potsdam 1949, S. 205; Braun-Feldweg, W.: *Normen und Formen industrieller Produktion*, Ravensburg 1954, S. 6.

bescheidenes Denken, das, wie bei den Realismusstrategen, Widerspruchsfreiheit zwischen dem gesellschaftlichen System und dem individuellen Gestalten voraussetzt. Es gab weder das sozialistische Flugzeug noch die kapitalistische Kaffeetasse, nach denen Dieter Beisel 1975 ironisch fragte. Beisel weiter: „Der Literatur entnehme ich, daß Konkurrenzverhalten zu einer Produktdifferenzierung führt, während fehlende Konkurrenz uniforme Einheitslösungen hervorbringt."[11]

Die Verhältnisse sind verwickelter. Staat und Design befinden sich auf verschiedenen Ebenen. Design wird weder von politischen Funktionsträgern noch von gesellschaftlichen Institutionen gemacht, sondern von Leuten, die in Verhältnisse verwickelt sind, denen sie affirmativ, kritisch, oppositionell, desinteressiert oder in einer Mischung aus allem gegenüberstehen oder die diese Leute für ihre eigenen Interessen zu benutzen verstehen, die wiederum die wirklichen und nicht politisch opportunen Interessen der Gesellschaft sein können, das heißt einer zukunftsfähigen Gesellschaft.

Mit dem Verhältnis von offenen und geschlossenen Formen will ich – wie schon mit den Fünfzigerjahren begonnen – fragen, welche Beziehungen zwischen Offenheit im Sozialen und Ästhetischen existiert haben, zwischen dem Diktatorischen und Demokratischen einerseits sowie geschlossenen und offenen Formen andererseits. So wird auch der Text offen und fragmentarisch bleiben und nicht zum geschlossenen System hindrängen.

Geschlossene Formen

Ehe sich die Gute Form in den Elementen, Modulen, Bausteinen, Programmen und Systemen der Sechzigerjahre auflöst, blüht sie noch einmal gewaltig auf – in jenen Formen, die wir heute als geschlossene wahrnehmen. Außerdem haben mehr oder weniger geschlossene Formen nie aufgehört zu existieren, wie man an Feuerzeugen, Dampfbügeleisen, Diaprojektoren und Messgeräten oder am eingeklappten Leifheit-Wäschetrockner, an organisch interpretiertem Hotelgeschirr, an Kleinbildkameras oder an der Wohnhöhle von Verner Panton sehen kann: Geschlossenheit produziert intime Situationen, reagiert auf eine Umwelt aus Nässe, Staub oder Lärm, reduziert den Pflegeaufwand oder verkörpert Raumökonomie. Selbst das Modularisieren und Elementarisieren setzt die geschlossene Form des Baukastens voraus.

Geschlossenheit ist also in dreifacher Bedeutung gemeint: als formale Geschlossenheit einer guten Gestalt, als räumliche und zeitliche Geschlos-

senheit sowie als soziale Geschlossenheit („die Reihen fest geschlossen").
Schuld an geschlossenen Formen sind – ungleich auf Ost und West verteilt – die Moral, die Chemie, die Ingenieure, das Verhältnis von öffnen und schließen sowie die Gesellschaft oder das Bild von ihr.
So heißt es Anfang der Sechzigerjahre in der Eröffnungsrede zu einer Kunststoffausstellung: „[…] der Auftrag der Guten Form, der über die kleine Einzelaufgabe weit hinausreicht, [liegt im] Streben nach Sauberkeit und Einfachheit des Auftretens, nach Leichtigkeit, nach Freiheit von allem Pathos, nach Ehrlichkeit und Wahrhaftigkeit der Gesinnung."[12]
Man glaubt, das Aufatmen wahrzunehmen, das 1961 noch aus der Erinnerung an die zwölf Jahre Faschismus kommen könnte, und andererseits sind es die Kunststofftechnologien, die mit Gehäusen, Gefäßen, Schalen (für Sitze) und Platten geschlossene Formen hervorbringen. So war aus dem Guten, Wahren und Schönen die säkularisierte Dreieinigkeit aus Moral, Hygiene und Ästhetik geworden – eine Verbindung, die in den Fünfziger- und frühen Sechzigerjahren nicht nur in der *form* zu finden ist. Als „gestaltete Industrieform" wirkt 1954 ein Kühlschrank „in der Schlichtheit seiner schön gewölbten Tür, die auf jede Schmucknarbe verzichtet und sich leicht sauberhalten läßt."[13]
Andererseits ist es wieder Hans Gugelot, der als Vorreiter einer offenen Form mit dem Diaprojektor CAROUSEL S (1963) zu einer geschlossenen kommt. Das Einschließen des Projektors und der Dias in einen flachen Quader beziehungsweise Zylinder folgt komplexen Funktionen, aber deren Formausdruck ist einfach – Geschlossenheit, ein Resultat integrativen Entwerfens. Rückblickend wird der Ostberliner Hochschullehrer Alfred Hückler, der Designer ausbildete, die zweite Hälfte der Fünfzigerjahre später als Phase des Abräumens und Saubermachens bezeichnen. Was die ästhetisch Unbekümmerten unter den Ingenieuren zuwege bringen, die sich weder um Moden noch um den Goldenen Schnitt kümmern, und was etwas unübersichtlich, wenn nicht konglomerathaft daherkommt, muss von den Gestaltern entfernt werden: das Auf- und Angesetzte. Manfred Claus – er ist bis zum Ende der DDR für das Design der Kameras aus Dresden verantwortlich – schreibt 1961 über den Kameraentwurf eines Kollegen: „Im Gegensatz zu allen bisher bekannten Spiegelreflex-Kameras, bei denen als Merkmal das Prisma immer oben aufgesetzt war, ist hier mit der Rahmenbauweise eine neue geschlossene Form erreicht."[14]
Bei dieser Kamera ist der Rahmen dort durchgespannt, wo sich vorher das Dachkartprisma gerade nicht in die Kamerakontur gefügt hat. So ist mit dem Verschwinden des Prismensuchers im Rahmen aus einer hochwertigen Spiegelreflexkamera eine Sucherkamera für Knipser gemacht worden. Zu allem Überfluss hat die Spiegelreflexkamera PENTINA auch

11 Beisel, D.: *‚Marx de Triomphe'. Überlegungen über den Unterschied zwischen kapitalistischem und sozialistischem Design*, in: form 71, 1975, S. 43.
12 Haupt, O.: *Kunststoffe – gut geformt*, in: form, 13, 1961, S. 28.
13 Zentralstelle zur Förderung Deutscher Wertarbeit e.V. (Hrsg.): *Gestaltete Industrieform in Deutschland. Eine Auswahl formschöner Erzeugnisse auf der Deutschen Industrie-Messe Hannover 1954*, Düsseldorf 1955, S. 70.
14 Claus, M.: *Formgebung in der Kamera- und Kinoindustrie*, in: form+zweck, Jahrbuch 1961, Berlin 1961, S. 24.

Abb. 3

Abb. 4

Abb. 3: Eine Kamera verpackt sich selbst – Kleinbildkamera WERRA, um 1953 (Werksentwurf).

Abb. 4: Spiegelreflexkamera PENTINA mit verstecktem Dachkantprisma, 1958 (Entwurf: Jürgen Peters).

noch eine kleinere Schwester in der Sucherkamera PENTI. Die PENTI hat das Schließen der Form in der Serienproduktion überlebt, sie passt in eine Damenhandtasche und lässt sich lässig an einer Schlaufe tragen. Die PENTINA hat es zu großen Stückzahlen nicht gebracht, sie hat zu viel von der kleineren Schwester, ist aber für denjenigen Amateur bestimmt, den man sich als männlich vorzustellen hat und der ernst genommen werden will. Neben dieser Interpretation des Geschlossenen als einer formalen Qualität findet sich auch das Geschlossene einer zur Gemeinschaft gewordenen Gesellschaft. „Wie in einer modernen Staatsform sich alle Glieder dem Ganzen unterordnen und dienen, so kann sich auch eine moderne Maschine nicht leisten, daß jeder Teil ein Staat für sich ist, sondern die Maschine muß in ihrer Gesamtheit den Staat bilden"[15], schreibt Rudi Högner. Er ist kein Ingenieur der Seele, wie sich Stalin einmal die Schriftsteller gewünscht hat, und er verfolgt auch nicht das Ziel, den Einzelnen zum Diener des Staates zu machen, wohl aber sieht er es als seine Aufgabe, Design in die Wirtschaft zu integrieren. So bedient sich der Designer politisch gängiger Argumente, um designpolitisch wirksam werden zu können, während er als nobler Bürger seine Studenten wohl eher für ästhetische Minimaldifferenzen sensibilisiert hat.

Für Richard Sapper ist Staatlichkeit natürlich kein Thema, wenn er die Offenheit der westlichen Welt nutzt, um als deutscher Gestalter in Italien zu arbeiten und so die Grenzen zwischen nationalstaatlich bestimmtem Design aufgehoben sind. Sein Telefon GRILLO (1965) ist ebenso offen und

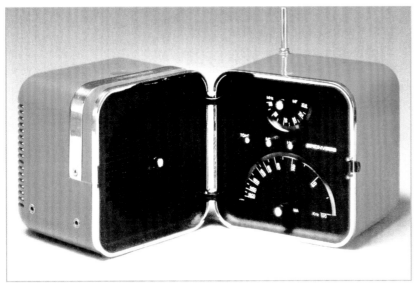

Abb. 5

geschlossen wie das Radio T 502, das in Zusammenarbeit mit Marco Zanuso entstanden ist und über das Sapper schreibt: „Für mich war es schon immer ungemein interessant, Maschinen oder Geräte in einen Kasten einzubauen, der beim Öffnen sein Aussehen verändert."[16] Ihn interessiert daran, wie er schreibt, der Überraschungseffekt und das Anzeigen von Gebrauch und Nichtgebrauch. Selbst der bekannte rote Polypropylenkoffer mit dem Filmscharnier von Peter Raacke, der Symbol für politisch unangepasstes Verhalten von links geworden ist, ist als organische Form gesehen worden, wobei auch der geteilte Griff und die Mechanik organisch in die Form integriert wurden – zusammen mit der Schale also in einem Stück gefertigt.

Man könnte nun annehmen, das Verhältnis von Offenheit und Geschlossenheit sei im Westen eher vom individuellen, im Osten eher vom sozialen Gebrauch her bestimmt worden. Aber 1948 verpackt der Ingenieur Ernst Fischer im Osten eine Koffernähmaschine mit sich selbst, und 1953 verpacken Ingenieure die Kamera WERRA so, dass sie keine Kameratasche mehr braucht. In beiden Fällen ist – wie 1969 bei der Schreibmaschine VALENTINE von Ettore Sottsass – die Grenze zwischen dem Designobjekt und seiner Verpackung aufgelöst. Umgekehrt wird bei der TABULA RASA (1987) von Ginbande (Achim Heine/Uwe Fischer) Sozialität zu einem Prozess, der den Tisch mit der Anzahl der Tischgenossen wachsen oder schrumpfen lässt – Geselligkeit öffnet hier die Form, Zweisamkeit schließt sie, Einsamkeit betont ihre Geschlossenheit.

Abb. 5: Radio TS 502, 1964 (Entwurf: Richard Sapper, Marco Zanuso).

15 Högner, R.: *Die Ausbildung der Formgestalter: Kaderentwicklung*, in: *Lehrgang Formgebung der VVB-EBM an der Hochschule für Bildende und Angewandte Kunst Berlin-Weißensee, Juni 1959*, hg. v. Institut für angewandte Kunst, Berlin 1959, S. 110/111.

16 Brandes, U.: *Richard Sapper. Werkzeuge für das Leben*, Göttingen 1993, S. 91.

Dass weder individueller noch sozialer Gebrauch normsetzend wirken, zeigt die MINOSUPAN, eine Maschine zum Dünnschliff mineralischer Proben für das Mikroskopieren von Erich John aus dem Jahre 1963. Der Gestalter begründet ihre geschlossene Form als Quader sehr plausibel: „Jede subjektive Anschauung sowohl im technischen Kollektiv als auch beim Gestalter selbst sollte ausgeschaltet, von vorhandenen Vorbildern nicht ausgegangen werden und die Möglichkeit zur objektiven Auswahl, selbst der kleinsten Detaillösung, nach allen für die Produktion, Bedienung und Ästhetik wichtigen Gesichtspunkten Anwendung finden."[17] Das ist jener Ton, der auch an der Ulmer Hochschule für Gestaltung (HfG Ulm) verstanden worden wäre und der sich ganz ähnlich bei Dieter Rams findet, der 1965 schrieb, er habe „die ganze Zeit das Ziel vor Augen, von rein subjektiven Bewertungen zu so weit wie möglich objektiven zu gelangen"[18]. Nur: Zwanzig Jahre später sprach der Gestalter der MINOSUPAN auch über das Vorbild, das der vorbildlosen Maschine in Gestalt der Architektur von Mies van der Rohe zugrunde gelegen habe, sowohl der Proportionierung wie auch der Gliederung des Maschinenkörpers. John hat mit dem Hinweis auf Mies van der Rohe nicht nur sich selbst, sondern eine in Ost und West verbreitete Produktsprache beschrieben: die Sprache der architektonischen Moderne. Eine nicht produzierte Kaffeemühle von Dieter Rams aus dem Jahre 1961 erweist sich ebenso als miniaturisierter Baukörper: oben und unten transparent, in der Mitte geschlossen. Oben sieht man die ganzen Bohnen, unten die gemahlenen, das Mahlwerk dazwischen ist verdeckt. Inszeniert ist die Vorfreude und nicht der Vorgang. Wenn Gegenstände wie Baukörper betrachtet und durch ebene Flächen sowie rechte Winkel begrenzt werden, findet sich der Nutzer nicht mehr drinnen, sondern draußen. Sowohl bei John als auch bei Rams begegnet uns immer wieder dieser Dialog zwischen offenen, halboffenen und geschlossenen Zonen, manchmal visuelles Spiel, manchmal die Öffnungsmöglichkeit anzeigend, in den Baukästen auf Transformation angelegt. Solche Formen begründen sich ebenso technologisch wie medial. Rudi Högner hat in ihnen die Möglichkeit gesehen, von allen Seiten gute Fotos zu erhalten, und in einer Linie von der HfG bis zu Dieter Rams erkennt man die bekannte Orientierung an Layoutprinzipien, deren Hilfslinien sogar als werbewirksam angesehen worden sind.[19] Rams hat sein eigenes Entwurfskonzept begründet, wenn er über die Jahrhunderte vor ihm schreibt: „Das Material und die Technik der Zeit gaben die Form, eine Form mit der zurückhaltenden Schönheit, von der wir bezaubert werden, im Unterschied zu der aufdringlichen Schönheit, die viele Gegenstände heute charakterisiert."[20] So zeigt sich die Zeitbedingtheit einer Formsprache, die technologisch von Blechbearbeitung auf höchster Stufe

17 John, E.: *Analyse des Gestaltungsweges einer Maschine*, in: *form+zweck*, Jahrbuch 1963, Berlin 1963, S. 77.
18 Rams, D.: *Designer. Die leise Ordnung der Dinge*, hg. v. Industrie-Forum Design Hannover, Göttingen 1990, S. 38
19 Vgl. *Audio 300*, in: *form* 49, 1970, S. 62.
20 Ebd. S. 39.

Abb. 6

Abb. 7

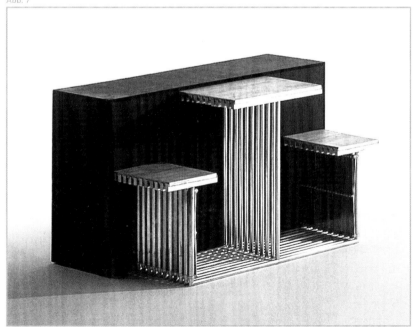

Abb. 6: Geselligkeit öffnet die Form – Tisch-Bank-Kombination TABULA RASA, 1987 (Entwurf: Ginbande: Achim Heine, Uwe Fischer).

Abb. 7: Zweisamkeit schließt die Form – Tisch-Bank-Kombination TABULA RASA, 1987 (Entwurf: Ginbande: Achim Heine, Uwe Fischer).

der Perfektion geprägt ist, aber begrenzt durch elementare Geometrie. Wenn Fugen, dann sehr feine, wenn Radien, dann sehr kleine, wenn schon Plastik, dann wie Blech mit ebenen Flächen.

Unbestreitbar hat jenseits der offiziellen Linie bei den Gestaltern in der DDR Ulm als Vorbild gewirkt. Was Gestalter in den Sechzigerjahren in Ost und West vereinte, war die Überzeugung vom Königsweg der wissenschaftlich-technischen Revolution. Die scheinbare Gleichartigkeit der Formen in Ost und West hat aber jeweils andere Voraussetzungen: Was in Ulm und anderswo nur intentional verfolgbar erscheint, sieht man im Osten als chancenreiches Projekt – eine Gestaltung der Umwelt als Ganzes, von der Architektur bis zum technischen Produkt. Selbst Verner Panton, der in der Bundesrepublik wohl eher zu Hause gewesen ist als in Dänemark und von dem man das am wenigsten erwarten würde, drückt seinen Wunsch nach Planbarkeit der Umwelt so aus: „Ich meine, daß Raum, Farbe, Möbel, Textil, Lampen usw. zusammen geplant werden müssen. Und ich wünsche mir eine größere Zusammenarbeit. Heute gibt es eine Firma, die macht Stühle, eine Schränke, wieder andere machen Teppiche, Vorhänge, Leuchten. [...] Man muß das Haus neu durchdenken, um dann einen gemeinsamen Nenner für das Bauen und Wohnen zu finden. Bauen wir doch einmal eine Stadt mit all den Wunschträumen vom Leben und Arbeiten, mit richtigen Kommunikationsmitteln, kulturellen Einrichtungen, bis hin zu Möbeln, Textilien und bis zur Lampe. Das heißt, die Lampe geplant, zusammen mit der Stadt."[21]

Panton denkt also die Geschlossenheit der Räume, für die er bekannt geworden ist, von einem Planungssubjekt her, das er sich wünscht und das Gestalter im Osten schon vor sich sehen. 1961 zieht Jürgen Peters eine Linie von Rundfunkgeräten bis zum industriellen Wohnungsbau: „Für die weitere Entwicklung zeichnen sich durch planvolle kollektive Zusammenarbeit aller Industriezweige neue Aufgabenbereiche ab. So wird die Rundfunk- und Fernsehindustrie Zubringer für die Möbelindustrie werden müssen. Und in weiterer Zukunft [...] kann die Rundfunk- und Fernsehindustrie direkter Belieferer der Werke werden, die im Fließband oder nach dem Taktverfahren Wohnbauten in großen Mengen produzieren. Die so eingebauten Geräte werden dann absolut technischen Charakter haben."[22] Vorausgesetzt ist bei Panton wie in der DDR ein gesamtgesellschaftliches Subjekt, das sich vom Gestalter benutzen lässt. Das, was dem Gestalter die Macht gibt, die Umwelt als Ganzes zu denken, entweder – wie bei Panton – in Farben und Formen oder als Maßkoordination, kann man Planung oder Planwirtschaft nennen.

Offene Formen sowohl in geometrisch wie in politisch geschlossenen Systemen haben eine Ordnung zur Voraussetzung, die als Gestaltungsziel

21 Verner Panton in: *Experimentator im Design. Panton'sche Wohnideen und Visionen. Ein Gespräch mit Verner Panton*, in: form 46, 1969, S. 3; S. 6.
22 Peters, J.: *Die Entwicklung der Rundunk- und Fernsehindustrie aus der Sicht des Formgebers*, in: form+zweck, Jahrbuch 1961, Berlin 1961, S. 34.
23 Vgl. Mangold, R.: *Die Problematik der modernen Küche*, in: form 67, 1974, S. 35.

Abb. 8 Abb. 9

gedacht wird, während das ästhetische Potenzial von Widersprüchen und Spannungen weder in Ulm noch im Osten Deutschlands bis in die Sechzigerjahre thematisiert wird. Gegenüber den Strategien des Elementarisierens, Systematisierens, Modularisierens und Synthetisierens erscheinen die Siebzigerjahre entspannter. Im Westen befreit der Ruf nach Sinnlichkeit vom Problematisieren, Analysieren und von sozialen Fragestellungen (an deren Stelle treten individualpsychologische), im Osten erscheinen individuelle Experimente nicht mehr als Gefahr für das soziale System.

Abb. 8 u. 9: Maschine und Kaffeemühle als miniaturisierte Baukörper – Anschliffmaschine NEOSUPAN, 1962 (Gestalter: Erich John) und elektrische Kaffeemühle, 1961 (Entwurf: Dieter Rams).

Offene Formen

Wie die geschlossene Form, so ist auch die offene formal, räumlich-zeitlich und sozial gemeint (offene Gesellschaft). Küchen sind heute noch ein Symbol für geschlossene Formen: eine geschlossene Wand aus Türen, hinter denen etwas ist, was man nicht sieht.[23] Und nach dem 1980 publizierten Vorschlag einer Integral-Küche sollten in Zukunft sogar Möbel und elektrische Haushaltsgeräte eine Symbiose eingehen. Wieder einmal wünschte man sich Zusammenarbeit von Möbel- und Geräteherstellern und so planwirtschaftliche Elemente in der Marktwirtschaft.[24] Demgegenüber hatte Stefan Wewerka die Küche auf einen Küchenbaum (1984) reduziert – eine offene Form im Raum. Otl Aicher öffnet die Küche, weil er im Kochen einen individuellen Entwurf sieht und in der Folge von Putzen, Waschen, Zubereiten, Kochen und Anrichten einen sozialen Prozess. Bei Aicher wird aus der Einbauküche eine Werkstatt, weil in ihr der individuelle Entwurf offen für Kommunikation und Kooperation ist, denn „es gibt keine Wahrheit des Kochens. Es gibt so viele Küchen wie es Herde gibt"[25]. Und: „Wie unsere Ernährung ist auch unser Verhalten als Menschen gegeneinander und miteinander ein offenes Feld, eine unbestimmte Relation."[26] Im Zusammenhang der Küche spricht Aicher von offenen Formen, die einer „Ästhetik der Komplexität" folgen: „Wo es vielfältige Vorgänge gibt, ist Vielfältigkeit auch die entsprechende Information."[27]

Vielleicht ist es kein Zufall, dass so viel Offenheit bis zum Unbestimmten für Küchen in der DDR nicht gedacht worden ist, auf jeden Fall aber lag es an den kleinen Neubauküchen, dort konnten sich weder Freunde noch die ganze Familie aufhalten. Ideologisch konnte man Solidarität mit der Hausfrau fordern, räumlich war sie (in den Neubauwohnungen) unmöglich. Das Manuskript für *Die Küche zum Kochen* hat Otl Aicher 1982 beendet, Lucius Burckhardt sein *Design ist unsichtbar* 1980 geschrieben. Beiden liegt ein ähnliches Denken zugrunde, denn Burckhardt meint bekanntlich „ein Design von morgen, das unsichtbare Gesamtsysteme, bestehend aus Objekten und zwischenmenschlichen Beziehungen, bewußt zu berücksichtigen imstande ist"[28]. Die Gegenstandsfixierung im Design ist damit aufgegeben, die Gute Form hat sich in Relationen aufgelöst, die zwischen Objekten, einer Personage, dem Raum und der Zeit bestehen sollen. Offenheit bemisst sich jetzt nach der Qualität und Quantität von Relationen zwischen den Trägern dieser Relationen, zu denen nach Burckhardt zum Beispiel eine hilfsbedürftige Frau, eine Straßenbahn, eine Haltestelle und die notwendige Fahrkarte gehören können. Gewiss soll die Frau beim Fahrkartenkauf auch noch souverän aussehen. Statt Gegenstands- also Beziehungsdesign. Eine solche Gestaltung von Situationen (Burckhardt sprach von „Institutionen") verzeitlicht und verräumlicht die Designaufgaben.

Während Burckhardt das Feld des Gegenständlichen verlässt, um bei Relationen anzukommen, bleibt Karl Clauss Dietel im Osten bei Gegenständen, aber er löst auf neue Weise ihre Geschlossenheit auf. Nach eigener Aussage hat dieser in der DDR prominenteste Gestalter seit Ende der Sechzigerjahre am so bezeichneten offenen Prinzip herumgedacht. 1973 initiiert er in *form+zweck* die sogenannte „Gebrauchspatinadiskussion". Mit Gebrauchspatina denkt Dietel dort einen auratischen Gegenstand, den – wie bei Walter Benjamin das Kunstwerk – Veränderungen auszeichnen, „die er im Laufe der Zeit in seiner physischen Struktur erlitten hat"[29], aber die ihm Würde und Einmaligkeit geben. Von da kommt er zum offenen Prinzip, zu einem nichtauratischen Gegenstand, dem der Benutzer als Fachmann gegenübersteht, als ein polytechnisch Gebildeter, der Teile auswechselt oder sie sogar gestaltet: „Warum suchen wir [...] nicht weiterzunutzende, nach einem ‚offenen Prinzip' konzipierte Objekte, denen zeitlich kürzer nutzbare Teile [...] je nach Nutzensende oder objektiv neuem Erkenntnisstand zu- oder weggetan werden können."[30] 1975 ist dann im Mokick S 50 von Karl Clauss Dietel und Lutz Rudolph die Antwort zu besichtigen. Seine Struktur entspricht den Vorstellungen von drei vergegenständlichten Zeitdimensionen: den Dimensionen langer Dauer, dem das tragende Gestell als Quasistandard folgt, den zeitlichen Dimensionen von kurzer Dauer, denen die durch Plastizität und Farbe hervorgehobenen Teile folgen (Tank, Schutzbleche usw.) und die den jeweiligen Moden oder den Kaprizen der Nutzer entsprechen können, dazwischen als dritte zeitliche Dimension mittlerer Lebensdauer jene Bauteile und Baugruppen, die den Erneuerungsraten der Technik (Verschleiß, Innovation) folgen. Offenes Prinzip meint sowohl diese zeitliche Offenheit als auch eine formale: Die Teile beziehungsweise Baugruppen sind nicht mehr formschlüssig miteinander verbunden, können also ausgetauscht werden, ohne den Nachbarn zu beeinträchtigen. Der Austausch des einen Teils bleibt folgenlos für alle anderen.

Es sind einerseits die Nöte der Planwirtschaft, die zu träge ist, um auf wechselhafte und differenzierte Bedürfnisse zu reagieren, andererseits ihr Vorzug, Gegenstände bis zu ihrem physischen Verschleiß dauern zu lassen, die ein Konzept als realisierbar erscheinen lassen, mit dem die Dauer im Standard und der Wechsel als Mode miteinander verbunden sind. Gegenüber Burckhardts Ansatz eines unsichtbaren Designs in räumlichen, zeitlichen und kommunikativen Verhältnissen bleibt das offene Prinzip gegenstandsfixiert, aber innerhalb dieser Fixierung enthält es das, was seit William Morris die großen Gestaltungskonzeptionen auszeichnet: dass es möglich sein könne, den Ausführenden oder den Nutzer am Entwurf zu beteiligen. Es wäre heute möglich, industrielle Technologien der Großserie mit solchen der Kleinserie in Werkstätten und mit solchen des Bastelns in den Garagen zu verbinden, also das Industrielle mit dem Individuellen, die Serie mit dem Unikat und den Standard mit der Mode. Das hat Ähnlichkeit mit heutigen Fahrrädern, bei denen global agierende Unternehmen mit lokalen Werkstätten rechnen und feine Unterschiede aus

24 Vgl. *Eine Küche der Zukunft? Philips Vorschlag: die ‚Integral-Küche'*, in: *form* 89, 1980, S. 19.
25 Aicher, O.: *Die Welt als Entwurf*, in: ders.: *Die Welt als Entwurf*, Berlin 1991, S. 193.
26 Ebd. S. 193/194.
27 Aicher, O.: *Die Küchen zum Kochen. Das Ende einer Architekturdoktrin*, München 1982, S. 41.
28 Burckhardt, L.: *Design ist unsichtbar*, in: *Design ist unsichtbar*, hg. v. H. Gsöllpointner, H. Hareiter, L. Ortner, Wien 1981, S. 20.
29 Benjamin, W.: *Das Kunstwerk im Zeitalter seiner technischen Reproduzierbarkeit*, Frankfurt a. M. 2003, S. 11.
30 Dietel, C.: *Gebrauchspatina II*, in: *form+zweck* 5/4, 1973, S. 34.

Abb. 10

Abb. 10: Küche der Familie Aicher als offene Werkstatt, um 1982.

dem Selektionsvermögen der Fahrradfahrer resultieren, wenn sie sich durch potenziellen Diebstahl nicht abschrecken lassen.
Solche offenen Formen bedürfen zwar noch einer Struktur oder eines Rahmens, nicht mehr aber eines geschlossenen Systems, wie dem des Baukastens. Burckhardts wie Dietels programmatische Vorstellungen sind im Design höchstens vereinzelt realisiert worden. Die ins Auge springende Designrealität sieht anders aus.

Fazit

Was beide sozialen Systeme jenseits komplexer und verwickelter Verhältnisse im Design voneinander unterscheidet, ist das Verhältnis von Kontinuität und Diskontinuität. Im Westen verläuft die Entwicklung diskontinuierlich und ist offen für mehrere Paradigmenwechsel. Im Osten verläuft die Entwicklung kontinuierlicher, weil funktionales Gestalten im Kern erhalten bleibt. Ökonomisch verweist diese Kontinuität auf eine Mangelgesellschaft, in der nie die Frage aufkommt, welche warenästhetischen Strategien zum Angebot des Überflüssigen, aber Differenzierenden nötig sind. Kulturell verweist sie auf die relativ gleichartig gedachten Bedürfnisse in einer Gesellschaft mit nur minimaler sozialer Differenzierung.
Politisch ist das funktionale Gestalten in der DDR zwar geduldet, wird

Abb. 11

aber mit Misstrauen beäugt und gelegentlich in die Schranken gewiesen, denn Gegenstände sollen nicht nur praktisch, sondern auch ideologisch funktionieren, manchmal sogar dominant ideologisch. Individuelle Gestaltungskonzeptionen im Osten leben eher von einer Perspektive, die sozialistisch, aber nicht realsozialistisch gedacht ist, sie leben mehr von den gedachten Möglichkeiten in der Zukunft, als von den vorgefundenen Realitäten in der Gegenwart.

Während Wolfgang Fritz Haug 1971 seine *Kritik der Warenästhetik* vorlegt, publiziert Lothar Kühne zehn Jahre später *Gegenstand und Raum*. In einer Ausgabe des *Spiegels* zum Design ist dieses Buch das für 1981 einzig registrierte Ereignis in einer historischen Zeitleiste. Haug zeigt, wie in der Marktwirtschaft Gebrauchswert und Gebrauchswertversprechen auseinanderdriften, Kühne bedient sich einer als kommunistisch gesehenen Zukunft, um den real existierenden Sozialismus zu kritisieren. Beiden geht es um ästhetisch formierte Gegenstände: bei Haug um die Ästhetik des Tauschwertes, bei Kühne um die Ästhetik des Gebrauchswertes.

Das designtheoretische Denken hat mit Burckhardt die Gegenständlichkeit verlassen und ist in räumliche und zeitliche Relationen gelangt. Die Gestaltung im Osten und das Denken darüber bleibt bis zum Ende der DDR gegenstandszentriert, aber dann schreitet es die Grenzen bis zu Individualitätskonzepten einerseits und bis zum Verhältnis zur Natur andererseits aus.

Abb. 11: Auswechselbare Bauteile in einer offenen Struktur – Mokick S 50/S 51, 1969–75 (Entwurf: Karl Clauss Dietel, Lutz Rudolph).

(Dieser Aufsatz wurde zuerst veröffentlicht in: Kai Buchholz (Hrsg.): Im Designerpark. Leben in künstlichen Welten. Katalogbuch anlässlich der gleichnamigen Ausstellung im Institut Mathildenhöhe Darmstadt, 2004. Desweiteren in: Heinz Hirdina: Am Ende ist alles Design. Texte zum Design 1971–2004. Hrsg. Dieter Nehls, Helmut Staubach, Achim Trebeß, form+zweck Verlag, Berlin 2008)

SICHTEN, LICHTEN, GEWICHTEN
Ein Nachwort von Volker Fischer, Frankfurt am Main

Als mir Anfang 2004 ein Folder über die im Herbst 2003 im Grassi-Museum Leipzig von Günter Höhne beschickte und kuratierte Ausstellung „gebrauchs gut – Ostdeutsches Design mit Tradition" in die Hände fiel, war ich bass erstaunt. Wohl kannte ich ein paar emblematische Gebrauchsprodukte der DDR, aber meine Kenntnis beschränkte sich im Wesentlichen auf Holzspielzeug, Weihnachtskrippen aus dem Erzgebirge, Plaste & Elaste und auf einige bemerkenswerte Entwürfe für Investmentgüter von der Burg Giebichenstein. Was mir hier aber nun, klug in Gattungskapiteln aufbereitet, entgegenkam, war für mich in Breite wie Tiefe überraschend, um nicht zu sagen elektrisierend. Enthusiasmiert rief ich Günter Höhne an, und wie dieser sich erinnert, habe ich wohl etwa Folgendes gesagt: „Ich habe Ihre Ausstellung überhaupt noch nicht gesehen, sondern nur Ihren Folder hier, und ich sehe und lese darin Sachen, die mich doch sehr beschäftigen: Ich kenne Hunderte von Designern und deren Werke auf der ganzen Welt, und jetzt erst wird mir deutlich, wie unbekannt mir vieles ist, was in unmittelbarer Nachbarschaft in der DDR geschah und welche Qualitäten es auch da gab." Ich habe dann nur aufgrund des Folders die Ausstellung für das Museum für Angewandte Kunst übernommen und innerhalb von zwei Wochen mit Günter Höhne die ca. achthundert Objekte aufgebaut, positioniert und betextet. Die Ausstellung wurde von einem neugierigen motivierten Publikum sehr gut aufgenommen und löste durchweg anerkennende Reaktionen aus. Dominant dazu beigetragen hat das kenntnisreiche Buch *Penti, Erika und Bebo Sher. Klassiker des DDR-Designs,* welches als Ausstellungskatalog fungierte und dessen Autor Günter Höhne drei Jahre später ein Lexikon zum DDR-Design folgen ließ.

Mit einem objektivierten Blick von West nach Ost konstatiere ich, dass dieser langjährige ehemalige Chefredakteur der DDR-Designfachzeitschrift *form+zweck* beherzt die Gelegenheit ergriffen hat, seit der Wende zunächst die atemberaubend schnell untergehende Produktkultur des deutschen Ostens zu sammeln, genauer: zu retten, sie dann teilweise selbst zu restaurieren, auszustellen und schließlich flankierend theoretisch zu reflektieren. Um 1990 glich die Situation in den neuen Bundesländern dem untergehenden römischen Reich. Jeder biedere Ostbürger wollte Westware und stellte seine bisherigen Ostprodukte als Sperrmüll an den Straßenrand. Nun war egal, wie lange und wie gut die einheimischen Dinge ihren Dienst getan hatten; nun galt es als obsolet, diese Dinge noch zu schätzen. Dem widersprach auch nicht die bereits kurz nach der Wende aufkommende „Ostalgie", eine eher zynisch-ironische Vergegenwärtigung der ostdeutschen Produktkultur mit einem sarkastischen Unterton im Westen von Westlern vorgeführt. Es geriet aus dem Blick – wenn man denn jemals hingeschaut hatte – was im Osten Deutschlands entwerferisch geleistet worden war. Um nicht missverstanden zu werden: Es gab und es gibt „hüben wie drüben" (wird nicht noch immer so gedacht?) gutes und weniger gutes Design. Es gab in der DDR Produktionsengpässe, Materialknappheiten, die in eine Bewertung einzugehen haben. Es gab und gibt allerdings auch Profiteure in dem Öffentlichmachen von Entwurfsleistungen. Nach wie vor dominiert in ganz Deutschland ein „Star-Denken" in fast allen Design-Institutionen der Republik. Nach wie vor ist „Alltagsqualität" kaum angesagt; nach wie vor geht es dominant um Medienpräsenz. Wohl haben wir Fachmagazine, aber wo etwa wird in irgendeiner großen Tageszeitung eine tägliche Kolumne gepflegt z. B. über „Das Produkt des Tages"?

Was also ansteht, ist die Integration des sogenannten DDR-Designs in die Würdigungen europäischer und weltweiter Entwicklungen. Diese „Geschichtsschreibung" ist in vollem Gange – mit manchmal immer noch revanchistischem Zungenschlag. So schreibt der Autor des populären „Schöner Wohnen"-Buches *Top Design des 20. Jahrhunderts* noch 1999: „Im Osten litt die ‚Formgebung' unter schweren Handicaps. Einmal durch die bis ans Ende der DDR nicht behobene Mangelwirtschaft und eine

Volker Fischer __ Nachwort

rückständige Technologie. Dann aber auch durch eine ideologische Gängelung durch den Staat. [...] Eine Wende tritt erst Anfang der Sechzigerjahre ein. Da wird das Bauhaus rehabilitiert – als ‚utopische Vorwegnahme einer nicht kapitalistischen Ordnung'. Seitdem suchen die Designer der DDR den Anschluss an die Gegenwart. Was sich bis 1989 entwickeln kann, kommt über Achtungserfolge nicht hinaus."[1]

Eine genauere und unvoreingenommenere Forschung mag objektivere Erkenntnisse, aber auch Desillusionierungen erbringen. In jedem Falle aber wird sie zur Klärung beitragen: und einer der wichtigsten, wenn nicht der wichtigste „Klärer" und „Erklärer" (das ist nicht dasselbe) ist Günter Höhne.

Wie immer bei seinen Publikationen ist auch beim vorliegenden Buch *Die geteilte Form* der Titel klug gewählt. Er verweist zunächst darauf, dass im geteilten Deutschland die ästhetischen wie sozialpolitischen, also ideologischen Anforderungen an Gestaltung von Produkten unterschiedlich waren; dann rekurriert er auf die verschiedenen Überbau-Diskurse der Designhistoriker und -lehrer hüben und drüben; schließlich aber klingt im Titel auch die Ahnung einer „coincidentia oppositorum" an, also vom „Zusammenfall der Gegensätze", denn eine „geteilte Form" verweist auf eine „nicht mehr geteilte" bzw. „ungeteilte Form". Darüber hinaus verändern sich in bestimmten Zyklen die Leitlinien, Parameter professioneller Formgestaltung, z. B. im Westen von der sogenannten „Guten Form" über die verschiedenen Stationen des Funktionalismus mit seiner integrativen Gestaltauffassung zur additiven Form der Postmoderne, aber eben auch zu Hightech, Ökodesign und daraus folgend einem neuen Neofunktionalismus. Im Osten folgte auf die abstrakt-nüchternen Formensprache in der Nachfolge des Bauhauses nach dessen Ächtung eine bieder-bunte Produktauffassung im Geiste des Sozialistischen Realismus. Und auch die Rehabilitierung des Bauhauses in der DDR war dann ebenso halbherzig wie vorsichtig. Deutlich wird, dass designhistorische

1 Gustmann, K. in: *Schöner Wohnen. Top Design des 20. Jahrhunderts,* Köln 1999, S.85.

wie designtheoretische Differenzen nicht nur zugleich diachron und synchron vorhanden sind, sondern sich in dialektischer Weise mit technologischen, ökonomischen und politischen Diskursen überblenden. Dem will das vorliegende Buch wie alle Publikationen des Autors entgegenwirken und eine über Jahrzehnte hinweg eingeübte verzerrte Praxis von Wahrnehmung sowohl im Westen wie im Osten der Republik korrigieren. Im Gegensatz zu seinen bisherigen Büchern hat Höhne diesmal Autoren aus Ost und West gebeten, sich zu einzelnen Aspekten der beiden deutschen Designkulturen zu äußern. Ein „Cross-over"-Verfahren: Ein ostdeutscher Autor schreibt über ostdeutsche Formgebung, ein Westdeutscher über West-Design, ein Ostler über Westliches, ein Westler über Östliches, ein Ostler über Ost-West-Beziehungen, ein Westler über West-Ost-Beziehungen. Allein diese sechs Perspektiven ergeben schon ein facettenreiches Kaleidoskop, eine panoramatische Landschaft. Dabei spiegeln die einzelnen Facetten oft die Nahsicht spezieller Aspekte, die in der Zusammenschau dann doch ein Panorama ergeben. Eine editoriale Strategie mit einleuchtender Evidenz, die Vielfalt, Lebendigkeit, Überraschung und Perspektivenwechsel garantiert, Ironie, jedoch auch das Sonore, Augenzwinkern, auch akademischen Ernst. *Die geteilte Form* ist aber auch eine Anspielung auf „Die geteilte Nation" und auf die jahrelangen Sonntagsreden-Beschwörungen von „die Teilung überwinden". Und im Titel schwingt ebenso der Begriff der „Teilhabe" mit. Wer hatte und hat im deutsch-deutschen Design an was teil? Also: Wollen, können wir die „geteilte" Form überwinden, würdigen oder goutieren? Der Leser ist aufgefordert, dies für sich zu entscheiden. Es geht um Genauigkeit, Dignität und Fairness in der Beschreibung der beiden deutschen Produktkulturen. Wie kein anderer hat Günter Höhne durch seine Publikations- und Ausstellungsaktivitäten dazu beigetragen, das Wahrnehmungsbild zur DDR-Designgeschichte zu verändern. Er ist ein Chronist in der alten, vollen und reichen Bedeutung dieses Begriffes.

Zu den Autoren:

Marlies Ameling, geb. Leopold, geb. 1952 in Ohrdruf, Glasgestalterin, lebt in Wernigerode. Nach kaufmännischer Lehre Designstudium an der Hochschule für industrielle Formgestaltung Halle, Burg Giebichenstein u. a. bei Ilse Decho und Lothar Zitzmann, Abschluss als Diplom-Formgestalterin 1979. Anschließend als Glasgestalterin im VEB Glaswerk Derenburg bei Wernigerode tätig. 1984–92 dort künstlerische Leiterin und danach bis 2005 auch Prokuristin in der heutigen Glasmanufaktur Harzkristall GmbH, Derenburg. Nach der Entlassung aus Rationalisierungsgründen Arbeitslosigkeit bzw. Freiberuflerin. Viele Entwürfe von ihr wurden in der DDR mit „Gutes Design" ausgezeichnet, 1997 auch Preisträgerin des „Marianne-Brandt-Preises für Gestaltung" des Landes Sachsen-Anhalt.

Lutz Brandt, geb. 1938 in Berlin, Diplom-Architekt, Designer, Gebrauchsgrafiker, Maler, Bühnenbildner, lebt als freiberuflicher Künstler in Berlin-Charlottenburg. Nach Maurerlehre und vorübergehender Übersiedlung von Ostberlin nach Westdeutschland (1959–61) Studium von 1964 bis 1970 an der Hochschule für Bildende und Angewandte Kunst Berlin-Weißensee. Anschließend hier Lehrbeauftragter für Perspektive, dann Meisterschüler für Malerei bei Walter Womacka. Freiberufliche Arbeit als Grafiker, Illustrator und Kunstmaler bis 1984, dann „illegale Übersiedlung" nach Westberlin. Hier zahlreiche Arbeiten u. a. im öffentlichen Raum, für Firmen, Theater, Film und private Auftraggeber, viele Ausstellungen mit Malerei und Grafik.

Prof. Bernhard E. Bürdek, geb. 1947, war einer der letzten Absolventen der Hochschule für Gestaltung Ulm. Seit 1971 arbeitet er als Designer, Hochschullehrer, Autor und Berater. Er ist Professor an der Hochschule für Gestaltung Offenbach am Main, dort lehrt er Designtheorie, Designmethodologie und strategisches Design im Fachbereich Produktgestaltung. Er war Gastdozent in Brasilien, Mexico, Rumänien und Taiwan. Autor zahlreicher Publikationen, ständiger Berater der Zeitschrift *form* (Basel), Autor des *design report* (Stuttgart), Korrespondent von *Experimenta – Revista para la cultura del proyecto* (Madrid) sowie Mitglied des wiss. Beirats von *i-com – Magazin für interaktive and kooperative Medien* (München). 1990 war er Mitbegründer des Designbüros Vision & Gestalt (Obertshausen/Frankfurt a. M.); dort werden Projekte für nationale und internationale Auftraggeber in den Bereichen Design und Kommunikation durchgeführt.

Prof. Karl Clauss Dietel, geb. 1934 in Westsachsen, Produkt- und Umweltgestalter, lebt in Chemnitz. Nach Maschinenschlosserlehre und Studium zum Kfz-Ingenieur in Zwickau sowie zum Diplom-Formgestalter an der Hochschule für Bildende und Angewandte Kunst Berlin-Weißensee (1961) seit 1963 freiberuflich tätiger Gestalter. 1967–84 Lehraufträge an der Hochschule für industrielle Formgestaltung Halle, Burg Giebichenstein bzw. Fachschule für angewandte Kunst Schneeberg, hier Direktor von 1986 bis 1990. Arbeit an Straßenfahrzeugen, für Lkw und Zweiräder, Gestaltung von Rechen- und Schreibtechnik, Rundfunkgeräten, Maschinen, Leuchten, Entwürfe für Architektur, Umweltgestaltung, Grafik und Freie Kunst. 1981 Rücktritt als Vizepräsident des Verbandes Bildender Künstler der DDR aus Protest gegen die Repressionspolitik des Amtes für industrielle Formgestaltung (AIF), 1988–90 Präsident des VBK. Auszeichnungen u. a. 1978 mit dem Kunstpreis der DDR, 1980 mit dem Nationalpreis der DDR und 1984 mit dem Designpreis der DDR.

Prof. Dr. Volker Fischer, geb. 1951, ist seit 1994 Oberkustos und Senior-Kurator der Designabteilung am Museum für Angewandte Kunst Frankfurt a. M. Main. Studium der Kunstpädagogik, Germanistik, Linguistik und Kunstgeschichte in Kassel und Marburg. 1979 Promotion bei Martin Warnke. Dissertation: *Nostalgie – Zur Struktur eines retrospektiven ästhetischen Verhaltens.* Richard-Hamann-Stipendiat des Landes Hessen. 1980/81 Kulturreferent der Stadt Marburg. 1981–94 stellvertretender Direktor des Deutschen Architekturmuseums Frankfurt a. M. Ab 1992 drei Gastprofessuren in Brasilien und Japan. Seit 1992 Honorarprofessor an der HfG Offenbach. Jurymitglied in zahlreichen Design- und Architekturwettbewerben. Zahlreiche Ausstellungen, Symposien, Gastvorträge, Buchveröffentlichungen, Aufsätze und Lexikonbeiträge zu Architektur, Design, Film und Kunst.

Prof. Dr. Heinz Hirdina, geb. 1942 in Wölmsdorf, ist Diplom-Philosoph, Kulturwissenschaftler, Designhistoriker und -theoretiker und Hochschullehrer, lebt in Berlin. 1961–66 Studium von Philosophie, Germanistik und Kulturwissenschaft in Jena, Leipzig und an der Humboldt-Universität zu Berlin, Promotionen 1973 und 1988. 1966–68 Redakteur bei der kulturpolitischen Wochenzeitung *Sonntag,* 1968–72 bei der Designfachzeitschrift *form+zweck* in Berlin, 1973–79 hier Chefredakteur. 1980–86 Lektor für den bzw. im Verlag der Kunst, Dresden, 1987–2006 Hochschullehrer an der Kunsthochschule Berlin-Weißensee, 1993 Berufung zum Professor für Theorie und Geschichte des Designs, 2005 Emeritierung nach schwerer Erkrankung. Heinz Hirdina veröffentlichte u. a. 1988 das erste umfangreiche Standard-Werk zur Geschichte des ostdeutschen Designs nach 1945 *Gestalten für die Serie. Design in der DDR 1949 – 1985.*

Günter Höhne, geb. 1943 in Zwickau, Diplom-Journalist und Kulturpublizist, Sachbuchautor, lebt in Berlin. Nach Pädagogikstudium und Lehrertätigkeit in den Sechzigerjahren von 1968 bis 1979 Redakteur bei Radio DDR, in dieser Zeit auch Journalistik-Fernstudium in Leipzig, 1975 Diplomabschluss. 1979 Wechsel als Literaturredakteur zur kulturpolitischen Wochenzeitung *Sonntag*, 1984 – 89 Chefredakteur der Ostberliner Designfachzeitschrift *form+zweck*. 1992 – 94 Redakteur bei der überregionalen Tageszeitung *Neue Zeit*. Seit 1995 freier Journalist und zeitweise Lehrbeauftragter an Designhochschulen in Berlin und Potsdam. Mitgründer der Landes-Designzentren Sachsen und Mecklenburg-Vorpommern Anfang der Neunzigerjahre, 1993 mit dem „Bremer Preis für Designpublizistik" ausgezeichnet, 2007 mit dem Lilienthal-Designpreis des Landes Mecklenburg-Vorpommern. Veröffentlichte zahlreiche Beiträge und mehrere Bücher zur DDR-Designgeschichte und war wiederholt Ausstellungskurator zu diesem Thema. Betreut eine umfangreiche Privatsammlung und Fotothek zur ostdeutschen Designgeschichte.

Prof. Rudolf Horn, geb. 1929 in Waldheim, Innenarchitekt, Ingenieur, Industrieformgestalter und Professor für Industriedesign, lebt in Leipzig. 1958 – 65 Leiter des Büros für Entwicklung Messen und Werbung der Möbelindustrie der DDR, 1966 – 80 Direktor des Instituts für Möbel und Ausstellungsgestaltung der Hochschule für industrielle Formgestaltung Halle, Burg Giebichenstein. 1980 – 90 Direktor der Sektion Produkt- und Umweltgestaltung im Bereich des Wohn- und Gesellschaftsbaus an der Burg Giebichenstein, 1971 künstlerische, 1978 ordentliche Professur. 1983 Designpreis der DDR, 1989 Nationalpreis für Kunst und Literatur der DDR. 1994 Emeritierung. Gestaltung von Ausstellungen, Interieurs, Einzelmöbeln und Möbeln im System, komplexe Gestaltungslösungen für die Bereiche des Wohn- und Gesellschaftsbaus.

Dr. Karl-Heinz Hüter, geb. 1929 in Elxleben bei Arnstadt, Architektur- und Designhistoriker, lebt in Ziegenhals bei Berlin. 1947 – 52 Studium der Archäologie, Kunstgeschichte und Vorgeschichte in Jena. 1953 – 63 wissenschaftlicher Assistent an der Hochschule für Architektur und Bauwesen Weimar. 1962 Dissertation *Henry van de Velde, sein Werk bis zum Ende seiner Tätigkeit in Deutschland* an der Humboldt Universität zu Berlin. 1964 – 78 wissenschaftlicher Mitarbeiter an der Deutschen Bauakademie Berlin. 1979 – 93 freiberuflicher Autor und Restaurator. 1994 – 95

Forschungsauftrag der DFG an der Universität Potsdam. Publikationen: *Architektur des Barock, Henry van de Velde, Das Bauhaus in Weimar, Architektur des 20. Jh., Designgeschichte, Siedlungsbau im Land Brandenburg.* Preise: Bauhausmedaille 1976, Fritz-Schumacher-Preis für Baugeschichte 1996.

Prof. Dr. Walter Scheiffele, geb. 1946, ist freiberuflicher Grafikdesigner in Berlin und Lehrbeauftragter an der Hochschule für Kunst und Design Halle, Burg Giebichenstein sowie Gastprofessor an der Kunsthochschule Berlin-Weißensee und an der Universität der Künste Berlin. Studierte Grafikdesign in München und Kulturtheorie und -geschichte am Institut für Umweltplanung in Ulm und an der Kunsthochschule Braunschweig. Wissenschaftliche Mitarbeit am Forschungsschwerpunkt Bau, Raum und Alltagskultur an der Hochschule der Künste Berlin. Promotion über Wilhelm Wagenfeld und die moderne Glasindustrie. Forschung zur Geschichte des Bauhauses (Wissenschaftliches Sachbuch *bauhaus, junkers, sozialdemokratie. ein kraftfeld der moderne,* 2003). Freiberufliche Forschung zur Kulturgeschichte der Moderne, Arbeit an einer Publikation über die Geschichte der biologischen Architektur.

Prof. Gert Selle, geb. 1933 in Breslau, Kulturhistoriker und Essayist, lebt in München. Zahlreiche Publikationen seit 1973, u. a. Geschichte des Design in Deutschland. Studium an der Universität Frankfurt a. M. (Germanistik, Kunstgeschichte), an der Städelschule Frankfurt a. M. (Malerei) und an der Werkakademie Kassel (Kunst, Handwerk und Kunstpädagogik) 1951 – 59. Anschließend bis 1969 Kunsterzieher an einem Gymnasium in Frankfurt a. M. 1969 – 73 Zeichenlehrer für Designer an der Werkkunstschule bzw. am Fachbereich Gestaltung der FH Darmstadt. 1974 – 80 Lehrstuhl Kunstpädagogik an der Abt. Braunschweig der Pädagogischen Hochschule Niedersachsen. 1981 Wechsel als Professor für Theorie, Didaktik und Praxis ästhetischer Erziehung an die Universität Oldenburg, seit 1999 emeritiert.

Stiletto Studios (Frank Schreiner), geb. 1959 in Rüsselsheim, lebt in Berlin. Tätigkeit: Warenästhetische Be- und Entschleunigungsstudien; Entwicklung, Herstellung und Eigenvertrieb von menschenfreundlichstem Kunstlicht für den Innenraum. 1981 Maschinenbaustudium, TU Berlin, abgebrochen, 1983 Urtyp des Consumer's Rest Multiples: Ein Einkaufswagen wurde mit minimalen Mitteln zum Lounge Chair transformiert, wobei das Zusammenspiel von Form und Material die Funktionalitätsästhetik Miesscher Stahlrohrfreischwinger und Eamsscher Drahtsessel imitiert. Als materialisierte Fiktion eines Konsumkultgegenstandes persifliert die Anti-Design-Ikone Consumer's Rest Lounge Chair die Originalitätsbesessenheit von Designerstuhl-Liebhabern. 1986 Studium Visuelle Kommunikation, HdK Berlin, abgebrochen, 1988 Studium Bildende Kunst, Kunstakademie Düsseldorf, bei Paik, abgeschlossen. 1991 Gründung DESIGN HOSPITAL, Einrichtung zur designheilpraktischen Betreuung von Gestaltungsschäden. Von Trends oder Gestaltungswahn belastete Dinge finden hier Entstaltung durch Destilisation. 1995 Gründung STILETTO DESIGN VERTReiB, designasketische Unternehmung für Eigenvertrieb. Seit 1984 zahlreiche Ausstellungen und Ausstellungsbeteiligungen, Projekte und Studien. Objekte in großen Kunstmuseen Europas und der USA.

Personenregister

A
Adenauer, Konrad 192
Aicher, Otl 156, 240, 242
Albers, Josef 81, 83, 88
Ameling, Lothar 145, 217
Ameling, Marlies 15, 132–145
Asche, Siegfried 117, 124

B
Balden, Theo 85, 86
Barlach, Ernst 89
Bartning, Otto 80
Battereau, Gustav 95
Bauer-Wabnegg, Walter 227
Begenau, Heinz 77
Behrens, Peter 89, 162
Beisel, Dieter 232
Benjamin, Walter 150, 159, 241
Bentzien, Hans 99, 100
Biermann, Wolf 78
Bill, Max 38, 45, 77–78
Böhme, Hans-Joachim 72
Bonsiepe, Gui 214
Boom, Holger van den 227
Brandes, Uta 235
Brandt, Lutz 15, 202–211
Brandt, Marianne 39, 85, 147, 190
Braun-Feldweg, Wilhelm 11, 231
Breschnew, Leonid 58
Burckhardt, Lucius 240–243
Bürdek, Bernhard E. 15, 212–227
Bundtzen, Friedrich 15, 108–131
Buske, Albert 85, 104

C
Chruschtschow, Nikita S. 94
Claus, Manfred 233
Colani, Luigi 11, 67
Collein, Edmund 94
Conrad, Hans G. 55
Cordes, Gerhard 226

D
Dähn, Fritz 83
Degner, Ernst 65
Deiters, Ludwig 97
Dieckmann, Erich 82, 87
Dietel, Karl Clauss 9, 13, 50, 51, 52, 54–60, 68, 240–242, 243
Doesburg, Theo van 162
Dubček, Alexander 58
Dymschitz, Alexander 89
Dyroff, Wolfgang 196, 231

E
Ebner-Eschenbach, Marie von 205
Ehrlich, Franz 90, 94, 165, 168
Eisch, Erwin 136, 138
Engemann, Friedrich 84, 87, 165
Englberger, Otto 74
Esslinger, Hartmut 11

F
Feist, Günter 72
Felz, Joachim 181
Fieger, Carl 84
Fischer, Arno 205, 206

Fischer, Ernst 191–192, 194–195, 235
Fischer, Uwe 235, 237
Fischer, Volker 15, 150–159, 244–247
Flierl, Bruno 74, 77
Frick, Rolf 214, 217, 224, 226
Froboess, Cornelia 151
Frotscher, Matthias 208
Funkat, Walter 87, 165
Funke, Rainer 218

G
Gebhard, Max 77
Giese, Horst 37, 42–45, 50
Girnus, Wilhelm 89
Giugiaro, Giorgio 55
Gluck, Walter 128
Görner, Alfred 111
Greiner, Ferdinand 119
Greiner-Mai, Doris 206
Grönwald, Bernd 78
Gropius, Ise 107
Gropius, Walter 77, 78, 82, 83, 89, 94–99, 101–104, 162, 222
Gugelot, Hans 36, 37, 38, 45, 228, 229, 231, 233

H
Hammer, Norbert 226
Harting, Werner 81
Hassenpflug, Gustav 81, 82, 228
Haug, Wolfgang Fritz 243
Haupt, Otto 233
Heine, Achim 235, 237
Heinzel, Fritz 111
Heisig, Walter 112, 117
Hempel, Bodo 51, 52
Henselmann, Hermann 77, 80–81, 83, 90, 94
Hermlin, Stephan 231
Hesse, Fritz 84
Heynisch, Werner 104
Hillenhagen, Gerhard 164, 178, 189
Hirche, Herbert 37, 38, 45
Hirdina, Heinz 15, 29, 35, 212, 215, 228–243
Hirdina, Karin 214
Hofer, Carl 89
Hoffmann, Hans-Joachim 72
Hoffmann, Hubert 84
Hoffmann, Josef 113
Hoffmann-Lederer, Hans 80
Högner, Rudi 41, 45, 50, 234, 236
Hohmuth, Mathias 70
Höhne, Günter 9–15, 36–53, 132–145, 146–149, 190–201, 202–211, 221, 244, 246–247
Honecker, Erich 104, 217

Hopp, Hanns 90, 97, 99
Horn, Rudolf 15, 160–189
Hückler, Alfred 214, 233
Hullmann, Harald 227
Hüter, Karl-Heinz 13–14, 72–107

I
Ikonnikow, A. 78
Isaacs, Reginald R. 99

J
Jahny, Margarete 115, 123, 147–149
John, Erich 45, 46, 50, 236, 239
Jonas, Wolfgang 227
Jung, Paul 87
Junghanns, Kurt 96, 97, 101, 103–104
Junker, Wolfgang 72, 77
Jüptner, Heinrich 226

K
Kaaden, Walter 65
Kaiser, Rudolf 147
Kamm, Wunibald 56
Kandinsky, Wassili 88
Keler, Peter 80–82, 95, 97
Kelm, Martin 50
Kesselring, Helmut 173, 175
Kilger, Heinrich 86
King, Martin Luther 100
Kirchberger, Hermann 81
Klee, Paul 88
Klement, Peter 51
Klinger, Kai 70
Kohl, Helmut 68
Kollwitz, Käthe 89
Kopper, Hilmar 71
Kosel, Gerhard 96
Krenz, Gerhard 77
Krug, Karlheinz 38
Kühne, Lothar 243
Kupsch, Werner 78, 79
Kurella, Alfred 103–104
Kuschi, Herbert 181

L
Lammert, Ule 102–103
Lang, Lothar 96
Lang, Werner 57
Le Corbusier 89
Liebknecht, Karl 89
Liebknecht, Kurt 89–93, 167, 228–229, 231
Lindner, Emanuel 81
Lissitzky, El 162
Lobedan, Karin 141
Loewy, Raymond 68
Lutzens, Hans 111

M

Magritz, Kurt 77, 95
Mann, Thomas 97
Manzu, Pio 55
Marcks, Gerhard 86–87
Marcuse, Herbert 216
Marx, Carl 84
Maser, Siegfried 227
McCarthy, Joseph 94
Menzel, Erich 162–163
Merz, Hans 142
Meurer, Bernd 226
Meyer, Hannes 84, 87, 93, 96–97, 106, 162, 165–166, 171, 189
Michel, Horst 82, 115, 165
Mickin, Walter 97, 99
Mies van der Rohe, Ludwig 89, 162, 165, 236
Mittelstädt, Kuno 103
Moholy-Nagy, László 162
Mohr, Arno 89
Mondrian, Piet 162
Müller, Erich 115, 123, 147–149, 162

N

Narasimhan-Bundtzen, Brigitte 109, 111, 116
Neckermann, Josef 64, 66, 153, 198
Neidenberger, Georg 84
Neufert, Ernst 80
Niggli, Arthur 97

O

Oehlke, Horst 28, 35, 212–215, 221–222, 226–227
Orlow, N. (Wladimir S. Semjonow) 89, 90
Ortner, Rudolf 80–81
Oud, Jacobus Johannes Pieter 89

P

Panton, Verner 154, 232, 238
Paul, Bruno 229
Paulick, Richard 78, 94, 95
Pazitnov, Leonid 96, 164
Peters, Jürgen 37, 38, 41–47, 49, 50, 234, 238
Petras, Hubert 199
Pfeil, Fritz 84
Poelzig, Hans 89
Pucher, Günther 199
Püschel, Konrad 95, 96, 99, 106

Q

Quaß, Bruno 81

R

Raacke, Peter 235
Räder, Hermann 97
Rams, Dieter 11, 36–38, 45, 53, 236, 239
Reichardt, Grete 79
Renn, Ludwig 57, 88, 90–93
Rodtschenko, Alexander 162
Rollin, Jean 101
Rosemann, Heidi 199
Rösner, Artur 111, 124
Rudolph, Lutz 13, 51, 52, 56, 60, 68, 241, 243

S

Sachse, Lothar 55, 56
Sapper, Richard 11, 230, 234–235
Schad, Christian 162
Scheiffele, Walter 15, 108–131
Scheper, Hinnerk 84
Scheper, Lou 84
Schinkel, Friedrich 9, 88, 98
Schlesier, Karlheinz 97, 99
Schmelzer, Janis 216
Schmidt, Diether 96
Schmidt, Hans 106
Schmidt, Joost 81
Schnaidt, Claude 96–97
Schneider, Jürgen 71
Scholz, Ernst 96
Scholz, Gudrun 227
Schultze-Naumburg, Paul 80
Schumann, Erhard 173, 175
Schuricke, Rudi 151
Schwarz, Rudolf 228
Selle, Gert 13, 16–35, 215
Selmanagic, Selman 39, 41, 85, 86, 90, 94, 95, 104, 106, 165
Shdanow, Andrej Alexandrowitsch 89, 167
Sindermann, Horst 97
Sottsass, Ettore 235
Spiekermann, Erik 11
Stalin, Josef W. 50, 94, 234
Stallknecht, Wilfried 181
Stam, Mart 38, 39, 41, 85–86, 90, 165, 190
Stankowski, Anton 11
Stegmann, Leo 230
Stiletto (Frank Schreiner) 13, 61–71
Strauß, Gerhard 85
Strempel, Horst 89
Strinning, Nisse 151
Suckow, Michael 220
Süleyman I. 69

T
Tag, Konrad 111
Tatlin, Vladimir 162
Toffler, Alwin 216–217
Trieb, Michael 229

U
Ulbricht, Walter 48, 68, 85, 88, 94, 95, 104, 171, 172, 178, 180

V
Velde, Henry van de 82, 95, 97, 101
Vogenauer, Ernst Rudolf 41
Voigt, Marita 141

W
Wagenfeld, Wilhelm 15, 54, 108–131
Wagner, R. 104
Waldmann, Ralf 71
Wallraf, Lothar 96
Weber, Olaf 78
Wegehaupt, Herbert 87–88
Weidemann, Kurt 11
Welsch, Wolfgang 227
Wewerka, Stefan 240
Wichmann, Hans 29, 35, 229
Wimmer, Martin 71
Winkelmann, Jörg 63
Wittkugel, Klaus 86
Wittwer, Bernhard 218
Wittwer, Hans 87
Wolf, Walter 80
Womacka, Walter 205, 206, 209
Wondrejz, Fritz 111
Wüstner, Eberhard 173, 175

Z
Zanuso, Marco 235
Ziegenfuß, Werner 231
Zille, Henrich 150, 159
Zitzmann, Lothar 86, 87

Abbildungen:

Lothar Ameling: S. 137, 139, 140, 143
Lutz Brandt (Archiv): S. 204 (Abb. 4 u. 5), 205–210
Braun GmbH (Katalog-Repros): S. 46, 47
Karl Clauss Dietel: S. 56 (Abb. 3)
Wolfgang Dyroff (Archiv): S. 231
Volker Fischer (Archiv): S. 151–159
Karl-August Harnisch: S 135, 136
Heinz Hirdina (Archiv): S. 229, 235, 237, 239, 242
Günter Höhne: S. 6, 8–15, 18–35, 37–45, 46 (Abb. 13), 47 (Abb. 15, 17, 18), 48–53, 64–68, 70 (Abb. 10), 73, 76, 78, 98, 105, 109 (Abb. 4), 113 (Abb. 5), 114 (Abb. 7), 116, 123, 133, 134, 145–149, 161–163, 168–170, 173, 175, 177 (Abb. 14 u. 15), 178, 190–203, 204 (Abb. 6), 211, 216, 219, 223–225, 227, 234, 243
Rudolf Horn (Archiv): S. 174, 176, 177 (Abb. 16–18), 179, 183–184
Karl-Heinz Hüter (Archiv): S. 81–82, 86, 88, 91, 100, 102–103, 106–107
Kai Klinger: S. 70 (Abb. 9)
Peter Lewicki/www.teamfotograf.de: S. 62, 71 (Abb. 12)
Ernst Schäfer: S. 109 (Abb. 2)
Walter Scheiffele (Archiv): S. 109 (Abb. 1, 3), 120, 122, 124 (Fotos: Wilhelm Wagenfeld), 125, 131
Stiletto Studios: S. 69, 71 (Abb. 11)
Anthony Thompson: S. 114 (Abb. 8)
Werksfoto Sachsenring Zwickau/Schirmer: S. 55, 56 (Abb. 2), 58, 60
Jörg Winkelmann: S. 63 (Abb. 2)

Leider ist es nicht in allen Fällen gelungen, die Urheber der Abbildung ausfindig zu machen. Berechtigte Ansprüche bleiben gewahrt.